"品读南京"丛书

南京历代书院

濮小南 著

南京出版传媒集团

南京出版社

图书在版编目（CIP）数据

南京历代书院 / 濮小南著. -- 南京：南京出版社
（"品读南京"丛书）
ISBN 978-7-5533-4015-9

Ⅰ. ①南… Ⅱ. ①濮… Ⅲ. ①书院—教育史—研究—
南京 Ⅳ. ①G649.299.531

中国版本图书馆CIP数据核字（2022）第241095号

丛 书 名：品读南京
书　　　名：南京历代书院
本书作者：濮小南
出版发行：南京出版传媒集团
　　　　　南 京 出 版 社
社址：南京市太平门街53号　　　邮编：210016
网址：http://www.njcbs.cn　　　电子信箱：njcbs1988@163.com
联系电话：025-83283893、83283864（营销）　025-83112257（编务）

出 版 人：项晓宁
出 品 人：卢海鸣
责任编辑：汪　枫
装帧设计：潘焰荣
责任印制：杨福彬

排　　版：南京新华丰制版有限公司
印　　刷：南京工大印务有限公司
开　　本：787毫米×1092毫米　1/16
印　　张：14.5
字　　数：248千
版　　次：2023年1月第1版
印　　次：2023年1月第1次印刷
书　　号：ISBN　978-7-5533-4015-9
定　　价：46.00元

用微信或京东
APP扫码购买

用淘宝APP
扫码购买

目　录

前　言

　　悠悠华夏，教化为宗。在我国古代众多教育形式中，书院制度是其中最具特色的一种组织形态。它的办学宗旨与目的、教学内容与方法，以及师资、学生、经费、校舍的管理等方面，均有一整套十分完备且行之有效的办学规制。与官办的国子学、府学、县学不同，书院是私人讲学之所，教师授课与学术研究，辩论发难，相对自由；学生自学与教师指导，设疑商榷，相对宽松，没有官学呆板的章程和严厉的等级。别开生面，生机勃勃。书院的主要特征是：名儒或乡绅私人创建或主持，藏有一定数量的儒家和诸子百家的经典著作，聚徒讲学，读书自学；师生共悟，教学相长，从而形成的相对宽松自由的独特教育组织。历经宋、元、明、清，不断地修正完善，在培养人才、著书立说、整理史籍、传播教化等方面，对中国古代文化教育与学术研究的发展均产生过积极的推动作用和重要影响。

　　书院之名，始于唐代，初为皇室官府的修书藏书之地，而非士子读书求学的肄业之所。清代袁枚《随园随笔》卷十四《书院》曰："书院之名，起唐玄宗时，丽正书院、集贤书院皆建于朝省，为修书之地，非士子肄业之所也。"五代十国时期，中原干戈，战争频仍。士子举业无门，多居家读书。其中，家藏积书多者，左近学子多聚其舍而读之，故有书院之雏形。宋代文莹《湘山野录》卷上记载："伪吴故国五世同居者七家，先主旌为之旌门间，免征役。尤著者江州陈氏，乃唐元和（806—820）中给事陈京之后，长幼七百余口，悉有规制……别墅建家塾，聚书延四方学者，伏腊皆资焉。江南名士皆肄业于其家。"主持书院事务的负责者，一般称山长，也有的称院长、堂长、山主、洞主等名，任职者大都是其时其地的乡绅隐士或大儒名宿。《随园随笔》卷十四《山长》记载："今称书院先生曰'山长'……南唐升元（937—942）中，白鹿洞教授称洞主；五代蒋维东隐居衡岳，受业者称曰山长……后又有院长、堂长、山主之称，嵩阳书院王曾奏置院长，李燔为白鹿书院堂长，台州守王华甫乞杨栋为山主。有以教授兼者，《理宗本纪》：'景定四年（1263），何基以婺州教授兼丽泽（正）书院山长。'乾隆三十六年（1771），奉旨以山长系沿宋、元旧名，此后，改称院长。"书院真正形成气候，成为诸生士子求学与名儒授徒传道的专门场所，则始于宋代。

宋初，战乱偃息，海内一统，民生渐安，士子求学图进之风日进，往往相与择胜地、立精舍，创建书院，以为群居讲习之所。宋代吕祖谦《白鹿洞书院记》记载："国初斯民，新脱五季（代）锋镝之厄，学者尚寡，海内向平，文风日起，儒生往往依山林，即闲旷以讲授，大率多至数十百人。"各地沿袭相仿，自建书院，聚徒讲学，遂成规模。其中，较知名的有茅山（金山）书院、徂徕书院、白鹿洞书院。明代沈德符《万历野获编》卷二十四《书院》记载："书院之设，昉于宋之金山（即茅山书院，位于今江苏句容茅山西麓）、徂徕（徂徕书院，位于今山东泰安徂徕山之北）及白鹿洞（白鹿洞书院，位于今江西九江庐山五老峰南麓）。"此外，北宋著名的书院还有：位于今湖南长沙的岳麓书院、位于今河南商丘的应天府（睢阳）书院、位于今河南登封嵩山南麓的嵩阳书院、位于今湖南衡阳石鼓山回雁峰的石鼓书院等。这些书院最初大多为私人创办或主持，以耕读为主，授徒讲学，自给自足。书院师生，醉心学术，潜心锻炼，讨论心性，教学相长，持志守节。一旦办学成功，则多数均得到朝廷和地方官府精神上的支持鼓励，如赐名、赐匾、赐书等，以及物质上的资助帮扶，如赐银、拨田产等。

有宋一代，南京的书院除北宋的茅山书院外，主要是南宋的明道书院和南轩书院。而从规模、制度、师资等方面考量，在当时众多书院之中，明道书院是当之无愧、名副其实的首善书院。明道书院仿庐山白鹿洞规制，聘名儒为山长，招志士共学。宝祐四年（1256）和开庆元年（1259），江东安抚使、知建康府、资政殿大学士马光祖（1200—1274）两度视察明道书院，并发表了"孔孟之道，至程子而大明"的演讲。一时，士子趋之若鹜，盛极东南。宋理宗赵昀亲题"明道书院"匾额，遂使明道书院蜚声宇内。

元代，推行"汉化"文教方针，提倡尊孔崇儒。对书院采取积极创办、鼓励发展的政策。清代朱彝尊《日下旧闻》评价道："书院之设，莫盛于元。设山长以主之，给廪饩以养之，几遍天下。"其时，兴建书院，蔚然成风。宋代及以前的书院大多为私人或民间创办，朝廷或官府只予承认、支持及部分资助。元代不同，朝廷将保护孔庙和修复书院与各级官府的政绩挂钩，严禁官员干扰书院的正常活动。《元史》卷四《本纪第四·世祖一》记载：中统二年（1261）六月乙卯，"诏：宣圣庙及管内书院，有司岁时致祭，月朔释奠。禁诸官员使臣军马，毋得侵扰亵渎，违者加罪。"故各级官府都积极拨资兴建书院，即使是私人出资、捐田兴建的书院，也对其加强管理和控制，规定路、府、州书院，设直学以掌钱谷，对经费困难的民办书院，增拨钱谷学田。书院享受同级官学的各项官费待遇，为书院的发展提供了重要的物质保障。《元史》卷八十一《选举一》："凡路府州书院，设直学以掌钱谷，从郡守及宪府官试补……自京学及州县学以及书院，凡生徒之肄业于是者，守令举荐之，台宪考核之，或用为教官，或取为吏属，往往人材辈出矣。"山长、主讲由各级官府委派选任，甚而由各级官员兼任。书院完全失去独特的自主地位，与官学相差无几，有悖书院初衷矣。元代南京地区的书院，除续办的明道书院和南轩书院以及昭文书院外，最著名的当数位于集庆路盐仓街（今南京市秦淮区双塘街道糖坊廊）的江东书院。延祐七年（1320），江宁乡绅王进德（1246—1329），买宅盐仓街一区，捐田900亩，创建王氏义塾，邀请江南名儒吴澄（1249—1333）前来讲学。王进德在吴澄的指导下制定了内容具体的"义塾规制",确立了"识见天理,以养其性"的办学思想,加之秦淮河边清雅的学习环境,浓郁的读书氛围,士子趋之日众,遂改名江东书院。至治元年(1321),延请理学大家程端礼(1271—1345)担任山长。程端礼为理学大师史蒙卿(1247—1306)的入室弟子,在天台山静清书院亲聆史师教诲,得程朱理学之真传。在江东书院任山长期间,根据其师"学问进修之大端,其略有四:一曰尚志,二曰居敬,三曰穷理,四曰反身"的原则,专门编写了《程氏家塾读书分年日程》,指导学生遵循朱熹"读书穷理""达于日用"的治学精神与方法,以期获得切实的读书效果。他在《集庆路江东书院讲义》中更是将朱熹的读书方法概括为"循序渐进,熟读精思,虚心涵泳,切己体察,着紧用力,居敬持志"六条,并名之曰"朱子读书法"。这种治学思想与方法,成为元代政府颁行全国书院和各级官学通用的教学指导纲要,且被后世明清时期的书院奉为法则,影响深远。泰定元年(1324),皇帝也孙铁木耳亲赐"江东书院"匾额,敕令路府拨资以助。此举不仅奠定了江东书院在当时全国范围的地位,增加了江东书院对各地学者士子的吸引力,同时,也使江东书院成为元代书院中最有生气、最为活跃的书院之一。

明代,南京初为京师,继为留都,一直是全国正统思想的文化高地,加之朝廷坚持"世治宜用文"的文教政策,全力发展官学和强化科举考试,上至国子学,中至府州县学,下至乡间社学,无不得到空前的发展。《明史》卷六十九《选举一》记载:"天下府州县卫所,皆建儒学。教官四千二百余员,弟子无算。教养之法,备矣。洪武二年(1369),太祖初建国学,谕中书省臣,曰:'学校之教,至元其弊极矣。上下之间,波颓风靡;学校虽设,名存实亡。兵变以来,人习战争,惟知干戈,莫识俎豆。朕惟治国以教化为先,教化以学校为本。京师虽有太学,而天下学校未兴。宜令郡县皆立学校,迎师儒,授生徒,讲论圣道,使人日渐月化,以复先王之旧。'于是,大建学校,府设教授,州设学正,县设教谕,各一;俱设训导,府四,州三,县二。生员之数,府学四十人,州县以次减十。师生月廪食米,人六斗;有司给以鱼肉,学官月俸有差。生员专治一经，以礼、乐、射、御、书、数，设科分教，务求实才，顽不率者黜之。十五年（1382），颁学规于国子监，又颁禁例十二条于天下，镌立卧碑置明伦堂之左，其不遵者，以违制论。盖无地而不设之学，无人而不纳之教。庠声序音，重规叠矩，无问于下邑荒徼，山陬海涯。"面对朝廷如此规模宏大的国家级学校教育布局，不管从师资、生源、资金、制度等任何方面，书院都无法望其项背，逐渐衰弱式微，甚而消歇，已成必然。纵有少数存续者，亦仅为祠祀而已。柳诒徵《江苏书院志初稿》称："明初教士，一归学校，士夫讲学书院之风一变。其存者徒以崇祀儒先耳。"及至明成化时期（1465—1487），宪宗皇帝朱见深久居后宫，与长其十八岁的万贵妃厮混淫乐，朝政尽付宦官把持，宦党势力膨胀，"东厂"之外，增设"西厂"，钳制言路，压制士族。政治日渐腐败，官学教育和科举考试弊端丛生，士风浇漓。官学生员但取食廪年深者，不讲学力，只有资格，抄袭顶替，蝇营狗苟，不胜其滥。一批士大夫和有志学子强烈要求朝廷恢复书院讲学，以弥补纠正官学科举之弊。久废的白鹿洞、岳麓两座书院相继得到复建，各地见贤思齐，纷纷重建书院，延师讲学，书院再盛，指日可待矣。正德年间（1506—1521），书院进入极盛时期，在王守仁（1472—1529）、湛若水（1466—1560）等大师倡导之下，缙绅遗佚，联讲书院，相望于远近。《万历野获编》卷二十四记载："自武宗（朱厚照，年号正德）朝，王新建（王守仁）以良知之学行江浙两广间，而罗念庵（罗洪先）、唐荆川（唐顺之）诸公继之。于是，东南景附，书院顿盛。当正德间，书院遍宇内。"《明儒学案》卷三十七《甘泉学案》记载：湛若水，字元明，号甘泉，"平生足迹所至，必建书院以祀白沙（陈献章），从游者殆遍天下。年登九十，犹为南岳之游"。嘉靖初年，时任南京礼部侍郎的湛若水，在应天府长安街，即溧阳籍国子生史际（1495—1571，字恭甫，号玉阳）之斋舍辟建新泉书院。《万历应天府志》卷十八记载："新泉书院，在长安街西。嘉靖初，湛若水为礼部侍郎，史际以舍宅为之。因掘地得泉，乃名焉。有学田。"此外，明代南京的书院还有择地聚宝门东北选址重建的明道书院，以及崇正书院、文昌书院，高淳的崇文书院，句容的华阳书院、正心书院和江浦的石洞书院、新江书院、白马书院、江干书院等，这些书院虽然影响不大，但对当时南京的士子学风起到了积极的厘正推动作用，充满勃勃生机。明代中后期，正当书院蓬勃发展之时，发生了首辅张居正（1525—1582）禁毁书院的举措，《明通鉴》卷六十七记载，万历"七年（1579）春正月戊辰，诏毁天下书院。先是，原任常州知府施观民，以科敛民财，私创书院，坐罪褫职。而是时士大夫竞讲学，张居正特恶之，尽改各省书院为公廨，凡先后毁应天（今南京）等府书院六十四处"。此番毁禁书院运动波及全国，南京首当其冲，故自万历十一年以后，南京各书院亦渐次消歇殆尽矣。

清初，政府对书院采取严格的限制措施，通令全国：不许别创书院，群聚徒党，空谈废业。同时，清廷为维护统治，加强培养选拔人才，大力兴办官学，广开科别取士，使天下学子清楚读书进阶求取功名的途径。故其时南京的书院一直冷寂无闻，处于发展的低迷期。仅有位于今成贤街的文昌书院和位于今洪武路羊皮巷口的虹桥书院以及位于今浦口区珠江镇东的东山书院几处私人书院，且大多规模不大、时间不长，未几即告废止。直至雍正时期（1723—1735），书院之议才又出现了新的转机，朝廷一面还在禁止民间私办书院，一面却开始提倡官府创办书院，谕令全国，先在各省会兴建或恢复一二所书院，由官府拨专项资金，以保证书院运转经费充裕，聘任山长将书院纳入官学轨道，以补官学之不足。正是在朝廷鼓励创办名为书院、实为官学第二的历史性变革大背景下，南京钟山书院——有清一代在南京存续时间最长、规模最大的官办书院，应运而生。雍正元年，两江总督查弼纳奏请皇帝御批后，由总督署、江安抚院及苏皖两省各府县共同出资，择江宁府上元县以北，原明代钱厂旧地，创建钟山书院。其址大抵东至今太平南路，西至火瓦巷，南至娃娃桥，北至小火瓦巷，占地面积约为 5.32 万平方米。书院坐北朝南，共有照壁、头门、二门、大厅、讲堂、内门楼、后楼、大厨房，以及学生读书的厅房、宿舍等，计 100余间。书院四周，俱为高大院墙，厅、堂、楼、舍之间，均辟有庭院，屋宇深深，气势宏大。雍正皇帝为庆贺书院成立，亲笔御赐"敦崇实学"鎏金匾额。从雍正二年（1724）檄选诸生入院起，至光绪二十九年（1903）改为江南高等学堂止，中间除太平天国（1853—1864）时期短暂停办外，办学时间长达170年。其办学宗旨、教学内容及培养方向，清晰明确，堪称东南典范、全国楷模。清乾隆帝六次南巡到江宁，每次均于钟山书院召试士子，遂使钟山书院名重一时。乾嘉以降，基于钟山书院成功的办学实际，南京的府县级官办书院也相应产生，其中，知名的有尊经书院、凤池书院、鸡鸣（奎光）书院、惜阴书院，以及六合的六峰书院，溧水的高平书院，高淳的学山、尊经两书院和江浦的珠江书院、同文书院等，遂使南京成为名副其实的文教省会大都市。《江苏书院志初稿》评价道："江宁书院，特盛于他省。奖优敝惰，官师欣合。"这种奖优敝惰、官师欣合的和谐局面一直延续到咸丰三年（1853），因战争而宣告终止，大小书院全部废弛。同光以后，虽经官绅合力恢复了钟山书院、尊经书院、惜阴书院、凤池书院，兴建了文正书院，但西学东渐大潮澎湃涌入，势不可挡。新颖生动科学实用的西式学校，使食古不化僵滞不前的中式书院，相形见绌。衰颓之势，已成定局。江河日下，非人力可挽也。光绪二十七年八月初二，光绪帝再颁谕令："著各省所有书院，于省城均改设大学堂，各府及直隶州均改设中学堂，各州县均改设小学堂。"据此，钟山书院改为江南高等学堂，惜阴书院先改为上元高等小学堂后改作江南图书馆，尊经书院、凤池书院改为校士馆，文正书院改为江宁府中学堂，至光绪二十九年、三十年间，南京的书院全部改为学校矣。历经宋、元、明、清四朝，存在近千年的南京书院，终于宣告完全结束，并为新式学堂所代替。但是，毋庸置疑，南京历代书院所特有的办学经验和教学方法，已然成为南京地区乃至全国教育历史宝库中的珍贵遗产，为现代教育事业发展提供了非常有效的借鉴和积极深远的影响。

《南京历代书院》全书分五章，依次叙述南京历经宋、元、明、清四朝所创办书院的发生、发展、消亡之过程，即：第一章，宋代，发生形成期，民办官助，制度初成；第二章，元代，发展稳定期，委任山长，划归体制；第三章，明代，由盛转衰期，官学兴盛，书院式微；第四章，清代，逐步消歇期，西学东渐，书院殆终；第五章，南京书院的历史渊源及其作用与影响。通过查检汇集有关记载南京书院史实的历史典籍，厘清南京书院在各个历史时期产生的真情实况，以及其办学初衷、师长选聘、生徒来源、经费出处、培养方向、管理方式等原委。抽丝剥茧，正本清源，使读者清晰了解历史上南京历代书院真实的活动轨迹和存续概况。去其糟粕，取其精华，从而极大地激发当代南京人的历史自信和文化自信。

宋代：南京书院的发生形成期

民办官助，制度初成

　　宋初，全国一统，海晏河清；民生安定，文风渐起。诸生士子读书求进，朝廷治国广求人才，然国家草创财力不足，兴学设教兼顾无暇。民办书院，发生形成，势之使然。其时，著名的书院有江西的白鹿洞书院，湖南的岳麓书院、石鼓书院，河南的应天（睢阳）书院、嵩阳书院，江苏的茅山书院，史称宋代六大书院。

　　北宋大中祥符（1008—1016）中，南京地区最早出现的书院茅山书院，亦称金山书院，"由处士侯遗创建于江宁府三茅山"。其址即位于今句容市茅山西麓。天禧二年（1018），诏改升州为江宁府，辖江宁、上元、溧水、溧阳、句容五县，茅山书院创设于句容茅山，正属江宁府域境之内，故谓其为南京历史上最早之书院，不诬也。

　　南宋建炎三年（1129），高宗赵构御笔改江宁府为建康府，置行宫，仍管辖原所属五县。其时，建康府为抗金第一线，皇帝行宫所在，战略地位十分重要。中国自古就有"国之大事，在祀与戎"的主导思想，把祭祀先贤与防御外敌放在极其重要的位置；历任建康知府在加强江防军备建设的同时，都非常重视设置祭祀先贤的祠宇；加之宋代奉行程朱理学，白鹿洞书院、岳麓书院相继复兴，各地争相效法，蔚然成风。因此，明道、南轩二书院，由祭祀祠宇逐渐演变而成书院，即明道先生祠——明道书院；张宣公读书处——南轩书院。这是水到渠成的事情，顺理成章也。

　　淳熙三年（1176），观文殿大学士刘珙（1122—1178）出任江东安抚使、知建康府、行宫留守，于学宫（今南京夫子庙）辟建程子祠，奉祀理学大儒程颢（1032—1085），延请理学大师朱熹为之作记。绍熙年间（1190—1194），上元县主簿赵师秀（1170—1219）专门请人绘程颢像悬于上元县署（其址在今南京白下路101号）西厅。此明道书院之源也。嘉定八年（1215）上元主簿危和（1166—1229）呈请建康知府刘榘在上元县署以东的里仁街（今南京秦淮区白下路东段）辟地重建新祠，江淮制置副使真德秀（1178—1235）捐金三十万、粟二千斛以助其成。嘉定十年，宝谟阁学士李珏出任建康知府,继续增建祠宇,完成了程子祠的全部建设,并称名为明道先生书堂。春秋两次率诸生祭祀程子,定立彝典。延请好修之士,置堂长及职事人员,此明道书院之初也。

绍兴三十一年(1161),观文殿大学士、和国公张浚受任判建康府事兼行宫留守,专一措置两淮事务,兼措置淮东西、建康、镇江府,江、池州军马。军政事务非常繁忙且重大,故举家居于建康府署。其子张栻(1133—1180),协助其父处理军政之余,专心治学,择城南天禧寺(今南京中华门外大报恩寺)之僧寮,辟南轩以独处读书。精研二程理学,后成为理学大师并执掌湖南岳麓书院。淳祐三年(1243),建康知府杜杲拨官帑专门修缮天禧寺南轩,悬张栻画像于中堂,刻"张宣公读书处"石碑立于轩左,拨田百亩,以赡其用,是为南轩书院之始也。

有宋一朝,南京地区三座主要书院:茅山书院、明道书院、南轩书院,尽管三者的初创缘由各不相同,有私人创办,有纪念场所改作,有官员出资兴建。但是,它们在办学宗旨、追崇先贤、读书明理、学以致用等方面,以及办学过程中遇挫不馁、愈挫愈奋的办学精神,却是高度的一致。茅山书院四创三迁,一直办到元末;明道书院几经兴废,虽经再迁重建,然代有更新,相续办到清代;南轩书院一迁而定,亦办至元代,并形成了一整套独特的书院管理与教学制度。特别值得一提的是:明道书院所制定的一系列书院规制和管理办法,缜密全面,具有极高的操作性与可行性,为以后元、明、清各代南京书院的创办和建设,提供了切实可行的办学经验,堪称南京历代书院中最早的成功典范。

茅山书院

茅山书院，宋代南京地区最早创建的民办官助书院。初创于北宋大中祥符（1008—1016）年间，院址在江宁府句容县茅山西麓。至天圣（1023—1032）末，废弛；二创于南宋端平二年（1235），院址迁至茅山东麓金坛三角山，嘉熙三年（1239）废止；三创于南宋淳祐六年（1246），院址回迁茅山西麓原处，至开庆元年（1259）废弛；四创于南宋咸淳七年（1271），院址复迁茅山东麓金坛顾龙山，一直办至元朝末年方歇。办院过程，无畏艰难。茅麓三址，四创三迁。历经波折，终成正果。

四创三迁

北宋大中祥符年间，句容处士侯遗创书院于茅山西麓，史称"由处士侯遗创建于江宁府三茅山"。侯遗（约970—1031），字仲逸，江宁府句容县通德乡侯家边（今句容市经济开发区即黄梅街道石狮村侯家边）人。六朝时期，侯氏家族世居建康江乘侯家塘（今南京市江宁区汤山街道古泉社区侯家塘），聚族而居，务农为本。梁中大通元年（529），萧武帝四子萧绩病薨，谥号南康简王，葬句容县西北二十五里通德乡。侯遗先祖被征为南康简王萧绩墓的守陵人，举家迁至句容通德乡定居，历经隋唐至宋初数百年繁衍，人口渐众，形成村落。侯遗生于五代十国之末，厌恶战乱，酷爱诗书，不求仕进，寻隐茅山。其实，早在淳化初年侯遗就隐居茅山读书。经过十余年的进修，深感教化之要义，报着造福乡邦的初心，于大中祥符年间，在其隐居大茅峰西北的古曲林馆（即宋茅山崇禧观，今为崇禧万寿宫）附近创建茅山书院，教化乡人，教授生徒。十余年间，耕读相兼，自营粮食。书院幽深，萧然自处。师徒比肩，亦耕亦读。山前种地，灯下读书。宛然世外，乐在其中。

茅山书院

侯遗

精舍依岩壑，萧条自卜居。

山花红踯躅，庭树绿栟榈。

荷锸朝芸陇，分灯夜读书。

浮云苍狗纪，一笑不关余。

北宋天圣元年（1023）闰九月，光禄寺卿王随出任江宁知府，莅任即遇大饥，奸商屯集居奇，肆抬米价，王随胸有成竹，大出官粟，成功地平抑了米价，受到江宁城乡士民的一致称赞。王随理政之余，十分重视教化，在了解到句容隐士侯遗创置茅山书院的情况后，非常感动，即上奏仁宗皇帝，请求朝廷从茅山"崇禧观"道院的斋粮田内，拔出三顷以充书院日常经费。翌年春，获得仁宗皇帝诏准，并赏赐束帛有加。在王随的关心支持下，受到朝廷赐田、赐帛等待遇后，茅山书院教学规模得到稳定的发展。四方学子闻讯慕名而来者，络绎不绝；书院读书之声，萦绕山野。天圣三年八月，王随调回开封任京官即门下省给事中，行前嘱山长侯遗精心守护书院文脉，广布教化，以淳乡风。及至天圣末年，侯遗去世，居空徒散，书院废弛，屋宇田产均为崇禧观占有。所幸有内心景仰侯遗操行之道士悬其像于原书院讲堂之上，以慰士人学子怀旧之思。

南宋绍兴末年，卸官日久的句容名士巫伋，特意赴茅山崇禧观，寻觅茅山书院旧址，瞻仰侯遗画像，赋《茅山书院谒侯处士像》诗。

茅山书院谒侯处士像

巫伋

斋粮资讲舍，遗像拜山中。

不尚神仙术，特存儒者风。

斯文真未丧，吾道岂终穷。

为忆皋比拥，庭前古木丛。

德不孤，必有邻；儒风延，应无终。巫伋此诗有情有景，情景交融，既颂扬了侯遗之儒者斯文，锲而不舍、死而后已的高尚风范；又充分坚信只要儒道不穷，定能实现庭前古木、逢春必甦的理想愿景。

南宋端平二年（1235），金坛人刘宰在茅山东麓三角山（其址在今常州市金坛区薛埠镇境内）重建茅山书院。刘宰（1166—1239），字平国，一字大公，号漫塘病叟，镇江金坛（今常州金坛）人，绍熙元年（1190）庚戌科进士，授江宁尉。历官真州司法、泰兴令、籍田令、建康府通判、宁国知府等。嘉定初年，辞官归隐，三十年间，创书院，授徒讲学，于书无所不读；扶贫赈灾，竭尽全力，是闻名桑梓的乡贤。易地兴建的茅山书院，在刘宰积极的创置与主持下，重获新生，读书之声再起。可惜！嘉熙三年（1239），随着刘宰的故去，三角山茅山书院仅办几年，即告废止。

淳祐六年（1246）四月，中奉大夫王埜出任镇江知府。其时，正遇茅山崇禧观道士犯事被拘，道观田产悉数入官。王埜即命金坛知县孙子秀再创茅山书院，以所没官之道观田产为书院教养之资。茅山书院在原址重新创置，实在是士心所向；王、孙二公的鼎力相助，功不可没。宝祐元年（1253），王埜与孙子秀两位贤吏先后升迁调离，失去王、孙二公支持的茅山书院，渐显运转维艰，难御各方觊觎。坚持至开庆元年（1259），茅山书院田产又被地方豪绅强夺，书院屋宇复为崇禧观道士侵占，茅山书院第三次宣告废弛。

咸淳七年（1271），金坛乡绅追缅先贤，不忍茅山书院从此泯灭无闻，相率集资在金坛顾龙山（亦名乌龙山，位于金坛城南2公里处，即今常州市金坛区西城街道辖境内）南麓重建茅山书院。建成的茅山书院，有屋宇二十七间。先圣庙、大成殿、先贤祠、明诚堂等建筑，错落于顾龙山麓。凤凰涅槃，青山为伴，确实是祭祀先贤、读书进修的好场所。

建筑布局

据元代《至顺镇江志》卷十一记载，金坛顾龙山麓的茅山书院具体布局如下：

一、先圣庙

先圣庙大门一间，两庑各一间，为屋三间。系师生进出及迎宾会客之所。

二、大成殿

大门以北为大成殿三间，两庑各二间，共七间。系山长授课演讲与生徒读书自修之处。

三、先贤祠

先贤祠在大成殿后东偏。为屋三间，供奉十一位宋代儒学理学玄学大家(濂溪公周敦颐、明道公程颢、伊川公程颐、横渠公张载、康节公邵雍、涑水公司马光、晦庵公朱熹、南轩公张栻、东莱公吕祖谦、漫塘公刘宰、实斋公张道洽)，以及茅山书院首任山长侯遗之神位。

张栻像

入元后，增祀集贤殿大学士、国子监祭酒许衡，即鲁斋公。

茅山书院先贤祠祀奉的先贤，异于官学祠祀，所奉既有周敦颐、程颢、程颐、张载、朱熹、张栻等理学大师，也有司马光、吕祖谦、许衡等官吏大儒，还有邵雍、刘宰、张道洽等杂家名家，以及布衣侯遗。不拘一格，唯贤是奉，彰显了茅山书院独特的百家争鸣学风和宽松的见贤思齐思想。

春秋释菜，朔望祭祀，配有祭器、祭服。

祭器：全部为竹木制作成器，有尊二，罍一，杓二，爵十三，坫十二，俎十一，豆二十四，笾二十四，簠九，簋九，筐八。

祭服：有衣裳四套，皮弁四件，璜、玉佩各四只。

四、明诚堂

位于大成殿正后，正堂三间，为书院山长研习及书院藏书之所；两庑各有学斋四间，依次为明德(二间)、止善(二间)、正心(二间)、修身(二间)，明诚堂共有屋十一间。顾名思义，系生徒读书自修之舍也。另有厨屋三间，师生膳食之所也。

物质保障

为确保书院的正常运转，专门设置学产、学田。据《至顺镇江志》卷十一记载，分别为：

田：六顷三十七亩三分四厘，其中，免交官赋田有一顷二十三亩一分三厘，输交官赋田有五顷一十四亩二分一厘。

地：一十一亩一分六厘，全部输交官赋。

租税收入：粮，二百九石九斗七升。其中，米一百九十三石三斗四升，小麦一十六石一斗三升。钞，九十贯，以"中统钞"为准。

贡士庄田：田，七十二亩四分，全部免交官赋。租税收入，粮三十八石七斗八升，其中，米三十四石八斗五升，小麦三石九斗三升。钞七贯五钱，中统钞。

以上田地的租税收入，除书院山长每月三石禄米外，全部用于祭祀、购置书籍文具用品，以及生员膳食津贴等，这些固定的经济收入，是茅山书院在此后百年间得以有序延续的重要物质基础和保障。

德祐二年（1276），南宋都城临安沦陷，年仅五岁的宋恭帝赵㬎被俘北上，南宋灭亡。元世祖忽必烈接受尊孔崇儒思想，异常重视汉化教育，对汉人创办的书院，采取了积极保护政策。中统二年（1261）六月敕令："宣圣庙及管内书院，有司岁时致祭，月朔释奠。禁诸官员使臣军马，毋得侵扰亵渎，违者加罪。"此后，各地书院得到了充分的发展，茅山书院亦得到完整的保存，书院纳入官学序列，并授予山长之职品。山长就是一院之长，与各级官学的学正、学录、教谕、教授一样，属于正式学官，可以一体任转升迁。书院生徒也享受官学生员的相应待遇，《元史》卷八十一《选举一》载："自京学及州县学以及书院，凡生徒之肄业于是者，守令举荐之，台宪考核之，或用为教官，或取为吏属。"山长为正九品，虽然级别低下，但毕竟是正当官职，所获俸禄足可解决生计问题，故大多数士人还是愿意出任山长之职，以赡家用无忧。

历任山长

自南宋咸淳七年（1271），到元朝至顺年间（1330—1332），茅山书院一共有25位山长，据元代《至顺镇江志》卷十七记载，具体名单如下：

蒋达之，宜兴人。

张梓，字干庭，松江人。

王去疾，字直溪，金坛人，宋乡贡进士。入元后，历任台州路、杭州路儒学教授，以从事郎、镇江府录事致仕。著有《直溪集》。

韦星凤，字文甫，金坛人。

张开先，生平无考。

沈天佑，字吉甫，杭州人。曾任濂溪书院山长。

顾岩寿，字子静，镇江人。以儒学荐进，历任茅山书院山长、镇江路儒学教授、广德路总管府知事、庆元路总管府知事、湖州路总管府经历、承务郎、建康路总管府推官，以疾告归，终于家。器识宏远，博学通时务，历职逾三十年，所至有政声。有诗文若干卷。父顾如松，赠承务郎，镇江路丹徒县尹。有子二：顾观、顾镇。

王大年，金坛人，镇江路儒学教授致仕。

朱志高，生平无考。

陈谔，字一谔，绍兴人。

景范，字瑞五，无锡人。

承勋，字元凯，常州人。

潘景之，字元卿，钱塘人。

林用，字择之，福州福清人。

姚正翰，常州人。

刘洪，字希声，蜀（今四川）人。

赤盏崇，女真族，太原阳曲（今山西太原）人。

吴世荣，金坛人，国子监太学生。

薛钧，常州人。

丁师文，生平无考。

朱富春，生平无考。

周东卿，临江（今江西樟树）人。

周璇，字子衡，河北真定人，元统元年（1333）进士会试第七名，授太常院郊祀署太祝。

诸士芳，宜兴人，金坛县学教谕致仕。

王实，字彦谦，绍兴人，金坛县学教谕致仕。

这些山长大多为品阶较低的学官，有的甚至生平无考，然而正是他们默默的坚守，才成就了茅山书院的赓续与发展。有元一朝，茅山书院山长被列入学官序列正九品，每月有固定的俸禄，即：俸钱一十五贯，禄米三石。其价值大抵相当于今天中产阶层的收入，应该衣食无忧。加之书院自有的田产租税收入，确保书院正常运转，应该安然无虞。所以，在元朝灭亡前，茅山书院办学一直比较顺利平稳。及至洪武（1368—1398）初，明太祖朱元璋在提倡科举、兴办官学、以八股取士的同时，敕命裁撤天下书院。茅山书院在劫难逃，终于师生星散，院产没官殆尽，从此销声匿迹矣。

纵观茅山书院自宋大中祥符年间至明洪武年间的三百多年中，屡建屡辍，屡辍屡建，断断续续风雨兼程办学达一百三十年的历史，艰难困苦，玉汝于成，其精神实在令人叹为观止。正是这种不屈不挠、坚韧不拔的办学精神，奠定了茅山书院在南京历代书院中最早的标杆地位。

明道书院

　　明道书院，位于宋建康府学东北之里仁街（其址在今南京市秦淮区白下路东段北侧琥珀巷口以西），明代《洪武京城图志》记载："里仁街，在大中桥西，宋程明道（颢）、张南轩（栻）书院故基，今名里仁街；大中桥，即古之白下桥也，在通济门里，今名大中桥。"嘉定八年（1215）初创，名明道先生书堂；绍定三年（1230）重修，始名明道书院；淳祐九年（1249）书院遭雷击火灾后重建，堂宇崇伟，焕然一新。入元以后，明道书院依然弦诵不断，直到元至正十六年（1356）三月，朱元璋攻占集庆（今南京），书院遂遭废止。延及嘉靖元年（1522），御史卢焕择镇淮桥东北（今南京市秦淮区中华路南段东侧下江考棚）重新创建明道书院。清代《乾隆江南通志》卷九十记载："明道书院，在江宁府镇淮

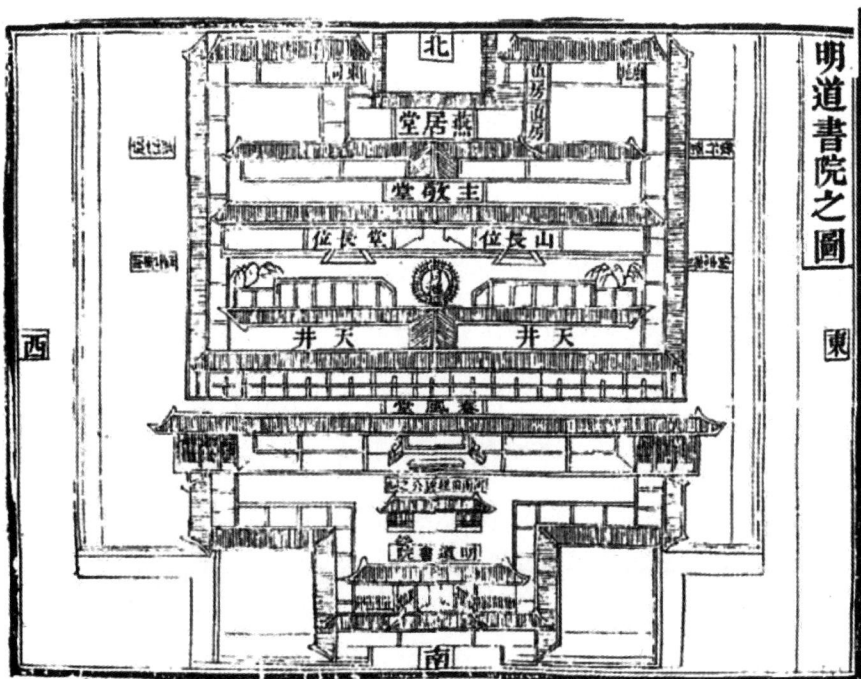

明道书院之图（《景定建康志》卷五）

桥东北。嘉靖初,御史卢焕即其址为书院,祀程子其中。"至咸丰三年(1853)兵燹被焚毁,劫后仅存一隅数椽,程子祠侥幸存焉。

创办缘起

有宋一代,钜儒辈出,无不尊孔孟、习六经,发明圣贤之学,辩论天理人欲之机。譬如明道先生程颢(1032—1085),就是其中的翘楚,他早年师事于濂溪先生周敦颐(1017—1073),得其真传,发扬光大,当时读书人都将他称为孟子之后第一人。嘉祐四年(1059),程颢出任上元县主簿,兼摄邑事,处理全县事务。他为政以宽,处烦而裕;纲条法度,皆可效为。厚价薄税,均田塞堤,教民之意,动之以和。任多惠政,士民颂之。正是程颢个人所具有的儒者魅力,以及其在上元县留下众多事迹的影响,奠定了当时明道书院得以创建的重要思想基础。

起初,淳熙三年(1176),资政殿大学士、建康知府刘珙在重修建康府学(今南京夫子庙)时,特地辟明道先生祠于府学大殿东侧,及至明道先生祠建成后,刘珙还专门致函老友大儒朱熹,诚请其为之作记。朱熹欣然应允,作《建康府学明道先生祠记》寄予刘珙,珙命人刻石立于府学院内,以示永久。此建康祀明道之始也。

绍熙五年(1194),上元主簿赵师秀请画师绘程颢全身像,悬于上元县署衙西厅(其址在今南京秦淮区白下路101号),朔望祠祀之。江东安抚使司干办游九言,对赵师秀"不汲汲乎近功速效,而以诚身择善达于孔孟之道"祠祀明道先生的举措十分赞赏。庆元二年(1196),游九言作《上元县明道先生祠记》,以彰赵师秀建祠之深意,即"独善其身,立乎斯世,行天下之大道,不愧怍于俯仰之间"的圣人之道也。

嘉定八年(1215),上元县主簿危和,力主在县簿廨以东旧铃辖军寨空地,创建明道先生祠。为此,他专门呈请建康知府刘榘,获得改筑新祠的批准。不久,刘榘因病致仕归里。继任建康知府李珏,世家出身,尊崇孔孟,大力支持明道先生祠的建设,不遗余力,咸相其役。江东转运副使真德秀捐金三十万,栗二千斛,以助建祠工程费用之需。建成的祠宇称名"明道先生书堂",正堂三间,坐北朝南,前护重门,中悬明道先生祠像。其堂匾曰"春风",堂上为楼,堂前竖有"尊贤"牌坊一座,气宇轩昂。堂两庑为塾斋，一名"主敬"，一名"行恕"，为诸生致修之所。堂后有泉池，名"泽物"，以喻明道先生遗泽绵长。明道先生书堂设有堂长及若干职事人员，专事生徒的作息管理。郡博士及诸生每月朔望祭祀，每年春秋行释菜彝典。此明道书院之初雏也。为此，真德秀著《明道先生书堂记》，并刻石树碑以纪其事。遗憾的是，嘉定十一年（1218）金国房将乾石烈牙吾塔，率重兵围困并攻陷滁州，江淮告急。其时，危和、李珏、真德秀等，均先后调离建康，李珏则直接赴前线，参与指挥战事。虽然在兵民的奋力抵抗下，翌年（1219），最终打败并击退了金兵，但是明道先生书堂却因此隳废。堂宇虽存，讲肆阙如，整个建筑沦为游奕后军的军械兵寓之所。

绍定三年（1230）十一月，焕章阁直学士、江淮制置使知建康府赵善湘，经过两年的细致考察，不忍明道先生书堂废为军寨，决定重建明道先生书堂，并改名明道书院；还专门任命制置使司干办官陈埴担任明道书院山长。陈埴（1176—1232），字器之，号木钟，永嘉（今浙江温州）人。少师叶适（1150—1223），后从朱熹游。嘉定七年（1214）甲戌科进士，授丰城主簿。历任湖口县丞、江淮制置使司干办官、明道书院山长，以通直郎致仕。授徒讲课，从学者甚众，人称潜室先生。著有《木钟集》《禹贡辨》《洪范解》等。陈埴为大儒朱熹的入室弟子，永嘉学派理学大师，主持明道书院，众望所归。一时，四方士子，竞趋闻道；书院弦诵之声，四时不绝。

淳祐九年（1249）二月，忽降大雷雨，明道书院不幸被雷击中，大半焚毁。时任建康知府的端明殿学士吴渊闻讯，决定在原址重建明道书院。建成的明道书院，较前更为宽敞，春风堂轩亮雄伟，塾斋廊庑整齐有序。宋理宗赵昀听说后，非常高兴，亲笔御书"明道书院"四字赐为书院额匾，并敕令礼部专门将明道书院与白鹿洞、岳麓等四大书院列为同等地位，各种待遇均保持一致。聘名儒以为长，招志士以共学，广斋序，增廪供，定规制，严课程，一时，趋之日众，誉满东南。

建筑布局

重建后的明道书院占地近三亩，各种堂舍六十余间，据宋代《景定建康志》卷二十九记载，其布局依次为：

一、大门

坐北朝南，为屋三间，宽四丈四尺，进深一丈八尺。大门面临里仁街（今南京白下路东段）之东西两侧，各设置有栅柜，以示行人止步；书院一周缭以垣墙，以杜闲杂窜入。大门内左首为"后土祠"，祠内奉祀土地之神，祈祐平安。大门外右侧为"蔬园"，所植蔬菜以补书院厨房馈膳之不足。

二、中门

位于大门以北，为屋三间，宽四丈，进深二丈五尺，门楣正中悬御书"明道书院"匾额。左为幕次，即来宾接待处；右为吏舍，即书院职事人员住宿处。

三、明道先生祠

位于中门以北，为屋三间，宽四丈，进深三丈，中设程颢全身塑像，榜曰"河南伯程纯公之祠"，庄严肃穆。祠东西两侧廊庑，各有屋宇十五间，为生徒宿舍之所。

四、春风堂

位于明道先生祠以北，为屋七间，宽十丈，进深五丈，系书院会讲之所。"春风"之名，缘自北宋元丰六年（1083），时任左正言的朱光庭专程赴汝州，拜会汝州酒监程颢，聆听其精彩的论道讲经。在汝州近一个月时间，朝夕与程颢相处，受其理学高论的薰染，欣慰异常。归开封后，每与朋友谈及在汝州与程颢相处的日子，常说："春风中坐了一月。"此即春风堂起名之由，也是成语"如坐春风"出典处也。春风堂正中为讲坛，四围设听讲座位，每届讲期，座无虚席。堂上之左，为堂录位；堂后之右，为讲书位；堂前之左，为省心斋；堂前之右，为养心斋。此皆书院职事人员办公休息之所也。另有职事位二所，一在春风堂上之右，一在春风堂后，为职事人员栖止处也。堂前筑有一石台，台上植桂树四株。每至仲秋，郁香满院。

五、御书阁

春风堂二楼为御书阁，有屋五间，宽八丈，进深四丈五尺，内藏皇帝赵昀御书"明道书院"原稿，以及近千卷各类经史子集书籍。

六、主敬堂

位于春风堂之北，为屋三间，宽三丈八尺，进深二丈三尺，系师生会食、师长会茶之所，即食堂之谓也。主敬堂之左，为山长位；堂之右，为堂长位。系山长、堂长栖止处也。另有：尚志斋，三间，在主敬堂前东序之南；明善斋，三间，在主敬堂前西序之南；敏行斋，三间，在主敬堂前东序之北；成德斋，三间，在主敬堂前西序之北。皆生徒读书自修之所也。厨房，在主敬堂前东序之后，即书院之东北角也。厨房西侧，为值班房二间。钱库，在主敬堂西序之南。主敬堂前置有月池，池中植荷花，池前有槐树三株。

七、燕居堂

位于主敬堂之北，为屋三间，供奉孔孟及十四先贤神位于堂中。山长张显设置。

此明道书院内部建筑之大概也。

物质保障

明道书院的生存发展，必须有雄厚的物质保障，书院自主的固定资产即学田、房地产等收入，特别是政府的财政拨款，是确保书院正常运转的根本。为此，吴渊令江东安抚使司帅府调拨辖境内专项官田，批拨一部分为学田，专属明道书院之恒产，累计共拨田产四千九百零八亩三角三十步。这批学田分别位于：

上元县，徐提举等三户，佃田七十三亩，又三十八亩，地二十一亩一角。

江宁县，邵仁等一十户，佃田七十七亩三十八步。

句容县，戴自德等四十一户，佃田三百八十六亩二角四十三步，地一十二亩一角二十五步，杂产二十六亩二角二十步。

溧水县，平登仕等一十四户，佃田三千五百四十二亩四十七步。

溧阳县，杨省四等一十八户，佃田四百九十二亩三十八步。

以上田产每年收入：米，一千二百六十九担多；稻，三千六百六十二斤；菽麦，一百一十多担。折租钱一百一十贯七百文。

又有出租空地房廊收入：

常州宜兴县管下房屋租赁，每年收租金八十一贯九百文。

上元县丫头巷（今南京三山街黑簪巷）北街空地出租，除官减外，每日收租金一贯一百四十多文。

崇道桥（今南京朝天宫仓巷桥）南，马司寨前空地出租，除官减外，每日收租金四百二十五文左右。

鸡行街（其址在今南京秦淮区百花巷附近）、鱼市街（其址在今南京秦淮区新桥以东）、箩行口（其址在今南京中山南路与升州路十字路口以南）三处房廊出租，除官减外，每日收租金二百六十文左右。

此外，建康府署设专款专用项目，即政府财政每月拨"赡士支遣钱"，以供书院一切行政开支及山长、职事人员的俸禄和生徒的生活津贴。淳祐十二年（1252）二月初二日，建康府牒文："每年于张庄变粜二麦价钱内拨一十万贯（十七界官会），发下书院充赡士支遣钱。"宝祐元年（1253），宝章阁直学士、建康知府王埜（？—1260）签批：改"赡士支遣钱"为每月五千贯十七界官会（官会为宋代官方发行的纸币，有十七界、十八界两种，面值与金属币等），芦柴四十束（担）。此为定例，无须更变。设钱粮官专门管理一切收入与开支，专司书院出纳。山长、职事人员的俸禄和生徒的生活津贴，由月俸与日供组成。

月俸：山长，每月俸金一百贯。钱粮官，每月俸金二十贯。堂长，每月俸金一百贯，禄米二石。堂录，每月俸金六十贯，禄米一石五斗。讲书，每月俸金五十贯，禄米一石五斗。堂宾，每月俸金二十六贯，禄米一石二斗。直学，每月俸金二十四贯，禄米一石二斗。讲宾，每月俸金一十七贯，禄米一石二斗。司计，每月俸金一十五贯，禄米一石二斗。掌书，每月俸金一十五贯，禄米一石二斗。掌祠，每月俸金一十四贯，禄米一石二斗。斋长，每月俸金一十贯，禄米一石。正供生员，每人每月赡士钱五贯。医谕，每月酬米七斗。

日供：山长、堂长，每日贴伙食钱七百文。堂录、讲书，每日贴伙食钱五百文。堂宾至斋长，每日贴伙食钱二百文，按照"不行供者不支"的规定，即照"考勤登记表"的实际出勤天数发放。职事生员，每日贴米二升五合，做饭钱三百文。

另外，寄宿书院人员每晚灯油及寒月炭火的发放，均按规定"不宿斋者不支"的原则，即照实际宿斋值班天数发放。

灯油：堂长，每夜支油二两。堂录，每夜支油二两。讲书，每夜支油二两。职事生员，每夜支油钱二百文。

寒月柴炭：山长，每入堂日支炭五斤。堂长，每日支炭五斤。堂录，每日支炭三斤。讲书，每日支炭三斤。职事生员，每人每日支炭二斤。每年十月初一日开始，至翌年正月底，计发放炭火四个月。住支行食宿斋者，全支；不宿斋者，半支。凡支钱并用官会钞（十八界）计算，凡支米并用朝廷文思院制定的斛斗为准。

制度规程

明道书院在祭祀、招生、讲学、管理等方面均立有严格的制度与规程，具体如下：

一、祭祀

按照白鹿洞书院制定的"春秋释菜，朔望谒祠"礼仪，祭祀先贤。"春秋释菜"，就是每年农历春二月初四、秋八月初四，在书院"明道先生祠"举行隆重的祭祀活动。燃烛焚香，案供水芹、韭菜花、红枣、栗子等四样蔬果，山长率一众职事人员及生徒，三跪九叩，顶礼膜拜。是为释菜。"朔望谒祠"，就是每月初一、十五，堂长率职事生员瞻仰明道先生祠像遗容，跪拜祈愿。是为谒祠。平时，由掌祠负责明道先生祠堂的管理，务保整洁肃穆。

二、招生

凡有志于学的读书学子，不拘远近，均可报名。条件是报名者必须递交一篇自作之读书疑义文章，由山长亲自批阅，文理通明者，即可录入书院。否则，概不收容，防其滥也。

三、讲学

山长每旬于春风堂讲授经史典籍，参加人员为全体职事生员，采用授讲、签讲、复讲等办法，务使生徒领悟经典要义。逢一、六讲史，逢三、八讲经，并设"讲簿"将当日授课情况记录在案。每月三课，上旬释经籍之疑，中旬释史籍之疑，下旬生员作心得文章一篇。文章结构以本经、论、策等体裁，命题写作。内容为辨证儒家经典之要义，达到伸张程朱理学之目的。文理优异者，刊登学报《斋书》，记入个人品行《德业簿》。

四、管理

诸生学习情况，品德学业进退如何，均记入个人品行德业簿。由直学掌管全院每名生员德业簿，其记录直接影响在院生员的去留。生员出入，必须身着统一的深色校服；有事离院，必须请假，批准后登记备案，方可外出。外出不登记者，罚全院士友一月不许出外。有官司在身者，可以准假，事毕即回院销假。无故请谒投献上官，罚记过一次。请假超过三个月，职事人员作自动离职论，生员则劝其退学。凡无故不参加谒祠、听讲、供课者，均记录在簿，累计达三次者，即作除名处理。所有因犯规而离职的职事人员，书院概不重新聘用。

程子嫡宗

宝祐元年（1253），宝章阁直学士、建康知府王埜到任后，视察明道书院。为感恩皇帝御笔题书"明道书院"匾额，专作《御书记》以彰金陵"奕奕钟阜，黄旗紫盖。敷文敷教，万世永赖"的励学精神。

宝祐四年，焕章阁直学士、建康知府马光祖视察明道书院，在书院后墙瓦砾中发现真德秀当年撰刻的《明道先生书堂记》碑，经过四十一年风雨，该碑已经断残。光祖见状，令人镌刻新碑，并亲作三百余言跋文附于碑尾，以阐"明道之教，西山之旨"也。

开庆元年（1259），马光祖再次出任建康知府，上任不久就率僚属赴明道书院视察，并在春风堂发表了"孔孟之道，至程子而大明"的重要演讲，听众达数百人之多。他认为明道书院为程子之堂，登程子之堂，就必须读程子之书。读其书，然后方能明其道。为此，他专门命人编辑程颢、程颐二先生之言行录，合为一书，名曰《程子》；并亲自为《程子》作序，山长周应合以书院一个月的财政拨款五千贯作为刻书的经费，顺利镌刻完梓。首尾共一百六十七版（页），均藏于御书阁，由司书负责保管贮藏。同时，马光祖应周应合之请，按浙江宁波东湖书院之例，设书院提举官一名，由沿江制置使司干办文及翁兼任。未及一年，是职裁撤，不再设置。

程颢像

景定三年（1262），宝章阁学士、建康知府姚希得据学官申报，再次札行池州，择选程姓子弟，以续程子之裔，为明道先生立后。先前，宝祐三年（1255），马光祖按照朝廷要求，札请池州府选择程颐五世孙程偓孙（1249—1257）为明道先生之后。将程偓孙与其母曾氏一起迎至建康，寓居官宇，每月供给钱粮，充裕有余。宝祐五年，程偓孙不幸染病亡故，马光祖令专人将其礼葬于城西清凉寺后山，《金陵琐事》卷一载："宋程偓孙墓，在清凉寺后山东北地上。"其母曾氏因此无依，明道废嗣，委为可念。所以，才有建康知府姚希得再次函札池州府，择选程氏子弟承嗣明道之举。经过几番调查，发现明道书院现任掌仪程必贵就是池州人，其兄程子材之子程庆老，年方十岁，生质厚重，家世诗书，可为明道之后。于是，择日将程子材父子迎至建康明道书院，在程公祠行释菜之礼，确立程庆老承嗣为程偓孙之子，改名程幼学（1253—？）。并任命程幼学为明道书院掌祠，由其叔父程必贵掌仪负责教授程幼学，主要学习《大学》《中庸》等经典内容。旬有课程，讲学不废。其祖母曾氏就同奉养，使不失祖孙相依之义。所有费用均由政府财政专项单列拨款，或从明道书院自有资金中支付，具体拨付情况如下：

财政专项拨款：祖母曾氏，拨赠五百贯（十七界），为其置衣被之用。掌祠程幼学，拨赠五百贯（十七界）置衣服。生父程子材，拨赠一千贯，土绢四匹。建康府每月支付钱三百贯（十七界），米两石，一半付程必贵收支，为曾氏每日供给之用；一半寄存书院，为曾氏添置衣服备用。

书院自有资金：明道书院每月支付钱四十五贯（十七界），米七斗五升，拨发给掌仪程必贵家，为程幼学当月逐日的膳食费用。因程必贵承担教导程幼学之责，书院每月馈赠程必贵钱五十贯（十七界），米五斗。以充束脩之资。

南宋朝廷如此百般重视为明道先生程颢立嗣的目的，不仅展示国家尊崇孔孟之道，收拾人心，补于世教。同时，还凸显金陵明道书院为程子嫡宗所在，为天下求学求道读书人理想之标的，理所当然。一举多得，天佑斯文也。

景定四年（1263），知府姚希得任内，又重修明道书院门楼、厅廊、墙壁，总费钱一万一千一百二十余缗，米三十硕。书院面貌为之焕然。

明道书院教材以四书五经为本，每任山长或讲师均依据经典拟定授课讲义，大多为阐发孔孟之道，推崇二程理学等儒家经典的微言大义，十分精彩。兹列部分讲义之课题于下：

《大学之道，在明明德，在亲民，在止于至善》讲师：程必贵（掌仪）

《天命之谓性，率性之谓道，修道之谓教》讲师：程必贵（掌仪）

《子曰：吾十有五而志于学，三十而立，四十而不惑，五十而知天命，六十而耳顺，七十而从心所欲不逾矩》讲师：吴坚（山长）

《大学之道，在明明德，在亲民，在山于至善》讲师：胡崇（山长）

《大司徒以乡三物教万民而宾兴之，一曰六德：知、仁、圣、义、忠、和；二曰六行：孝、友、睦、姻、任、恤；三曰六艺：礼、乐、射、御、书、数》讲师：朱貔孙（山长）

《"大学"经一章》讲师：赵汝训（山长）

《"复亨"，出入无疾，朋来无咎；反复其道，七日来复。利有攸往》讲师：潘骥（山长）

《子曰：学而时习之，不亦说乎？有朋自远方来，不亦乐乎？人不知而不愠，不亦君子乎？》讲师：周应合（山长）

《博学之，审问之，谨思之，明辨之，笃行之》讲师：张显（山长）

《大学之道，在明明德，在亲民，在止于至善》讲师：胡立本（山长）

《大学之道，在明明德，在亲民，在止于至善》讲师：翁泳（山长）

以上所列十一篇讲义，其中有四篇为讲授《大学》之内涵，其余的都是围绕这一中心主题，触类旁通，阐发光大，天理人性，由此而育。始于格物、致知、诚意、正心、修身、齐家，由此而治国平天下，此其为大者也。

山长名录

明道书院开办之初，山长大多由沿江制置使司或江东安抚使司幕府干官中选请兼任。景定元年（1260）后，由吏部直接委任差派。现录部分山长名录于下：

胡崇（1204—1283），淳祐十一年（1251）六月，以江东安抚使司干办兼任。字宗叟，徽州黟县（今安徽黟县）人。淳祐四年甲辰科进士，授句容县主簿。历任江东安抚使司干办、明道书院山长、太常寺丞、尚书右司郎、台州知府、将作监等，入元后，隐居不仕。

吴坚（1213—1276），淳祐十二年十二月，以江东安抚使司干办兼任。字彦恺，号实堂，天台（今浙江仙居）人。淳祐四年甲辰科进士，授昆山县主簿。历任江东安抚使司干办、明道书院山长、太常博士、秘书郎、起居郎、著作郎、礼部尚书、参知政事、太子舍人、金枢密院事、端明殿学士、左丞相等，德祐二年（1276）正月，元军兵临城下，围攻临安（今浙江杭州）；二月初五，随恭帝以国降元，宋亡。未几，卒，时年七十四岁。

朱貔孙（？—1273），宝祐二年（1254），以江东安抚使司机直文字充任。字兴甫，饶州浮梁（今江西景德镇）人。淳祐四年甲辰科进士，授临江军学教授。历任福州府学教授、江东安抚使司机直文字、明道书院山长、史馆校勘、太学博士、监察御史、崇政殿说书、国史院编修、实录院检讨、太子左谕德、宗正少卿、秘书监、侍御史兼侍讲、右谏议大夫、吏部尚书、华文阁学士知宁国府、敷文阁学士知袁州（今江西宜春）等。咸淳九年（1273），调任福建安抚使知福州，尚未赴任。未几，卒于袁州任所，归葬浮梁高砂官帽山。时任江西提刑的文天祥作《挽朱尚书貔孙》诗以纪之，曰："一代文章贵，千年谏议名。天球声浑厚，元酒味和平。岩穴思风采，朝廷惜老臣。东西生死别，江水泪为倾。"

赵汝训（生卒不详），宝祐三年，以建康军节度推官充任。浙江嘉兴人，嘉定十三年（1220）庚辰科进士。宝祐元年十月十九日到任建康军节度推官；三年，任明道书院山长。

潘骥（生卒不详），宝祐四年，以沿江制置使司帅府参议充任。永嘉（今浙江温州）人。嘉定十六年癸未科进士，朝散郎。宝祐二年九月，任江东安抚使司干官；四年，添差沿江制置使司帅府参议，并兼明道书院山长。

周应合（1213—1280），开庆元年四月，以江东安抚使司干办充任。原名弥垢，字淳叟，号溪园，一号洪崖，江西武宁人。淳祐十年（1250）庚戌科进士，授江陵府教授。历任饶州通判、江东安抚使司干办、明道书院山长、实录院编修、直贤院学士、瑞州（今江西高安）知府等。宋亡后，归乡隐居不仕。博物洽闻，学力充赡，编撰有《江陵府志》《景定建康志》。另著有《洪崖集》《溪园集》传世。

张显（生卒不详），开庆元年闰十一月，以添差江州府学教授充任；景定二年（1261）正月，马光祖特别举荐任国史馆检阅。字立道，号双涧，江西德兴人。淳祐四年甲辰科进士，授武义县尉。历任酒醋监、江州府学教授、明道书院山长、国史馆检阅，著有《三朝实录》《穆陵玉牒》《经武要略》《双涧文集》等。

胡立本（生卒不详），景定元年正月，吏部批准任迪功郎，并充任建康府明道书院山长，四月初十日到任。徽州歙县（今安徽歙县）人。开庆元年（1259）己未科进士。

翁泳（生卒不详），以上元县尉暂权明道书院山长。字永叔，号思斋，建州建阳（今福建南平）人。笃志好学，师事理学家蔡渊（1156—1236，字伯静，号节斋，建阳人），获《易经》奥妙。开庆元年，举孝廉，荐任上元县尉，景定三年兼明道书院山长。著有《注释河洛讲义》《周易思斋释义》等。与周应合相友善，有《陪周溪园登赏心亭》《己未秋登城北楼》诗，纪其与周应合偕游建康之况。

余坦（生卒不详），景定五年，以朝散郎任明道书院山长。字履道，号山英，浙江开化人。景定三年壬戌科进士，授朝散郎；五年，任明道书院山长。咸淳三年（1267）任满归里，于开化大溪边西岩洞创崇文书院，课徒为生。入元，隐居不仕。

以上十位山长之中，九位进士，一位举人，个个饱读诗书，人人满腹经纶。都是当时的儒学精英，也是明道书院稳定发展的中坚力量。这种由政府委派山长管理书院的办法，不仅确保了书院教育方针始终处于正统的尊孔崇儒思想范围之内，以利于掌握控制。同时，也为元代将书院纳入官学体制提供了重要的依据。

景定五年（1264）三月，马光祖第三次出任沿江制置大使、江东安抚使兼行宫留守、知建康府事。在十分繁忙的军政事务中，他不忘明道书院的建设，不时关心明道书院的发展。为此，翌年颁令：明道书院，每月增拨养士钱五千贯，以助教养。咸淳五年（1269），马光祖升任知枢密院事，离开建康。此后几年，宋元战事越来越吃紧，建康市民人心惶惶，不可终日。由于马光祖早先定立增加书院财政拨款的实施到位，使得明道书院尚能苦苦支撑不至废弛。

元代官学化

德祐元年（1275）二月十二日，元军人马驻扎建康城南雨花台，兵临城下。二十四日，建康知府赵溍携行宫珠宝金帛及府库公款弃城逃遁。守卫建康的都统司都统徐王荣、翁福等宋将，不作抵抗，开城降元。二十七日，元中书右丞相伯颜、平章政事阿术，率一众人马兵不血刃，进入建康城，于原宋建康府署（其址位于今南京秦淮区中华路北段东侧之锦绣坊王府园）玉麟堂开省，大犒将士。其时，阿术部属中有兵卒强占明道书院屋宇，恣意蹂躏书院设施，疯狂驱赶书院师生。被驱师生义愤填膺，在上元籍生员古之学的率领下，前往府署请愿，强烈要求归还书院。伯颜率军南下时，元世祖忽必烈亲自叮嘱其一定要以宋将曹彬当年攻破江宁城为榜样，不屠城，不扰民。据此，伯颜特发榜文，还复明道书院及其院产学田，所有军将士卒不许干扰滋事，违者严惩不贷。另行文令明道书院招安师生，恢复书院正常秩序，以保证书院弦诵不废。《至正金陵新志》卷九记载："明道书院，仍宋旧规，无所更易。"因此，明道书院在元朝近百年间一直平稳发展，正常运转，且被列入官学体制之内。

有元一代，明道书院与路学、县学地位相等，同为江东建康道肃政廉访司和儒学提举司的下属单位，据元代《庙学典礼》卷五记载，明道书院设山长二名，为正九品官衔，其任命程序大致为：先由儒学推荐"行为中规，确有实学，堪以传授，为众推服"者，复由两司派员考察如实，再行任命。三年一任，任满的升迁调动，抑或继续留任，必须经过严格的考核，方可决定去向，如同今天的公务员序列。如元代大德（1297—1307）中，山长俞庸就是在任满考核时，陈献《格天心，召和气》万言九策之书，获得褒奖升迁。俞庸（生卒不详），字时中，镇江丹徒人。性倜傥，姿貌魁梧，善论议，达时务。初为明道书院山长，大德中，以地震陈《格天心，召和气》九策万余言，丞相答剌罕非常赏识，因试补户部令史，迁尚服院掾史，除从仕郎、吏部考功主事，再迁尚服院主事。卒，年六十五岁。著有《覆瓿集》。在生员的学科专业配置上，明道书院完全按照官学设置办法进行具体规定，即：将在院生徒明确分为"大学生员""小学生员"两部分：

一、大学生员，常额设员十四人。分两个专业，"治经"专业，七人；"治赋"专业，七人。课程安排与作息时间，均有严格的制度。大学生员又分两类：（1）五十岁以下、三十岁以上的大龄学生，主要以自学为主。每月上旬习"经赋"，中旬读"论语"，下旬研读"经义、史评"。（2）三十岁以下、十五岁以上的适龄生员，以听讲、习作为主。生员各各坐斋读书，由专职老师"讲书"每日按例讲课训诲。学习内容："治经"专业以四书五经为主；"治赋"专业以诗经、汉赋、唐诗为主。午餐在书院"主敬堂"会食。下午，生员纳课做作业；傍晚，课办"堂直"将各生作业收集呈交山长后，放学。

二、小学生员，无名额设定，十五岁以下、八岁以上的少年生员，多为寄宿生。接受专职老师的授书、讲解、出题和训导。每日上午先背诵前一天所学内容，再由小学教谕教授当日新课，出本日课题，省诗对句。午餐后，温习功课，每月初三、十三、二十三，为集体供诗，每人作诗一首呈交。下午，上大课，主要由"讲书"从《大学》《中庸》《论语》《孟子》《小学》《通鉴》等书中，摘段讲解其基本内容与涵义。晚餐后，自习功课，省诗对句。

这些生员中的优异者，经过考核可以逐级推荐最终进入国子监，成为太学生，或委任一定官职。这一措施不仅有利于稳定书院的管理和教学质量，同时对提高书院师生的社会地位，也具有十分重要的积极作用。

　　明道书院在元代的官学化，除体现在山长委任、生员定额、毕业分配等制度外，主要还表现在院外社会活动的增加。如：每月初一、十五，山长率书院全体职事人员和在册生员参加路学（今南京夫子庙）的祭祀孔子和拜听名儒讲演等活动，实行点名制，无故缺席者，教官将视情节罚款，所罚钱款交有司记录收掌，以助修学舍或充优秀学生的褒奖费用。《庙学典礼》卷五记载："明道、南轩书院，上元、江宁两县学，各置簿籍，教授印押，将各处附籍儒人（即在册生员）花名备细开写，凡遇朔（初一）、望（十五）至日，侵晨到学（路学），亲笔书历。如有事故，先期具状，经教官给假，附历，以凭稽考。或妄称事故而不赴学者，依例检举行罚。仍将罚到钞数委司罚置簿收掌，以助修学或充课赏相应。"至正四年（1344），张铉编撰的《至正金陵新志》十五卷完稿，分十三册印行。但是，付梓经费出了问题。在集庆路总管府的协调下，明道书院出资承担了其中三册的印刷费用。此次出资参加印制的，有集庆路学、溧阳州学、溧水州学，明道书院是其中唯一的书院。《至正金陵新志》抄录修志文移："《金陵新志》十五卷计壹拾叁册，拟合刊板印行，以广其传。分派溧阳州学刊雕五卷（册），溧水州学、明道书院各刊三卷（册），本路儒学刊造二卷（册）。"在这些官方组织的活动中，不仅展现了明道书院的经济实力，更充分体现了明道书院的官学身份。

　　元朝末期，政治腐败，贪污横行。明道书院因政府财政拨款经常迟迟不能到位而无法正常运转，甚至于山长及职事生员等人的俸禄，半年都不发放。其时，担任山长的陶安曾作诗以纪其实。

述寓

陶安

凤志慕前矩，琴趣愧难续。

弃米曾赋归，云何效奔逐。

慈亲日向老，无以报鞠育。

明经不取士，奉养心未足。

携家客秦淮，苍苔蔽荒屋。

年丰公廪虚，半载不沾禄。

妻子乐我贫，朝夕共缸粥。

母心爱两孙，每食分鼎肉。

自怜头上巾，兴到无酒漉。

怡然坐窗下，一笑对秋菊。

破败的书院屋宇长满荒草青苔，大半年拿不到工资（俸禄），只能举家食粥了。

陶安（1315—1368），字主敬，太平府当涂（今安徽当涂）人。少敏悟，博涉经史，尤长于《易》。至正四年（1344）浙江乡试举人，授集庆路建康府明道书院山长。十四年归省，避乱居家。十五年，朱元璋（1328—1398）取太平，陶安率乡绅出迎，留参幕府，任佐司员外郎。二十四年，朱元璋于应天府称吴王，陶安任翰林学士、黄州知府。洪武元年（1368）正月，任知制诰兼修国史；四月，出任江西行省参知政事；九月，卒于任所，时年五十四岁。帝亲为文以祭，追封姑孰郡公。著有《陶学士集》等。

至正十六年（1356）三月，朱元璋攻占集庆，改集庆路为应天府。明道书院也随着元朝的消亡而废弛不再。

书院重建

明代中期，理学复盛，官吏中的有识之士，纷纷倡议再祀程子，以继儒家道统之脉，故易地重建明道书院，势在必行。初在府学东建祠，复于镇淮桥东北辟地再建明道书院。不过，此时明道书院的主要功能已经全部偏向于祠祀孔孟、程朱及历朝先圣之神祇，朔望祭祀，春秋释奠。而课艺生徒则微乎其微，实难与宋、元时期的明道书院相比类矣。

明弘治二年（1489），南畿提学御史司马垔于应天府学（今南京夫子庙）以东建祠以祀明道先生。榜其门曰明道先生祠，并亲自作记以纪其事。明代《万历上元县志》卷四记载："弘治乙酉（弘治二年），提学御史司马垔于府学东偏建祠祀之，榜其门曰明道先生祠，自为记。"此为三百年后府学再祠祀程子明道先生也。

嘉靖元年（1522），监察御史卢焕择地镇淮桥东北（今南京中华路南段东侧下江考棚）重建明道书院。卢焕（1483—1530），字尧文，汝宁府光州（今河南光山）人。正德十六年（1521）辛巳科殿试第二甲第一百零一名进士，选庶吉士，授御史。巡盐河南，督学南畿，重建明道书院，有政声，惜早逝。《万历上元县志》卷四记载："嘉靖初，御史卢焕始即今址（即镇淮桥东北）为书院，祠祀焉。有绰楔，题曰：明道书院。"新建的明道书院宏伟气派，大门前竖立有高大的绰楔（古代四立面牌坊之称谓），四面均题书曰：明道书院。为其时的地标性建筑，非常醒目。此后，若干江宁方志及专家学者，皆指认镇淮桥东北为明道书院初址，虽实为误判，然情有可原也。

嘉靖八年（1529），时任南京吏部右侍郎的湛若水应邀至明道书院讲学，并撰有《南京上元县程明道先生书院记》，对新建的明道书院作了清晰的描述，使后人得以了解择地重建的明道书院之概貌。

南京上元县程明道先生书院记（节录）
湛若水

上元县为（明道）先生簿治过化之地，善政善教之所遗，精神心术之所寓，而精灵钟焉，不可无书院祠宇以妥先生之灵而系后学之思。旧有先生祠，额卑隘不称厥德，乃度地于三山街大功坊（今南京中华路中段瞻园路西口）之南，前为门为牌楼。次为仪门，为祠堂三间，左右为营室。次为讲堂五间，左右有庑，其后为阁，阁上崇经，其下为室，左右有庑，其西为射圃，圃有亭。又其西为廊四连，连十间，共为四十间，以处学子。又其西以南为连楼，收其僦租，以供书院之费。斯役也，凡出于公用之财，倡于前督学卢君焕，创于今督学御史刘君隅，将成于新督学某。千余年之缺典，三二君相继而修，岂不为旷世一快哉！君子造之可以知仁矣。是故，观斯宇，则思与天之无不覆乎！履斯基，则思与地之无不载乎！览斯栋梁楹桷堂室阁庑，则如万物之无不备于我乎！入其门如大宾，可以知敬矣。是故，升斯堂，其有斋庄中正之心，内直而外隅乎！入斯室，其有不愧屋漏之心乎！其主翁惺惺，而凡栋梁楹桷堂室庑阁，兼所照而兼所存乎！夫仁以体之，敬以存之，仁敬一致，体存不忘乎心。然则居斯地者，可无愧而有天下之广居矣。敬记诸石，以告来学之士。

嘉靖八年五月十日

湛若水这篇《记》文，为后世留下了明朝嘉靖年间，由政府主持择地重建明道书院的具体方位地址，以及建筑规模形式等珍贵的资料。有堂室阁庑五十余间，其中生员宿舍四十间。其规模虽稍逊宋代里仁街明道书院，但易地重建且屋宇宏敞，若非官办，恐怕难成其事。

万历四十年（1612），监察御史熊廷弼督学南畿，目睹明道书院自嘉靖四十五年（1566）督学御史耿定向修葺后，年久失修、破败不堪的惨景，决心联合同僚捐资重新修缮明道书院，明代焦竑《明道书院重修记》称："西楚耿公定向尝大修葺之，后若干年，圮而不治。万历壬子（四十年），熊公廷弼至，睹其湫隘，弗称尊贤造士之意。谋于司空丁公宾（丁宾，字礼原，嘉善人，官至南京工部尚书），纳言吴公达可（吴达可，字安节，宜兴人，官至南京太仆寺卿）辈，捐资创为之。不三时告成，且以学使者孙公鼎（孙鼎，字宜铉，庐陵人，官至南畿督学御史）至耿公定向九人者祔焉。斋祭有所，讲诵有堂，俎豆有庋，宾位有序，皆因耿公之旧而拓之。岩岩翼翼，壮伟宏丽。于是，搢绅逢掖，来游来歌，欢喜道说，以得学其中为快，而熊公乃使余记之。"并增加祭祀历代有功于明道书院的督学御史之神祇，庄严肃穆，凸显了明道书院的正统地位。

清代，明道书院依然延续明代建立的制度，以祠祭为主。只是在康熙三十八年（1699）、三十九年间，又进行了一次大的维修，增祭祀并增建了生徒庠序，使明道书院弦诵读书之声再起。然好景不长，康熙五十一年，其地辟为下江考棚，明道书院再次废弛，仅余数椽为程明道先生祠，仡于斜阳衰草之中。逮至咸丰三年（1853）兵燹，则彻底被焚无存矣。

康熙六年，江宁知府陈开虞力主维修明道书院，《嘉庆新修江宁府志》卷十六记载："明道书院，在镇淮桥东北。国朝康熙六年，郡守陈公开虞，修复之。"修缮一新的明道书院，祠祀与讲学，有序进行。弦诵之声，萦绕梁间。"苟日新，日日新，又日新"，积极向上，生机勃勃。

康熙二十一年，两江总督于成龙见明道书院日渐颓废，下令拨官帑修葺一新。其时，卸职赋闲寄居江宁的前武英殿大学士熊赐履应两江总督于成龙之请，作《记》以纪其概。《新修明道书院碑记》记载："康熙年间，总督于成龙复修旧制，熊赐履为文以记。"其时，明道书院在于、熊两位大臣的推崇下，祠祀与讲学均得以平稳运转无虞。

康熙二十三年（1684），江宁巡抚汤斌在任期间，专门视察了明道书院。清代《金陵待征录》卷二记载："康熙二十二（按：应为二十三）年，汤公斌行查（明道祠），尚言士子讲习，仍书院也。"鼓励书院师生一定要秉承程朱理学，联系实际，克己复礼，以成学业。

康熙三十八年、三十九年间，江宁都司章秉法以鼎新为己任，在署两江总督陶岱和继任两江总督阿山以及江苏巡抚宋荦等大员的批准与赞助下，倾其所有，重新修葺明道书院。《新修明道书院碑记》称："因请之署制府陶公（岱）、中丞宋公（荦），复又请之今制府阿公（山），皆慨然捐赀，嘱余修葺。于是，募聚捐助，并出己俸鸠工。"增庠序，立射圃，列从祀，庶使明道书院为之焕然，弦诵之声再起。康熙四十四年，康熙皇帝玄烨第五次南巡，是年四月二十六日在江宁专为明道书院题词，曰："接统濂溪。"清代《同治上江两县志》卷首载："圣祖仁皇帝御制匾额：接统濂溪。"明道书院获此殊荣，复又声名鹊起。

然而，世事难料，康熙五十一年，江苏学政署看中了书院这块宝地，将原设于句容的试士所迁至江宁城中，明道书院大部分改为下江考棚，仅留数椽设作程子祠。清代《白下琐言》卷三记载："（下江）考棚，旧在句容，因道路僻远，康熙五十一年改建城中明道祠旁，有碑记在府署前可考。"咸丰三年（1853）兵燹，程子祠遭严重焚毁，守祠人程子后裔程博夫合家殉难，《钟南淮北区域志》卷三《街巷》称："下江考棚，清改江苏督学试士之所，今为工艺厂。右有大程子祠，咸丰时，程博夫茂才合家殉难于此。"至此明道书院遂告彻底消歇。

从宋淳熙三年（1176）在府学祠祀程明道先生起，至清咸丰三年在下江考棚遭焚毁殆尽止，历经宋、元、明、清四朝，明道书院三迁其址，经历了兴旺辉煌衰亡的全过程。对此，清人金鳌有较为清晰扼要的概述。金鳌《金陵待征录》卷二称："明道先生书院。宋时，在上元县治右尊贤坊（今南京白下路东段），详《景定志》。元，平章阿术占，舁弃塑像；儒人古之学等告，还复书院制，见《至正志》。明初，移下江考棚，今在其西，而名曰祠。然康熙二十二（三）年，汤公斌，行查，尚言士子讲习，仍书院也。四（三）十八年，章公秉法，则请禁借寓作践。熊孝感（即熊赐履）《记》亦言：制府于公（成龙）橄修，乃不至没于僧舍……章公又著《纪绩》三（四）卷，编辑颇详。"（按：括号内的年份、卷数系对原文纠正。)从最初祠祀程子，发展为士子求学的书院，经数度反复，又归为祠祀，最终遭焚寂灭。六百七十八年转瞬一个轮回，周而复始，回到原点，岂非宿命乎！ 20 世纪 90 年代，地处下江考棚的南京市第一医院改建大楼，原位于其院内的明道书院之碑，因无人负责而遗失无踪。《秦淮夜谈》第二十七辑收入杨献文《淮上札记》："二十世纪九十年代，余在区文管会。巡视中，曾见南京市第一医院内西北隅一碑卧地，在东西向两座楼间路边。碑长约 1.5 米，所刻文字内容记载明道书院，何时所立则已记不清楚。时会中无文物管理所，故存放原地，但未曾增置说明牌，惜在该院翻建房舍时丢失。"实在令人扼腕叹息！

值将庆幸的是，野火烧不尽，春风吹又生。光绪三十一年（1905），于下江考棚建程子祠学堂。民国初年，改名第二十国民学校。民国十六年（1927），改名考棚小学。历经数次搬迁，现考棚小学设于中华路南段西侧的许家巷 15 号。与原程子祠明道书院仅隔一路，近在咫尺。明道书院，绵延赓续，斯之谓也。

南轩书院

　　南轩书院，初为张栻在建康天禧寺（其址在今南京中华门外大报恩寺）方丈后辟建的读书精舍。张栻离去后，寺僧以张宣公读书处祀之。嘉定九年（1216），江淮转运副使真德秀将其置为"南轩先生祠堂"，专祀张栻。后被总领所占为售卖官酒的榷酤之所。淳祐三年（1243），建康知府杜杲（1173—1248）见状，力止之，新创祠宇六七楹，拨官田百亩以充祀事。宝祐元年（1253），建康知府王埜增祀其师真德秀绘像于南轩祠堂，并于堂旁建亭，匾曰"仰宣"。咸淳三年（1267），建康知府马光祖维修南轩祠堂，增拨官田四十余亩并为修葺之费。咸淳四年，马光祖奉理宗皇帝敕命，择地长干里（今南京中华门外雨花路南段）建屋九十二间，创办南轩书院。入元后，搬迁至城东仪宾馆（其址在今南京白下路东段南侧文思巷以西），在里仁街明道书院西南。元代《至正金陵新志》卷九记载："南轩书院，祠南轩先生张栻，本设精舍，后移城东，为今书院。归附后，附于城东仪宾馆，在明道书院西南。"至正十六年（1356），朱元璋攻占集庆后，罢废。

　　绍兴三十一年（1161），观文殿大学士、和国公张浚受任建康知府兼行宫留守，专一措置两淮事务及淮东、西，建康、镇江，江、池州军马。责大权重，军政事务十分繁忙。其长子张栻，时年二十九岁，好学不倦，风华正茂，在帅府协助其处理军政之余，择建康南门外天禧寺方丈后僧寮南轩，以独处读书，并自此以"南轩"为号。《景定建康志》卷二十二记载："南轩，旧传在保宁寺方丈，今皆指天禧寺方丈，旁小室是南轩，张宣公读书处。考证：祝穆编《方舆胜览》谓：'张魏公开督府时，其子读书于保宁寺方丈小室，号南轩。'西山真公德秀建'南轩先生祠堂'于天禧寺方丈后，盖以此为张宣公读书南轩之旧址。土潜斋埜又设西山像侑食祠中，作亭其旁，扁曰'仰宣'。"翌年（1162），张栻入湖南衡山，师从五峰先生胡宏（1102—1161），得"二程"理学真传，成为一代学宗，世人以南轩先生称之。

　　淳祐三年（1243），敷文阁学士、建康知府杜杲见南轩祠屋宇全被总领所占为榷酤之所，非常痛心，立即制止，并增建祠宇，拨官田以充祭祀经费。宋代《景定建康志》卷十四记载："淳祐三年，天禧寺后南轩，乃张宣公读书之地。总所以为榷酤之场，杲止之，乃创祠宇，拨田充祀事。"为此，杜杲还专门作《记》以纪始末。

　　咸淳四年（1268），宋度宗赵禥敕命建康府，建南轩书院，祠祀先儒张栻。《宋史》卷四十六记载："咸淳四年十二月癸巳，命建康府建南轩书院，祠先儒张栻。"建康知府马光祖奉旨择天禧寺南侧古长干地，创建南轩书院。《景定建康志》卷十四记载："咸淳四年，（马光祖）创南轩书院于古长干，因山为祠，堂曰：主一；楼曰：极高明；斋曰：求仁、任道、明理、潜心；为屋九十二间。"此外，增拨官田四十亩，并命府县学生员每月朔望集中到南轩书院参加祭拜活动。《至正金陵新志》卷九记载："南轩书院。咸淳中，马光祖建主一堂，求仁、任道、明理、潜心四斋，极高明楼，为屋九十二间。辟路前，除命两校朔望虔谒，又拨田四十亩入焉。"此南轩书院正式创建之始也。

　　入元以后，南轩书院整体搬迁至城东仪宾馆。《至正金陵新志》卷九记载："南轩书院。归附后，移于城东仪宾馆，在明道书院西南。"并增建张宣公祠堂，同时将书院纳入官学序列。《至正金陵新志》卷六记载："南轩书院，宋咸淳四年创立。大德元年（1297），起盖南轩先生华阳伯张宣公祠堂。今省设山长一员。"其时，南轩书院与明道书院地位相埒，同为建康道肃政廉访司和儒学提举司的下属单位，享受官学的同等待遇。

　　有元一代，在府县学学正及书院山长的受聘资格上，制有明确的规定。据元代《庙学典礼》卷二记载，学正山长的受聘资格有二：一为前宋进士，品行修洁，经路学推荐，上报按察司批准者；一为学问该博，年高德劭，为众所推，经考背经赋合格者。著名理学家唐元就是"学问该博，年高德劭"被荐升任南轩书院山长的典型。

　　唐元（1269—1349），字长孺，号敬堂、筠轩，徽州歙县（今安徽歙县）人。恒心嗜学，数试不第。诗文并重，名闻东南。泰定四年（1327）以文学荐授平江路学学录，迁建德路分水县学教谕。至元四年（1338），升任集庆路南轩书院山长，声名重于金陵。后以徽州路学教授致仕，返乡以课徒为生，再未一官台阁。至正九年（1349）卒，时年八十一岁。著有《易传义大意》《筠轩集》《见闻录》《金陵杂著》等。

此外，凭借"学问该博"被聘为山长的还有浙江名儒杜子问。元大德元年（1297），南轩书院起盖张宣公祠堂，通过层层考察，决定延聘浙江宿耆杜子问为新任山长。杜裕（生卒不详），字子问，庆元慈溪（今浙江慈溪）人。家学渊深，其祖父杜醇，字石台，躬耕养亲，明经修行，曾任鄞县、慈溪两县学教师。子问专攻《诗经》，传道授徒，名播东南。元大德(1297—1307)年间，初被荐任建康南轩书院山长，后迁当涂县学正。

因山长的俸禄足以解决全家衣食，杜子问接受了聘书。临行，其同乡前辈戴表元专门作诗送别。《杜子问赴建康南轩祠长》："一席青溪上，深衣雪鬓翁。挥犀谈孔氏，释菜礼宣公。堂馔淮鲜白，宾筵楚醴红。花台无恙否，回首几春风。"戴表元曾任建康府学教授，对青溪北岸南轩书院的周边情况非常了解，故此诗平白如话，描写真实，今天读来依然十分亲切。

书院的在籍生员（儒人）有一定的额数，元代《庙学典礼》卷五记载："今将各处概管有籍儒人开坐于后：路学，总计一百九十五户；明道书院，总计三十七户；南轩书院、上元县学，总计三十八户；江宁县学，总计五十九户。"生员的学习专业及年龄段的课程，均有严格的制度与规章。据《庙学典礼》记载，南轩书院的生员专业设置与明道书院大体相当，仅仅在"大学生员"的额定人数稍少而已。具体为大学生员总计八名，其中，"治经"专业二名，"治赋"专业六名。除专门祠祀南轩先生张栻外，朔望赴路学祭孔等活动均与明道书院同步。至于授课、训诲、背书、对供等学习内容也与明道书院无二。值得一提的是南轩书院与明道书院还经常联袂举行一些文体活动，以丰富师生的学习生活。据明道书院山长陶安《陶学士集》记载，至正九年重阳节，南轩书院山长许瑗率领全院师生，并邀请明道书院全体师生一起赴城西清凉山登高览胜，众人欣喜欢畅，把酒临风，吟诗赋胜，兴奋开怀。

许瑗（？—1360），字栗夫，饶州乐平（今江西乐平）人。博闻强识，学贯易经。至正八年，以乡荐任集庆路南轩书院山长，任满后调广德州学正。至正十八年（1358），投朱元璋帐下，呈《平乱策》，被赐锦服鞍马，以博士衔出知太平府（今安徽当涂）。至正二十年，陈友谅率师东犯，围困太平府，许瑗率三千兵卒奋力抵抗，终因寡不敌众，被俘遇害。追赠大中大夫、轻车都尉、高阳郡侯，入祀太平府忠臣祠。

己丑（至正九年）九日，南轩山长许栗夫邀学官及诸生登高翠微亭，以唐人登高诗前四句分韵赋诗。在座诸生有得"开"字者，
余为代赋五十韵

陶安

一统江山大，群贤气量恢。

客中逢节序，雨后踏崔嵬。

虎踞城如昨，鳌分极不摧。

台空凤凰去，秋老雁鸿来。

天阙骈双岫，神州见九垓。

六朝归感慨，万籁息喧豗。

铁瓮撑寒雾，银涛鼓雳雷。

淮田黄接岸，楚树锦成堆。

古陌纤如缕，遥湖小似杯。

千峰无远近，一望悉兼该。

猎苑平芜外，渔村别浦隈。

风凄沙鸟逝，云冷野猿哀。

梵殿专灵境，唐宫尽劫灰。

清凉虽美额，寂寞亦荒苔。

曾是兴龙地，堪卑戏马台。

佳辰来宴集，幽兴寄徘徊。

我喜南轩长，名登北斗魁。

同官皆俊杰，共乐及童孩。

户屦何多甚，盘飧尽富哉。

金兰深有契，玉树皎无埃。

泉石留清赏，烟霏作胜陪。

青天从可幕，白日不须颓。

草坐膝相促，觞传手勿推。

采茅嘘活炭，接菊泛香醅。

饼剩均充仆，桃悭遍数枚。

参军巾欲坠，灵运屐迟回。

远缬频生眼，微酡渐上腮。

性情虽坦率，语话绝嘲诙。

过岭寻禅榻，开轩倒巨罍。

老僧心火灭，吟叟鬓霜皑。

身世参寥廓，林峦入笑咍。

宝坊栖万佛，华盖拥三台。

晋冢萦枯蔓，梁碑渍古煤。

枫亭红点缀，藓瞪绿沄洄。

旧迹供搜访，新诗费剪裁。

文华联鸑鷟，骏逸扫驽骀。

怀璞逢明世，悬金致异才。

云霄方满足，径路岂无媒。

宝气生龙剑，珠光出蚌胎。

栖身非枳棘，洗髓到蓬莱。

醉玩琼林杏，清依玉署梅。

佳期应不远，流俗讵能猜。

小子惭荒陋，兹游睹壮瑰。

自怜樗栎质，岂是栋梁材。

独傍丘园隐，频惊岁月催。

菱花晨镜对，榾柮夜炉煨。

鹤露常知警，鹏风亦欲培。

麻衣叨与会，茱佩更禳灾。

曾结松筠友，仍烦桃李栽。

愿言随步武，阊阖九重开。

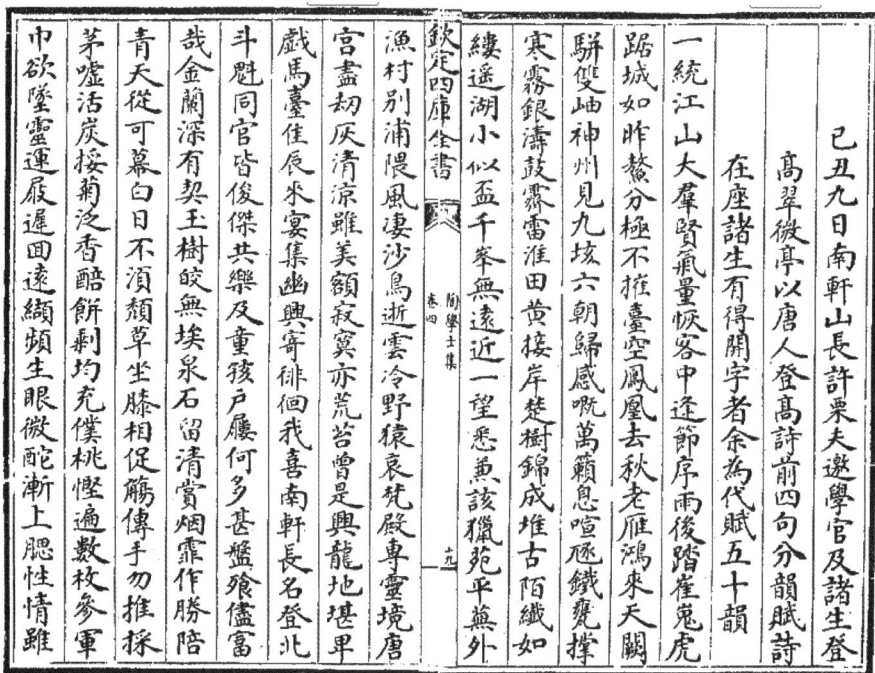

《陶学士集》书影

　　这首五十韵一百句的长诗，气势宏博，叙述细腻。不仅将登清凉山翠微亭所览之壮丽景色，描写得淋漓尽致，还借古喻今发出兴废无常之感叹，充分展现了作者内心萌动渴望变革的祈愿。当时，元朝廷政治腐败，政权衰败，各地农民起义风起云涌，灭亡只是时间的问题，故诗中隐讳地写道"佳期应不远，流俗讵能猜"。而"怀璞逢明世""阊阖九重开"，简直是明显的"诗谶"，预示着大明王朝将重开阊阖，达到一统神州的太平盛世。

　　至正十六年(1356)三月，朱元璋攻占集庆，南轩书院亦随之废弛不存，从此消歇。自宋代淳祐三年（1243），知府杜杲拨田建祠，到咸淳四年（1268），马光祖正式建成书院，再到元代至元十二年（1275）迁至城东仪宾馆，在历届山长师生的不懈努力与共同维护下，南轩书院平稳地走过了一百一十三年。虽然最终定格于元末，但是在南京历代书院延续传承发展的链条上，南轩书院必定是极其重要的一环，具有不可替代的历史地位。

元代：南京书院的发展稳定期

划归体制，山长委任

　　元朝是以蒙古民族为主体联合北方少数民族，通过征战杀伐建立起来的统一政权，其统一全国后的首要问题，是如何让处于奴隶制社会的统治集团，能够尽快地适应并赶上已经实行封建制上千年的广大汉民族，在发达的经济、先进的文教等方面所具有的进步地位。对此，元世祖忽必烈有着十分清醒的认识。《元史》卷四记载："朕惟祖宗肇造区宇，奄有四方。武功迭兴，文治多缺。"正是在这种思想的指导下，元统治者将最初划分全国人为蒙古人、色目人、汉人（北方汉族）、南人（江南汉族）四类的政策，稍作调整，改为"以国朝之成法，据唐宋之故典，参辽金之遗制"的大棒加胡萝卜政策。而推行这种政策最有效的办法就是"尊孔崇儒"，笼络汉族知识分子为其所用。其具体措施为免除在籍儒人的徭役，并制定儒人免役的相关法律，《元史》卷一百七十三记载："凡儒户徭役，乞一切蠲免。可其奏。"因此，坚持"武功"增强"文治"也就自然成为元初的基本国策，其中增强"文治"的中心思想就是"兴教育人"。随着占领江南，统一中国的大局形成，"文治"建设日渐迫切，其中，元政权对书院采取了积极接收、鼓励创办的方针，一方面全盘接收南宋时期所遗留的各类书院，委派山长及职事人员，及时招录符合条件的儒生，保证书院正常运转；一方面鼓励民间乡绅私人办学，这些乡绅皆为南宋时的儒士学者，入元后，多数不愿为官任职，而是退隐自创书院，授徒讲学，主要目的是以之糊口养家，但在客观上确实起到了传承儒家道学的作用。针对这一实际情况，元统治者因势利导，在政治上、经济上给予支持与帮助，并适时纳入官学体制。《元史》卷三十四记载："先儒过化之地，名贤经行之所，与好事之家出钱粟赡学者，并立为书院。书院设山长一名。"正是元统治者在"汉化"政策上采取的这些积极措施，促使并推动元朝书院得到了空前的发展。

　　元代，南京地区的书院，除茅山书院划入镇江路管辖外，尚存有明道、南轩、昭文、江东四家书院。其中，明道书院属"先儒（程颢）过化之地"，南轩书院属"先贤（张栻）经行之所"，这两家均为创建于南宋的著名书院，元朝政府全盘接收，并纳入官学体制。本书第一章"明道书院""南轩书院"两节，对明道、南轩两书院的发生、发展、消亡等情况，已经全面介绍，本章不再赘述。还有两家书院即昭文书院和江东书院，昭文书院始于宋末，初为精舍，入元改为书院。江东书院系入元后金陵富绅王进德"好事之家出钱粟赡学者"创办的书院，由于书院办学灵活实用，生徒入学没有繁琐的手续，所以很受广大儒生欢迎，书院也因此平稳发展。特别是江东书院，在创办过程中，邀请江南名儒吴澄、程端礼等大师参与管理讲学，制订书院管理规程，使江东书院成为享誉东南的著名书院。元政府不仅在经济上给予大力支持，还从政治上给予充分肯定，泰定元年（1324），皇帝也孙铁木耳亲题赐额"江东书院"，此举大大提高了江东书院在当时的地位，且很快即被纳入官学体制。

昭文书院

昭文书院，位于今南京市江宁区湖熟镇大秦淮河北岸梁台，亦称昭明太子读书台。相传：六朝时期梁武帝长子萧统曾于其址读书，故名。宋代《景定建康志》卷十八记载："太子东湖，在上元县丹阳乡（湖熟）太子台下，东桥之东，梁昭明太子植莲于此。"明代《金陵梵刹志》卷十四记载："法清院，在郭城东，湖塾地。西去所统灵谷寺七十里，正阳门（今光华门）七十里，东城地。梁天监间（502—519）建，名法清院。昭明太子读书其中，有东湖读书台。"明代《万历上元县志》卷六记载："昭明书台，在湖熟，遗址尚存，俗名梁台。"日久楼宇废弛，仅存台基矣。及至南宋咸淳三年（1267），郡绅方拱宸为纪念且发扬昭明太子的好学精神，于梁台旧址上筑屋数楹，以祀昭明太子。聘杜氏老人春秋释菜、朔望祭祀，终年守之；并邀四境士子读书其中，名之曰"昭文精舍"。

至元十二年（1275），元军占领建康后，昭文精舍与明道、南轩两书院一同收为官办，改名昭文书院。元代《至正金陵新志》卷九记载："昭文书院，在湖熟，镇北有台，高十余丈，下临秦淮，亦名太子台。旧传：梁昭明太子宴游之所。《景定志》：太子台下，东桥之东，有太子东湖，昭明尝植莲其中，台上有昭明像。宋咸淳丁卯（三年），方拱辰扁曰'昭文精舍'，里人杜氏守之。至元间，定今额。凡书院皆省设山长，钱粮教育与路州学皆有（由）府设直学赞焉。"在政府的钱粮支持下，昭文书院一度成为士子争相趋赴之处，弦诵之声不绝。

但是，好景不长，由于昭文书院没有固定的学田及房产，仅靠政府有关部门不定期不定额的财政拨款，远远无法解决师生的食用及日常开支。到元朝中后期，政府财政紧张，国家经济拮据，对书院的文教支出经常只是空头支票，不予兑现。元代《庙学典礼》卷五记载："江东道宣慰司，大德二年（1298），呈《行台监察御史正录山长减员》：明道书院，设山长二员；南轩书院，生徒钱粮最为鲜少，亦设山长二员；昭文书院，别无田产儒户，虚设山长二员。皆受行省札任。"此文件呈报行台后，未几获批，明道、南轩、昭文三书院均遭减裁，其中昭文书院因无学田房产而被边缘化。《庙学典礼》卷五记载："各处儒学学正、正录，书院山长，每处存设一员，多者革去，额外不许滥设。其无儒户学田书院山长，亦合减并。"从此，昭文书院因没有经济支撑而每况愈下，难以为继，未至元亡，即告废弛。

明代，重建昭明祠，正德年间（1506—1521），上元县令程栟巡视县境至湖熟镇，徒见昭文书院一片废墟，恻隐之心陡生，喟叹之余，命重建屋宇数楹，以祀昭明太子之神位。《金陵梵刹志》卷十四记载："国朝正德间，上元令程栟重葺，祀昭明，并奉释像，为祝釐之所。……殿堂：山门三楹，正佛殿三楹，昭明祠五楹，左韦驮殿三楹，官房五楹，禅堂三楹，僧院一房，基址四亩。……公产：田、地、山、塘，共八十五亩九分九厘。"虽然是寺院，却主祀昭明，只是读书之声变成诵经之声，也算是昭文书院的一种变相化身吧！

江东书院

江东书院位于元代集庆路江宁城南门桥西北之永安坊盐仓街（今南京市秦淮区双塘街道实辉巷社区糖坊廊）。《钟南淮北区域志》卷三《街巷》称："南门桥北西转，为篾街，一名竹街，又为盐仓街。旧有江东书院，元吴草庐先生澄讲学之地。"始建于至治元年（1321），由郡绅王进德（1246—1329，字仁斋、仁甫）出资创办。初为王氏义塾。开创伊始即邀请名儒吴澄制定《义塾规制》，进入正规后又邀请朱熹再传弟子程端礼担任山长，制定了《程氏家塾读书分年日程》，规范了教学方法，并改名江东书院。

程端礼（1271—1345），字敬叔、敬礼，号畏斋，庆元（今宁波鄞州区）人。十五岁即能记诵六经，晓析大义。从史蒙卿游，治朱子之学，生徒甚众。延祐二年（1315），经选荐任建平县教谕，历任建德县教谕、稼轩书院山长、江东书院山长、台州路学教授，以将仕郎致仕，归里。所著诗文，明白纯实，不离正道。著有《程氏家塾读书分年日程》《畏斋集》等。程端礼在任山长时期内所作的《集庆路江东书院讲义》，更进一步阐述了程朱的为学之道和治学方法，成为元代书院和各地官学通用的教学指导纲要，影响极大，受到元朝廷的高度重视，获得泰定皇帝也孙铁木耳亲赐所书"江东书院"匾额。有元一朝，江东书院一直是东南地区书院的标杆学府，是儒生学子向往的进学、进阶之理想场所。元朝消亡后，江东书院也随之废弛无存。

创办缘起

至治元年，七十六岁高龄的金陵乡绅王进德在其子王子霖（1278—？，字岂岩）的协助下，选择江宁城内永安坊盐仓街建屋六十余间，创办书院。初名王氏义塾，亦名江东精舍，后改名江东书院。元代《至正金陵新志》卷九记载："江东书院，在城内永安坊盐仓街。至治元年五月，郡人王进德创建。子霖又为营度庙屋，通六十余间。地临秦淮南，竹木修茂。置田溧阳九百亩，供赡生徒。前翰林学士草庐吴公，尝于其中讲授群士，往从受业其众。泰定元年（1324），定今额。"正是在这种高投入高起点的办学思想指导下，江东书院从一开始就成为当时书院中的亮点，受到读书人的普遍赞扬和元朝廷的高度重视。

至治二年（1322），七十四岁高龄的江南大儒吴澄应好友王进德之邀，赴集庆王氏义塾讲学，并帮助王进德制定"义塾规制"。元代危素《临川吴文正公年谱》记载："英宗至治二年壬戌，如建康，定王氏义塾规制。有司上其事，赐额：江东

程端礼《畏斋集》书影

书院。"《义塾规制》是两位老人在认真研究宋代名臣范仲淹的《义庄规制》和《家训百字铭》的基础上制定而成。范仲淹《家训百字铭》曰："孝道当竭力，忠勇表丹诚。兄弟互相助，慈悲无过境。勤读圣贤书，尊师如重亲。礼义勿疏狂，逊让敦睦邻。敬长与怀幼，怜恤孤寡贫。谦恭尚廉洁，绝戒骄傲情。字纸莫乱废，须报五谷恩。作事循天理，博爱惜生灵。处世行八德，修身率祖神。儿孙坚心守，成家种善根。"这些充满"忠、孝、仁、爱、信、义、和、平"的正统孔孟之道，就是江东书院办学的主导思想和教学的中心内容。也是江东书院很快受到重视、被纳入官学的重要原因。

朱子读书法

泰定元年，元朝廷将江东书院纳入官学序列，先赐御书"江东书院"匾额，再调派江西铅山稼轩书院山长程端礼担任江东书院山长。程端礼是当时著名的理学教育家，他在朱熹《白鹿洞书院教条》以及真德秀《西山真先生教子斋规》等教规的基础上，汇集各方优点，撰著成的《程氏家塾读书分年日程》，遵循朱子"读书穷理""达于日用"的治学精神和方法，成为元代书院和各级官学通用的教学指导纲要。上任伊始，程端礼就全力推行朱子读书之法，并专门撰写了《集庆路江东书院讲义》，向全院生徒宣讲。

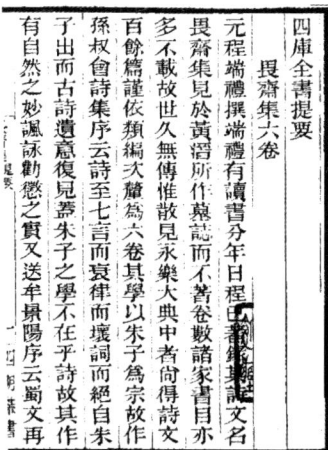

集庆路江东书院讲义

程端礼

端礼窃闻之，朱子曰："为学之道，莫先于穷理。穷理之要，必在于读书。读书之法，莫贵乎循序而致精。而致精之本，则又在于居敬而持志。"此不易之理也。其门人与私淑之徒会粹朱子平日之训，而节取其要，定为读书法六条：曰循序渐进，曰熟读精思，曰虚心涵泳，曰切己体察，曰着紧用力，曰居敬持志。

循序渐进

其所谓循序渐进者，朱子曰："以二书言之，则通一书而后及一书。以一书言之，篇章字句、首尾次第亦各有序而不可乱也，量力所至而谨守之。字求其训，句索其旨。未得乎前，则不敢求乎后；未通乎此，则不敢忘乎彼。如是则志定理明，而无疏易陵躐之患矣。若奔程趁限，一向趱着了，则看犹不看也。近方觉此病痛不是小事，元来道学不明，不是上面欠工夫，乃是下面无根脚。"其循序渐进之说如此。

熟读精思

所谓熟读精思者，朱子曰："荀子说'诵数以贯之'，见得古人诵书，亦记遍数。乃知横渠教人读书必须成诵，真学道第一义。遍数已足，而未成诵，必欲成诵；遍数未足，虽已成诵，必满遍数。但百遍时，自是强五十遍时；二百遍时，自是强一百遍时。今所以记不得、说不去、心下若存若忘，皆是不精不熟之患。今人所以不如古人处，只争这些子。学者观书，读得正文，记得注解，成诵精熟，注中训释文意、事物各件、发明相穿纽处，一一认得，如自己做出来底一般，方能玩味反覆，向上有通透处。若不如此，只是虚设议论，非为己之学也。"其熟读精思之说如此。

虚心涵泳

所谓虚心涵泳者，朱子曰："庄子说'吾与之虚而委蛇'，既虚了，又要随他曲折去，读书须是虚心方得。圣贤说一字是一字，自家只平着心去秤停他，都使不得一毫杜撰。学者看文字，不必自立说，只记前贤与诸家说便了。今人读书，多是心下先有个意思了，却将圣贤言语来凑他底意思，其有不合，便穿凿之使合。"其虚心涵泳之说如此。

切己体察

所谓切己体察者，朱子曰："入道之门，是将自个己身入那道理中去，渐渐相亲，与己为一。而今人道在这里，自家在外，元不相干。学者读书，须要将圣贤言语体之于心。如克己复礼、如出门如见大宾等事，须就自家身上体覆，我实能克己复礼、主敬行恕否？件件如此，方有益。"其切己体察之说如此。

着紧用力

所谓着紧用力者，朱子曰："宽着期限，紧着课程。为学要刚毅果决，悠悠不济事。且如'发愤忘食，乐以忘忧'是甚么精神、甚么筋骨！今之学者，全不曾发愤，直要抖擞精神，如救火治病然，如撑上水船，一篙不可放缓。"其着紧用力之说如此。

居敬持志

所谓居敬持志者，朱子曰："程先生云：'涵养须用敬，进学则在致知'，此最精要。方无事时，敬以自持。凡心不可放入无何有之乡，须是收敛在此。及应事时敬于应事，读书时敬于读书，便自然该贯动静，心无不在。今学者说书，多是捻合来说，却不详密活熟，此病不是说书上病，乃是心上病。盖心不专静纯一，故思虑不精明，须要养得虚明专静，使道理从里面流出方好。"其居敬持志之说如此。

愚按此六条者，乃朱子教人读书之要，故其诲学者、告君上，举不出此。而自谓其为平日艰难，已试之效者也。窃尝论之，自孔子有"博学于文，约之以礼，亦可以弗畔矣夫"之训，以颜子之善学，其赞孔子循循善诱，亦不过曰："博我以文，约我以礼"而已，是孔子之教、颜子之学，不越乎博文约礼二事。岂非以学者舍是，无以为用力之地欤？

朱熹像

盖盈天地间万物万事，莫非文也。其文出于圣人之手，而存之于书者，载道为尤显。故观孔子责子路何必读书，然后为学之语，可为深戒。岂非读书为博文之大而急者欤？朱子曰："约礼则只是这些子，博文各有次序，当以大而急者为先。"盖谓是也。

然则博文岂可不以读书为先，而读书又岂可不守朱子之法？朱子平日教人千言万语，总而言之不越乎此六条。而六条者，总而言之又不越乎"熟读精思""切己体察"之两条。盖熟读精思即博文之功，而切己体察即约礼之事。然则欲学颜子之学者，岂可不由是而求之哉！

今幸其说具存，学者读书能循是六者以实用其力，则何道之不可进？何圣贤之不可为？使朱子复生，身登其门，耳闻其诲，未必若是之详且要也。学者可不自知其幸欤？

世之读书，其怠忽间断者，固不足论。其终日勤劳贪多务广，终身无得者，盖以读之不知法故也。惟精庐初建，端礼荒陋匪材，夫岂其任承乏之初，敢以朱子读书法首与同志讲之，期相与确守焉，以求共学之益。使他日义精仁熟，贤材辈出，则朱子之训不为虚语，精庐不为虚设，顾不美欤？

这篇讲义集中阐发了程朱的为学之道和治学方法，清楚明白，易懂易学。在受到当时士子普遍称赞的同时，也大大提高了江东书院的声望与地位。

书院名人

泰定二年（1325），山长程端礼之弟程端学（1278—1334）奉调进京任国子监助教，途经集庆，看望其兄程端礼，并参观访问了江东书院，受到王进德、王子霖父子的热情接待。为此，程端学取王子霖所示诗轴，专门择韵作诗酬谢。

乙丑（泰定二年）初，至江东精舍，山主王岂岩写示诗盈轴，辄次首篇韵为谢

程端学

苍壁卫精舍，轻霞冠崇构。

门径既威夷，竹树亦森秀。

前临秦淮流，后倚钟山岫。

道讲如砥矢，学谨不径窦。

高堂奉宣尼，两厢来异茂。

涧溪虔采芹，尊爵严奠酎。

入者既得门，而渐见美富。

主人造士心，四教顺时候。

顾我如爱居，入耳眩金奏。

满百不以闻，岂但容其复。

正是程端学的这首诗，为后世清晰完整地勾画出了江东书院的宏丽形象，高大的黑色围墙，护卫着书院的安宁。崇宏威严的大门，两旁排列栽种有青松翠竹，大门前静静流淌的秦淮河，不舍昼夜。大门后遥对的紫金山，岫云缭绕。高堂上，供奉着孔子画像，春秋祭祀，虔诚严谨。书厢内，儒师先生讲学，清楚明了，通俗易懂；斋房中，儒子诸生学习，认真顺时，不走捷径。弦诵《诗经》"采苹南涧"之声，在空中萦绕不绝，宛然一幅江东书院教学实景图展现在读者眼前。

泰定四年（1327），江东书院有两件值得记述的大事，也是非常令人感动的喜事。这一年王进德、王子霖父子二人，父亲八十二岁，儿子五十岁，都倾心为江东书院的建设投入了毕生的精力和财力。全院师生一直铭记在心。是年正月十五元宵节，恰逢王子霖五十生辰，江东书院举院庆贺。山长程端礼作七律六首以示众人祝愿之诚。

代（江东书院）诸生寿王岂岩

程端礼

（一）

高才绝识真难比，苦学清修孰与同。

岂但说诗胜匡鼎，也知著论过王充。

千觞酒馨蒲萄绿，万朵灯敷菡萏红。

吾道极天终不坠，江东教思与无穷。

（二）

要须披腹有琅玕，远抱何庸与俗观。

为善本期寻最乐，读书端不为求官。

元宵灯火欢声沸，上古春秋寿域宽。

料得如公百无虑，一尊何惜侑清弹。

（三）

可行未达身宁处，外见浮荣守肯迁。

岂待当归全远志，从教甲子问疑年。

华灯夜半看齐放，端月人间喜正圆。

九十椿庭传鹤算，一杯家庆想欣然。

（四）

年岁如公仕正强，肯将美玉但深藏。

何曾官职痴儿了，岂似严君乐意长。

灯火渐开莲万朵，宾朋为馨酒千觞。

庆门天衍诗书泽，外傅孙添弟子行。

（五）

直与前修追远业，但令余子仰高风。

能成父志尧夫力，克阐师传元晦功。

乐善自宜跻上寿，居间端不博三公。

春蟾初满花灯放，岂惜开樽与客同。

（六）

家世谁知善是敦，故宜有子大于门。

篇章神助昭云汉，经术师传极本原。

照夕花灯连万户，近人圆月在清尊。

上奉椿庭几九十，读书已下见诸孙。

此诗展示了王子霖刻苦清修，矢志办学，一心为善，不求做官的高尚精神风貌，让我们深切感受到他"能成父志尧夫力"和"江东教思与无穷"的决心与恒心。

这年九月九日重阳节，正好是王进德的八十二岁生日，江东书院内一片喜气洋洋，充满祥瑞的气氛。程端礼与全院师生共同为王进德祝寿，歌颂其创建书院的无量功德，祝愿他嘉瑞无疆健康长寿。程端礼特地代表全院师生向王进德献上贺寿之诗。

代（江东书院）诸生寿王岂岩父仁斋

程端礼

（一）

今岁欣逢两初度，留宾从此接长筵。

觞浮黄菊挽重九，寿似南阳轶百年。

不问广成传道术，自摩铜狄斗清坚。

五湖岂待扁舟去，大隐由来只市廛。

（二）

不羡人间万户侯，素封无事不优遊。

今年寿过陈丞相，通国人称马少游。

螺甲博山然永日，菊花竹叶晏清秋。

有儿有学刚岩处，文苑儒林传定收。

（三）

一岁难逢两诞辰，只缘九九又从新。

平生积善王承事，上坐宜推紫府君。

新酒香橙临节序，苍颜白发斗精神。

如公备福今能几，后月休嫌举酒频。

（四）

年登九裘转轻强，积善由来望此乡。

洛下同庚皆丙午，人间佳节近重阳。

炉然沉水瑞云吐，酒泛落英秋露香。

谁炼还丹真得道，愿公乞我长生方。

（五）

华发丛生脸要朱，重添九九更堪娱。

众宾称寿须判醉，明日登高不用扶。

苏子亲观铸铜狄，杜陵可笑把茱萸。

菊花因公两初度，得得篱边未肯敷。

尤其值得一提的是，泰定四年丁卯（1327）这一年是闰九月，就有了两个重阳节，真是好事成双。因此，江东书院师生在程端礼的带领下，为王进德老人又庆祝了一次生日，众人举杯，程端礼再次以诗祝寿。

代（江东书院）诸生寿王岂岩父仁斋

程端礼

灯火万芙蕖，宾欢罄百觚。

商岩迟相梦，鲁国独真儒。

弦诵期成俗，慎修为永图。

纷纷求福者，谁解适兹途。

此诗高度评价王进德的道德人品，将他比作商朝武丁时期出身奴隶的丞相傅说和春秋时期鲁国唯一敢穿儒者服装的名士，虽然是一介布衣，却位卑未敢忘忧国，仗义疏财，兴办书院，造福百姓。不愧是隐身民间的真君子。

天历元年（1328），程端礼任满，奉调江西铅山县任教谕，离开担任山长整整四年的江东书院。行前依依，以诗记之。

喜道心归

程端礼

千里去家为五斗，两人作客今四年。

鲈鱼莼菜唤归去，秋雁春鸿相后先。

已悟世事溪云里，休停浊酒黄花前。

遥忆建平王承事，坐无我辈心惘惘。

程端礼写此诗的心情是十分复杂与沮丧的，从延祐二年（1315）被荐任建平县教谕起，十几年来，一直在九品低阶上徘徊，一直没有升迁。此次任铅山县教谕又是平调，还是九品。仅仅糊口养家而已，确实令人十分心寒。尽管如此，暂时还很难归家，毕竟有不错的俸禄可供赡生，所以，只有以酒浇愁，赴任江西，坐待将来吧。

天历二年（1329）五月二十九日，八十四岁高龄的王进德病逝于江东书院。其老友吴澄不顾自己八十二岁老迈之身，亲自为之作墓志铭。

金陵王居士墓志铭

吴澄

居士姓王氏，其先自汴来南，一徙再徙，而家金陵。讳进德，字仁甫，少孤，奉母涂氏至孝。上有四兄，其一其四蚤世，其二君祥，其三君玉，居士其五也。勤苦自植，趋时贸迁，道途不避寒暑。严事其兄如父，协力兴家。二兄既逝，君祥之子曰子清，君玉之子曰子渊、子淳、子澄，母三分其产，畀一子、四孙，异居异财。居士所有，浸浸以赢。创立虽艰而振恤不吝，三四十年间，每遇饥歉，施面施米，施钞施粥，日甚久，数甚夥，费甚赀，泰然行之如常。每遇疫疠，市善药，命良医，家至户到，随证治疗。煮药之器，佐药之用，纤悉毕备。病愈能食，则啖以糜，其所全活甚众。寒卧无以盖覆者，施楮衾；贫死无以殡葬者，施棺木。公府倘有功率，所出必倍他人。亲疏之族，内外之姻，周济尤笃，礼聘名师教子。郡库毁于火，为构讲堂，高壮宏敞，并其中陈设器具一新，计缗钱七万有奇，皆独力所办。买宅一区，割田九顷，创建江东书院。朝赐以额，设官掌其教。仿范文正公"义庄规制"，以赡亲属。城隍外门坏，内屋敝，运石于吴，取材于江，而更易其楹柱，而修完其栋宇。若此类布施不一，固其余事尔。配于氏，婉顺温惠，孝其姑友，其姒如居士之事母事兄。父母之没，已多历年，凡忌日，及时祭，夫妇哀感不异初丧。宽厚谦和，崇伦纪，敦信义，未尝以赀富齿长而骄贫傲少。炎天独处，衣冠俨然，见者竦肃。病剧，语言不乱，神色不变。天历二年五月二十九日终，年八十有四。将以某年某月日，合祔于氏。宅兆前期来乞铭，余客居士之家者屡，知其笃行详矣，故为志而铭焉。子，男二，子云、子霖也；女六，一先卒，其婿徐应隆、涂焕章、吕元知、赵良弼、于德渊、戚光。孙，男九，女十三；曾孙，男三，女六。铭曰：笃行于身，无怨恶于人。噫，忻忻！噫，恂恂！噫，畴之与伦！

　　吴澄这篇铭文清楚地记述了王进德艰苦创业、毕生行善、济贫恤病、倾资助学、宽厚谦和的人生轨迹与高尚品德，不仅使人感动，更加令人

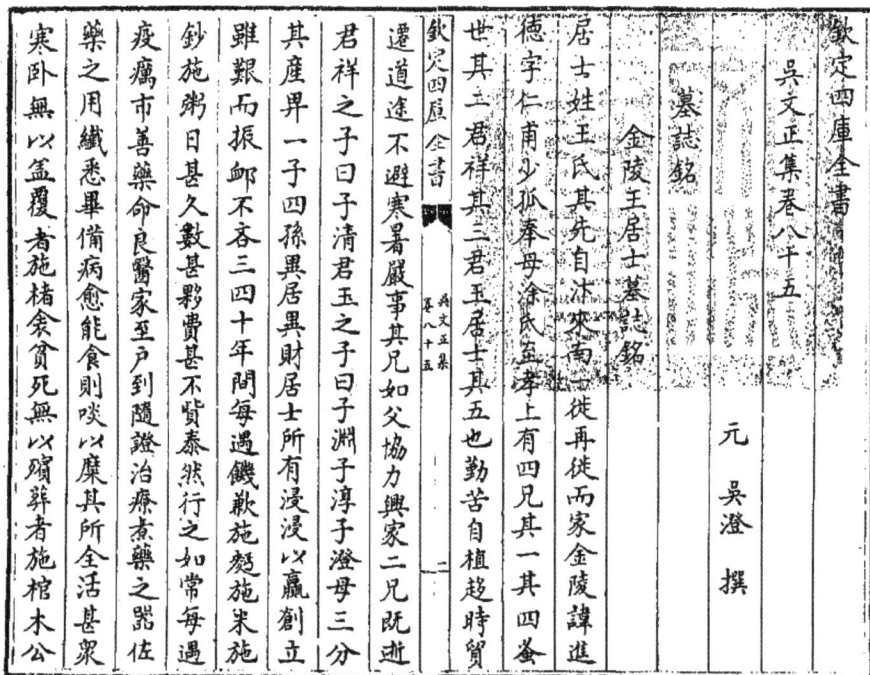

《吴文正集》书影

赞叹。正是历代无数像王进德式的平民人物，倾心教育，"畴之与伦"，坚持不懈，才使南京丰厚的文脉得以生生不息，传承赓续。

后续发展

此后二十余年，江东书院一直在平稳中衰微，确实乏善可陈。直到常州名儒石仲方担任山长，江东书院复又重振旧风，面貌一新。

至正十年（1350），丹徒县教谕石仲方调任集庆路江东书院山长。石仲方（生卒不详），常州人。莅任之后，石仲方对书院进行了大刀阔斧的改建，充分利用有限的资金，采购石材，重建棂星门，全部屋宇修缮出新。延聘名师授课，招徕有志青年入学，一时，江东书院弦诵之风，再次蔚然。由于山长为九品小官，石仲方和大多数山长一样，史多不载，何谈有传。所幸与其同时的明道书院山长陶安，在为卸任的石仲方践行时，有诗相赠。该诗小序中对石仲方作了简单的介绍，才使后人了解到石仲方的大致情况。

送石仲方诗（并序）
陶安

升秦淮之南，有庠舍突然新丽者，江东书院也。郡书院四，曰明道、南轩、昭文，皆先贤遗迹，或老屋腐垣，劳于补葺；或基构窳隘，与编户等；或贫无岁入，乏祭养之资。独江东后兴，栋宇坚完，丹垩炳炫，崇严靓深，不劳于补葺，而无窳隘之嫌。贯粟出纳，丰俭适宜，祭养有给，是乃郡士仁斋王君之创造，而草庐吴先生之所规制也。始长教者四明程氏敬叔，以考亭读书法启诲后觉。文风大振。近岁石仲方来长教事，恪恭厥职，刚介不阿，优礼宾师，招徕弟子员，析理厚伦，建棂星门，耆石购材，华质得宜，宫墙改观，过者见而生敬矣。程氏去官二十余年，独见石君如此。初，君谕晋陵创造庙学，纠录京口泮官，代庖学事，复设产数千亩。今江东考满，将典郡教，益当弘敷圣谟，钟鸣铎徇，轰聩警迷，其功必有过于斯矣。告别归毗陵，遂酌之酒而为之歌曰：

延陵季子之旧邦，林麓秀郁泉流淙。

文物萃美如瑶珥，隐居未许慕老庞。

涵潜理海心在腔，书帷永夜挑灯釭。

去家不远观大江，江边龙虎盘洪厖。

秦淮抱城驾石矼，精舍丹碧临奔泷。

莫言无笔长如杠，文词力健鼎可扛。

论堂考鼓醒愚蠢，法言浪浪金石摐。

上窥邹鲁驱杂咙，异学不敢操戈鏦。

子衿环拱心自降，取友必端戒羿逄。

飞觞谈笑月在窗，川后屏息无淙淙。

榻前松竹翠羽幢，雪点吟须秋蓬双。

芗府荐誉声如撞，酌别缆系堤柳桩。

俸米载归红满缸，迎门喜动花阴尨。

溯河北上乘艜艭，天街雪晴驰骏骙。

这首诗铿锵有力，朗朗上口，生动地描述了石仲方的道德人品和文章学问，一位刚正不阿、满身正能量的知识分子形象跃然纸上，充满了陶安对石仲方学识的赞许，以及其担任山长恪尽职守的肯定。同时，告诫在鱼龙混杂的职场一定要注意自我保护，防止"后羿与逢蒙"教会学生打先生的故事在自己身上发生。最后，祝愿一路平安，合家欢乐，事业上再创新功。

至正十六年（1356）三月，朱元璋攻占集庆，江东书院也随之废弛，师生星散，最后一任山长陈遇也匆匆逃隐民间，未几，经朱元璋谋士秦从龙（字元之，1296—1365）的极力推荐，被朱元璋礼聘为幕宾。

陈遇（1311—1384），字中行，号静诚，金陵（今南京）人，祖籍濮州鄄城（今山东荷泽）。天资沉粹，笃学博览，尤精象数之学。亦善绘画，尤工写照。元末，为江东书院山长。未几，集庆陷落，遂隐居民间。明朝定鼎，屡召问策，始终不受委官。洪武十七年（1384）病逝，赐葬钟山。据载陈遇不仅是精通经史的谋略家，还是一名著名的绘画高手，曾为朱元璋画像。受到朱皇帝的赞许与肯定，并授以高官，均被陈遇婉言谢辞。明代朱谋垔《画史会要》记载："静诚先生陈遇，字中行，博通经史，尤邃先天之学。元末，为江东书院山长，后归隐建康。太祖渡江，聘参帷幄，幸其第者三。及定天下，屡授以显官，固辞。遇善山水，曾写太祖御容，称旨。"朱元璋因此称其为"金陵第一人品"。明代周晖《金陵琐事》卷一记载："静诚姓陈，名遇，字中行。太祖御书称中行先生，以伊、吕、孔明，济世安民起之。每询以大计，皆称旨命，以官始终不受。此太祖第一举动：中行，金陵第一人品。"将陈遇比作商朝的伊尹、周朝的姜子牙、蜀汉的诸葛亮，都是济世安民的大才，可谓评价极高。

入明以后，书院不存，屋宇仍在，被辟征为政府仓库。《永乐大典》卷七五一四载："应天府江宁县，永济西仓，在盐仓街，旧江东书院基也。"这种文化精神仓库（书院）变为实际物质粮仓的无奈转身，实在令人浩叹不已。

从至治元年（1321），王进德创建书院起，到至正十六年（1356）废弛止，江东书院前后存续仅仅三十五年，是元代书院最短的一所。但是，江东书院建院过程中创立的书院规制与教学方法，不仅使江东书院名扬当时，还被此后明清时期的书院奉为圭臬，一直遵行沿用。以此论之，谓江东书院为南京乃至中国历代书院中的一面旗帜，不为过也。

明代：南京书院的由盛转衰期

官学兴盛，书院式微

　　明代鼎革，区正华夏，天下一统，结束了元末社会动荡的混乱局面，社会获得相对的稳定与发展。朝廷从政治上的需要以及统治上的考量，坚持"世治宜用文"的文教政策，大力发展官学体制和强化科举制度。有明一朝，南京初为首都，继为陪都，一直是政治经济文化都十分发达的中心城市。其中，官学的发展达到了空前的水平，有国家级学校"国子监"，永乐十八年（1420）迁都北京后，称"南雍"；还有应天府学和上元、江宁两县学，以及设于里坊的社学。这一整套文教体制为当时诸生士子铺就了一条通向科举成名的官道，调动了百姓子弟入官学读书求进的积极性，形成了"家有弦诵之声，人有青云之志"的社会风气。正是在这样的大形势下，书院备受冷落，陷入沉寂，处于消歇状态。柳诒徵《江苏书院志初稿》称："明初教士，一归学校。士夫讲学书院之风一变，其存者徒以崇祀儒先耳。"即使有少量书院存在，也仅是祭奠先儒的祠宇而已。

　　及至成化（1465—1487）以后，官学之制逐渐隳坏，科举之弊愈演愈烈，一批士大夫如王阳明、湛若水等纷纷倡导讲学之风，恢复或创建书院，以救时弊，以正人心。嘉靖年间（1522—1566），在一些官员中的有识之士大力鼓吹与推动下，朝廷对书院采取了支持与鼓励的方针，促使各地书院蓬勃发展，数量猛增。其时，南京的书院除择地续建的明道书院外，新建的有新泉书院、崇正书院。另外，还有所属辖境内的一众小型书院，如：句容的句曲书院、三友书院、江左书院、华阳书院，溧水的中山书院、高平书院，江浦的白马书院、新江书院、江干书院，高淳的崇文书院等。《光绪重刊江宁府志》卷十六记载："新泉书院，在长安街。嘉靖初，礼部侍郎湛若水建，置田数顷。万历初，废。崇正书院，在清凉寺东。明提学御史耿定向建，并置学田，今废。文昌书院，在府学成贤街，旧国子监文昌阁也。明万历乙卯（四十三年，1615），国学助教许令典创建。（以上上元、江宁）句曲书院，在句容县治西。明正统二年

（1437），巡抚周忱建，寻废。三友书院，在句容察院西。嘉靖戊戌年（十七年，1538），周仕建，寻废。江左书院，在句容县治东一里许。邑人为南畿学使过成山建，后废。华阳书院，旧在句容察院东。万历四十年（1612），学使熊廷弼建。（以上句容）中山书院，在溧水北门外，祀明兵部尚书齐泰。知县谢廷萓置义田，给其子孙，在归政乡，租银一十八两四分一厘六毫。高平书院，在溧水学宫旁，绅士捐建。国朝县令凌世御为之记。（以上溧水）白马书院，在江浦县东门外，白马寺左。明知县李维樾讲学处，今废。新江书院，在江浦县治南。祀定山先生庄昶，明礼部尚书湛若水建。江干书院，在浦子口。知县余枢有碑记。（以上江浦）高淳（崇文）书院，在县治西北察院左。明嘉靖四年，知县刘启东建，即今遗爱堂。（以上高淳）"其中，新泉书院为大儒湛若水（1466—1560）亲自创建；崇正书院为王阳明（1472—1529）"致良知"学说的忠实信徒耿定向（1524—1596）创建。此两所书院成就不相伯仲，皆名重于当时，唯崇正书院官办色彩较浓而已。

本章主要介绍新泉书院和崇正书院的发生发展消歇过程，以及对后世书院教育模式的影响。其余的十余处书院，大多为办时不长、规模偏小、影响不大的祭祀乡贤或聚徒课塾之所，建树平常，乏善可陈，故不作专节记述。《江苏书院志初稿》评价道："顾诸书院虽聚徒讲学，无大影响于当世。甘泉湛氏之学，故与姚江（王阳明）伯仲，而新泉书院之风尚不能及阳明诸书院也。"尽管如此，这些书院对厘正当时南京诸生士子治学及学风所产生的作用与影响，确实还是应该给予充分的肯定和赞扬。

但是，好景不长，万历（1573—1620）初期，正值书院蓬勃发展之时，内阁首辅张居正（1525—1582）颁布了禁毁天下书院的政令。《明通鉴》卷六十七记载："七年（1579）春正月戊辰，诏毁天下书院。先是，原任常州知府施观民，以科敛民财，私创书院，坐罪褫职。而是时士大夫竞讲学，张居正特恶之，尽改各省书院为公廨，凡先后毁应天（今南京）等府书院六十四处。"此番毁禁书院运动波及全国，南京首当其冲，在劫难逃，故自万历十一年以后，南京各书院亦渐次消歇殆尽矣！然塞翁失马，焉知非福。正是此后至明末形成的南京书院空窗期，促使金陵士子一心专注官学以求仕进，从而侥幸躲过了明末阉党魏忠贤制造的东林党祸，得以免遭一劫。以此论之，聊可谓之幸事也。

新泉书院

新泉书院，亦名新泉精舍，其址史载有三。一曰：位于今南京秦淮区大光路与龙蟠中路十字路口东北侧。《万历应天府志》卷十八记载："新泉书院，在长安街西。嘉靖初，湛若水为礼部侍郎，史际以宅舍为之。因掘地得泉，乃名焉。有学田。"一曰：位于今南京市秦淮区长乐街。《万历上元县志》卷四记载："新泉书院，在长乐街。嘉靖初，湛若水为礼部侍郎建，置田数顷，以延四方之士。万历十一年废。"一曰：位于今南京市秦淮区大光路。明代《阳明先生年谱》顺生录之十一记载："新泉精舍，在南畿崇礼街。"三书所载，各有异同，仔细纠辨，应可确定：今大光路，明初为长安街，明中期改名崇礼街。《万历上元县志》言在长乐街，应为笔误。《万历应天府志》所载长安街与《顺生录》所记崇礼街，实为同一条街也。故其址应该就在今南京市秦淮区大光路街道尚书巷社区。

创办缘起

嘉靖三年（1524）秋，湛若水升任南京国子监祭酒。湛若水（1466—1560），字元明，号甘泉，广州增城人。弘治十八年（1505）乙丑科殿试第二甲第三名进士，选庶吉士，授翰林院编修，迁侍读。正德七年（1512），奉使往安南国（今越南）册封安南王。次年归国，丁母忧。服满，聚徒讲学。嘉靖三年，起任南京国子监祭酒。嘉靖七年，建南京新泉书院。历官南京吏部右侍郎、礼部左侍郎、南京吏部尚书、兵部尚书等。嘉靖十九年五月，致仕；十月，回广东。分别在罗浮山、西樵山、广州天关、增城甘泉，建书院。春居罗浮，夏居西樵，秋居天关，冬居甘泉，四时讲学，不废弦歌。嘉靖三十九年四月二十二日，病逝于广州愚山精舍，时年九十五岁。赠太子少保；谥文简。著有《心性图说》《圣学格物通》《湛甘泉集》等。

上任祭酒伊始，他就加强南京国子监的管理，制定了六条具体的措施。

即《申明学规疏》条陈六事：一、推圣学以明道术；二、示大公以孚生徒；三、立邻朋以励德业；四、视生徒以恤病苦；五、慎升等以立劝惩；六、署长材以备器使。这六条学规的贯彻执行，使南京国子监学风迅速改观，一扫陈年颓习，弦诵之声萦绕鸡笼山畔，日夕不废。

湛若水像

湛若水一生嗜好讲学授徒，每到一处为官之暇，必建书院精舍以养学士，宣传心学。在南京任职期间当然也不例外。嘉靖七年（1528）五月，湛若水官升南京吏部右侍郎，离开国子监，必须择地建宅，以居家人。同时，也拟建书院，以授生徒，以广其学。其时，南京国子监溧阳籍监生史际（1495—1571，字恭甫）在南京崇礼街（今名大光路）西置有一处宅院，史家在溧阳是数一数二的富绅之家，史际是一名少有的轻财重义、急人之难的直爽之人。了解到恩师创办书院的心愿，史际毫不犹豫地将宅院赠予恩师开办书院。湛若水用薪俸羡余之资，对宅院进行了彻底的修缮。湛若水《新置南京少宰公宅记》称："甘泉子，嘉靖七年，以祭酒转南京吏部右侍郎，公则无宅，私无所与馆。求僦于河之东，河东之人三至而三辞焉。求于河之西，河西之宅与之前居，而勿与之后室焉。乃权寓于门人史氏之圃，是为新泉精舍。"书院的前堂命名为自然堂。《湛甘泉先生文集》卷二十一称："史氏恭甫作新泉精舍之前堂，既成，名曰：自然。"自然堂之后，辟有嘉会所，师生温习之处也。明代周冲《新泉问辨录题辞》回顾道："嘉靖戊子（1528）冬，予来新泉精舍，卒业甘泉先生之门。……时则四方同志来者日众，吾友史君恭甫复于精舍之后辟一室，为'嘉会所'。"自然堂壁间，嵌刻有甘泉门人吕柟用隶体书写的书院训规。此训规为湛若水亲自制定，意在随时敦促生徒自学自省也。《泉翁大全集》卷三十四记载："训规者，予昔所示大科书院诸生，而吕泾野奉常八分书之，刻于新泉精舍之壁者也。"是年六月，修葺一新的新泉书院开门迎士，史载因院中掘地得泉，故名新泉，其实，湛若水号甘泉，谓书院曰"新泉书院"，正是湛若水"心学"思想如泉喷涌的形象注脚。书院建筑内最值得称道的是嵌于讲堂壁间的一块"南岳碑",周晖《金陵琐事》卷三记载:"南岳碑,神禹治水告成之文也。始以'承帝曰嗟',终于'窜舞永奔',凡七十七字。原嵌新泉书院壁上。张江陵(居正)毁天下书院,有司不知书院此碑乃难得古物,亦同砖瓦售去。今在临淮侯李惟寅(李言恭)园中。焦澹园(竑)先生云:乃湛甘泉门人重勒者。"不管此碑是否是原碑,还是湛若水学生重刻,应该就是一通宝物。可惜被无知公差售卖无踪,实在令人扼腕不已。在经济保障方面,湛若水还专门为新泉书院购置了学田,以保证师生的学习与生活能够平稳无虞。新泉书院除具备一般书院的设备设施外,在生徒的管理方面则是按照国子监六条学规,严格管理入院生徒,奖惩十分明确。四方之士,多有慕名者纷至沓来,以瞻新泉书院之风貌,以聆甘泉先生讲学之风采。

讲学方式

新泉书院的讲学方式十分开放,也十分民主,学生在书院讲堂可以向甘泉先生提出有关孔孟之道和程朱理学诸方面的任何问题,湛若水均一一给予完整的解答和阐述,务使生徒得到真正的释惑与理解,时人称其为"新泉对"。后来,史际将湛若水先生在新泉书院答疑解惑的高论全部编入《新泉问辨录》《新泉问辨续录》中。明代吕景蒙《新泉问辨录序》称:"新泉者,史君恭甫嘉会所也;《问辨录》者,恭甫与四方贤士卒业甘泉先生之门,各因所得而请订其是非,用是谨书而备录之,故曰《问辨录》焉。"问辨内容,涉及《大学》《中庸》《论语》《孟子》《春秋》《易经》《史记》《汉书》《二程》《朱子》等儒家哲学经典及历史著作与治世方略的观点与看法,宏博广泛,新颖独特,为当时及后世了解明代书院讲学的形式与内容,提供了极其翔实的珍贵史料。

新泉书院的生徒众多,来自四面八方,现仅将部分在《新泉问辨录》《新泉问辨续录》中提问的生徒姓名抄录于下,以纪其胜概也。

汪省和　周　冲　吴　球　石廉伯　田叔禾　曾　檀　陈子才　石　简
周用宾　葛　清　潘子嘉　罗　郡　刘　心　吕　怀　高　简　王元德
黄省曾　谢　显　李尚理　徐文清　洪　熺　周有容　姜　凤　李世用

刘生代　郑经哲　王崇庆　吕仲木　刘廷绎　郭应奎　罗念山　曾　佩

沈希周　萧师孔　曾廓斋　谢锡命　吴齐龙　康时聘　张　纲　易大庆

邓振南　张云翀

书院讲师

　　新泉书院之讲师，除湛若水外，还有许多当时的贤士学者，他们不仅乐于应邀前来讲学，还借此与甘泉先生开展"心学"理论的研讨，据理力争，互不相让，场面十分热烈。其中著名的有王艮、吕柟、邹守益、欧阳德等大学问家，均曾在新泉书院讲学授道。明代张峰《王艮年谱》记载："嘉靖六年（1527），四十五岁。会湛甘泉若水、吕泾野柟、邹东廓、欧南野于金陵新泉书院。甘泉讲'随处体认天理'六字，以教学者。意与文成（王阳明）稍异，先生作《天理良知说》。"这段记载将一众学界精英聚会于新泉书院的时间，定在嘉靖六年，显误。应以湛若水自己定在嘉靖七年为是。兹特次第记录各讲师之生平，以彰新泉书院文风之正、学风之盛也。

　　王艮（1483—1540），字汝止，号心斋，南直隶泰州安丰场（今江苏东台）人。幼年嗜学，贫不能竟。二十岁以后，一面随父经商，一面自学《四书》。自是家道渐裕，学识日丰，遂为富户。三十八岁赴投王阳明门下，执弟子礼。初名银，阳明为之改曰"艮"。嘉靖五年，任泰州安定书院主讲，提出"百姓日用即道"观点，强调"知之为知之，不知为不知，是天理良知也"。创立泰州学派，影响颇大。后人辑有《王心斋先生遗集》。

　　吕柟（1479—1542），原字大栋，改字仲木，号泾野，陕西高陵（今陕西西安）人。正德三年（1508）戊辰科殿试第一甲第一名进士（状元），授翰林院编修。因忤宦党，两年即卸职隐退。嘉靖元年，起复原官，历任会试同考官、解州府判官、南京吏部考功郎中、南京宗人府经历、尚宾司卿、太常寺少卿、国子监祭酒、南京礼部右侍郎等。嘉靖十七年，致仕；二十一年，卒于家，时年六十四岁。朝廷赐祭，谥文简。著作宏富，有《周易说翼》《尚书说要》《春秋说志》《四书因问》《泾野集》《泾野诗文集》等十余部。

邹守益（1491—1562），字谦之，号东廓，吉安州安福（今江西安福）人。正德六年（1511）辛未科殿试第一甲第三名进士（探花），授翰林院编修。一年后辞归江西，拜南赣巡抚王守仁门下，执弟子礼。嘉靖元年（1522），朝廷复起用，历官南京吏部郎中、广德州判官、司经局司马、经筵讲官、太常寺少卿、侍读学士、国子监祭酒等。赠南京礼部右侍郎，谥文庄。著有《东廓文集》《东廓诗集》《学豚遗集》等，今人辑有《东廓先生遗稿》传世。

欧阳德（1496—1554），字崇一，号南野，吉安州泰和（今江西泰和）人。嘉靖二年癸未科殿试第二甲第十一名进士，授六安知州，迁刑部员外郎，改翰林院编修。次年，迁南京国子监司业。历任南京宝尚司卿、太仆寺少卿、南京鸿胪寺卿、礼部左侍郎、翰林院学士、礼部尚书等。赠太子少保，谥文庄。王阳明入室弟子，以"致良知"为正学，捍卫阳明师说，其功尤巨。著有《欧阳南野集》。

除以上这些知名理学"大咖"外，还有一位明代"江右大儒"罗钦顺（1465—1547，字允升）也曾专门造访过新泉书院。湛若水《惺翁亭记》记载："中丞泰和罗子与甘泉子，雅也。一日，造新泉精舍。"罗钦顺年长湛若水一岁，若水对钦顺一直持师长礼，尊敬有加。在学术问题上，虽略有分歧，但彼此也经常以书信往来，切磋经义，求同存异。此次二人在新泉书院相会，除叙别情外，主要对"何谓通乎心性而知？"的命题，进行了热烈且认真的讨论。

宣传教化

嘉靖七年（1528）除夕，湛若水在新泉书院设筵，宴请在南都的各部同志，共同讨论"忠信之大道"。《湛若水先生文集》卷二十三记载："戊子（嘉靖七年）岁除，召各部同志诸君，饮于新泉，共论大道。饮毕，言曰：诸君知'忠信为圣道之至'乎？学者徒大言夸人而无实德，无忠信故也。故主忠信，忠信所以进德，直上达天德以造至诚之道。忠信之外，无余事矣。"会上，众人纷纷对湛若水的这一观点表示由衷的信服与推崇。

嘉靖八年秋七月，湛若水奉调转任北京礼部右侍郎。历时四年，官至北京礼部左侍郎。其间，南京新泉书院，由史际率众生徒坚持弦诵不辍。

学生周孚先、吕怀还专门集资刊刻《甘泉先生文录类选》二十一卷，周孚先（1492—1542，字克道）为该书写序言，吕怀（1492—1573，字汝德）也写了后序，均以坚持捍卫发扬湛若水的"心学"理论为己任，坚定"辟异端，树正道，扶纲常，立人极，履中正，合内外"理念，务使甘泉先生确立的新泉书院办学精神，得以保持大道初心不走样。湛若水身在北京闻讯，十分高兴，欣慰之情，自不待言。

嘉靖十二年（1533）七月五日，湛若水官升南京礼部尚书，八月二十二日离开北京，回到南京，莅南京礼部尚书职。史际与新泉书院师生对此非常兴奋，都为能够再次朝夕聆听甘泉先生教诲而欢欣不已。湛若水更是倾注十分之心，专注于讲授"心学"大道。对爱徒史际舍宅捐田的义举，更是格外称赞有加。为此，甘泉先生于嘉靖十四年元宵节，专门撰《新泉精舍赡田誓》以告诫书院学子：一定要珍惜史际为大家提供的如此良好的学习环境，知道感恩，认真读书，明白真理，以行天下之大道。

新泉精舍赡田誓
湛若水

呜呼！诸子小子，有来志士，咸听誓言。尔居乃居，食乃田；尔入乃门，由乃路。尔其知思乃居、乃田、乃门、乃路乎哉？惟乃居创于史子，乃门、乃路廓于史子。惟乃田创于史子、知山子，厥嗣子恭甫乃继厥志，推之馆谷于诸子，乃开立教之门，乃建立教之基，学是用兴。尔其居乃居，食乃田，入乃门，由乃路，进乃德，修乃业，尔盍思之哉！尔居乃居，其思居乃天下之广居乎？尔食乃食，其思先乃事事，乃有事，尚无愧于尔食饩廪称事乎？尔事之弗先，尔食之弗称，尔乃素餐，是用愧于乃田。尔入尔门，由尔路，尔其思行天下之大道，尔不思行乃天下之大道，尔乃有迷于前，茅塞于尔心。尔心之茅塞，尔乃迷方，其行伥伥，是谓穷途。哀哉！有来诸子，无差尔路。乃升尔堂，高大光明，匪堂之光，明德之光。乃入尔室，宅尔广居，奠尔安宅。乃朝尔饔，乃夕尔飧，无终食以违。尔终食之或违，尔德之弗进，尔业之弗修，惟是旷尔安宅，舍尔广居，鬼阚尔室，自赎尔堂，则亦胡为乎来哉？则亦胡为乎入斯门、由斯路、居斯居、食斯食哉？呜呼！诸子来裔，尚其共鉴于斯。乙未正月十五日。

　　这篇誓文，除充分肯定史际在创建新泉书院中的重要地位和作用外，主要是勉励众学子千万要懂得珍惜时光与机会，把握当下，努力学习，以修身树德而兼济天下。

　　嘉靖十四年（1535）秋，湛若水专门过江至江浦定山新江书院，讲学并祭拜庄昶（1437—1499，字孔旸）。庄昶与湛若水之师陈献章（1428—1500，字公甫）为知己之交，陈有"千炼不如庄定山"之赞。为此，湛若水作《过江浦祭庄定山先生文》，以了先师夙愿。是年冬，湛若水还为史际创建的宜兴甘泉书院作《宜兴甘泉精舍记》，以赞扬史际一心办学宣传教化的不变初心。

　　嘉靖十五年，湛若水考绩之后，省亲南归。十七年春，回南京。其时，监察御史游居敬上疏弹劾湛若水"广收门徒，私创书院"，请旨令有司改毁之。一时，谤声四起，甚嚣尘上。为了维护并树立新泉书院的正统形象，湛若水塑孔子像于新泉书院讲堂，并作《新泉精舍圣像赞》以证明书院学风之正，驳斥游居敬等末流俗吏恶意攻击新泉书院之无耻谰言。

新泉书院圣像赞

湛若水

地不足尽其广大，天不足尽其高明，

教化不足尽其生生。其万物备而四时行，

唯我宣圣之真乎。

戊戌八月二十九日后学湛若水

　　此《赞》言简意赅，不啻为新泉书院在当时一片诋毁书院声浪中，勇立潮头发布的一篇战斗檄文。该年，《甘泉先生文集》付梓，刊印完成后藏于新泉书院，供生徒学习。甘泉门人闻人诠专门为该书作序，曰："集诗文之大成，阐德礼之精蕴，夫岂卷石勺水而已哉！读之月余，肉味俱忘，犹惧所传之不广也。仍命江都学火生增刻梓，置诸新泉精舍，俾来学者咸得有所宗云。时嘉靖十有五年春正月上元辛未。"《甘泉先生文集》全书共四十卷，分为内编二十八卷，外编十二卷。内编以说理为详，天理国法人情无不道尽；外编以纪事为悉，鸟兽草木之类无所不赅。

大则天地之变化，小则万物之幽微，包罗备矣，全面地展示了湛若水"心学"理论的完整体系。是新泉书院生徒学子在学习过程中，除四书五经外重要的必读书籍。

后甘泉时期

嘉靖十九年（1540），已经七十五岁的湛若水终于获批致仕退休。新泉书院学子依依不舍，纷纷为其饯行。离开南京前，湛若水专门拜辞文庙，谒辞孝陵，于七月十三日从新泉书院出发，取道浙闽返粤。此后，新泉书院的主讲人先后是甘泉先生的高足吕怀（1492—1573）与庞嵩（1507—1583）。黄宗羲《明儒学案》卷三十八称："吕怀，字汝德，号巾石，广信永丰人，受学于甘泉。"清代屈大均《广东新语》卷十称："初，弼唐讲学罗浮。官南都时，又讲学于新泉书院。年五十有三致政，乃请为甘泉弟子。"吕怀与庞嵩二人，都是湛若水门下高徒，在"心学"理论上均有各自的建树，称得上是后甘泉时期的领军人物。二人经常切磋讨论，研究学问。间或相伴游钟山，所论还是学问，庞嵩有诗纪之。庞嵩《和巾石翁钟灵即事》："看山欲识真山面，会到钟灵山始见。灵元默运成胚胎，化化生生形万变。"诗中充满了世间万物的变化哲理与认识自然的思辨精神，可谓无处不学问，无事不道理也。在吕、庞二人的带领下，新泉书院已然成为当时享誉东南的阳明甘泉理论学习的重要基地。

嘉靖二十九年四月，吕怀与庞嵩等在新泉书院后圃建"大同楼"，祭祠王阳明与湛若水二位先师，并以之为诸生讲会交流的主要场所。

《顺生录》之十一《年谱附录一》

嘉靖二十九年四月，门人吕怀等建大同楼于新泉精舍。设师像，合讲会。精舍在南畿崇礼街，初，史际师甘泉先生，筑室买田为馆谷之资。是年，怀与李遂、刘起宗、何迁、余胤绪、吕光洵、欧阳塾、欧阳瑜、王与槐、陆光祖、庞嵩、林烈及诸生数十人，建楼于精舍，设师与甘泉像为讲会。会毕，退坐昧昧室，默对终夕而别。

大同楼的建成，显示了新泉书院在规模上的日益扩大和建制上的进一步完善。除日常学习、朔望祭祀外，增加了"讲会"制度，不拘身份，群贤毕集，各抒己见，畅所欲言，其场面不亚于今天开放式的学术研讨会。

嘉靖三十四年（1555），南京遭遇了倭寇的袭击，区区七十二名倭匪围攻金陵城，杀守城把总指挥二人，军士被杀死者八九百人。而七十二名倭匪不折一人而去。此诚可惊可叹可怖之奇耻大辱也。周晖《金陵琐事》卷四记载："乙卯年（嘉靖三十四年），倭贼从浙江严、衢，过饶州，历徽州、宁国、太平，而至南京，才七十二人耳。南京兵与之相对两阵，杀二把总指挥，军士死者八九百。此七十二人，不折一人而去。南京十三门紧闭，倾城百姓皆点上城，堂上诸老与各司属分守各门，虽贼退不敢解严。夫京城守备，不可谓不密，平日诸勋贵骑从呵拥，交驰于道；军卒月请粮八万正，为有事备耳。今以七十二暴客扣门，即张皇如此，宁不大为朝廷辱耶！"此事件轰动全国，朝野一片哗然。其时，已调离南京在云南任曲靖知府的庞嵩十分牵挂新泉书院师生们的安危，忧思万端，唯有写诗寄情，以表关切之心。

忧寇有怀，寄新泉诸丈

庞嵩

壶中取醉且高歌，世事无端奈尔何。

四野金戈戎起伏，千年铜柱迹消磨。

驰驱总仗空群俊，老大何禅双鬓皤。

寄语新泉旧游伴，闾门驹隙莫蹉跎。

这首诗充满了无限担忧与祈盼，作者由衷地希望新泉书院所有的师生故旧，在此次"四野金戈"的倭寇侵扰中，群心协力，抵抗倭贼，保护自己的美丽家园，平安度过此劫。正是在庞嵩"闾门驹隙莫蹉跎"的鞭策与鼓励之下，史际迅速赶回溧阳招募乡兵数千人，追击倭贼至太湖，全歼七十二名倭匪于太湖洞庭山。朝廷据此授以太仆寺少卿之职，世代荫袭一子，以示褒奖。《嘉庆溧阳县志》卷八记载："嘉靖三十四年八月，倭寇自歙趋太平，东犯江宁，劫溧水，至溧阳。前翰林院侍书史际。方居家，募敢死士段天恩、史贵等，击却之。倭走宜兴，寻歼焉。"卷十二记载："事闻，起擢尚宝司卿。丙辰，再擢太仆寺少卿，荫一子，锦衣卫百户，仍予世袭。"史际起兵杀贼、保家卫国的义举，不仅受到朝廷的嘉奖，还获得广大民众的交口称赞。新泉书院全体师生更是以史际奋不顾身的壮烈行为，感到无比的自豪。

嘉靖三十九年（1560）四月二十二日，湛若水病逝于广州龙潭书院，时年九十五岁。史际与新泉书院师生闻讯，全都自觉集于大同楼，在甘泉先生像前肃立拜祭，追忆甘泉先生的音容笑貌，感恩并铭记甘泉先生在学术理论上的无私教导。

隆庆三年（1569），一贯急公好义的史际不仅在济贫恤苦上乐善好施，对南京的地志建设也不吝施财相助。原太仆寺卿陈沂（1469—1538，字鲁南）所著《金陵世纪》四卷，生前一直未能付梓，而手抄本又各自有差。为了保存这部南京地志名著，史际邀请金陵名士金銮（1494—1587，字在衡）重新校对《金陵世纪》，史际则全资解决付印费用。该书《序》中对成书经过作了详尽的叙述，并充分肯定了史、金二人的功绩。"陈公鲁南著《金陵世纪》，不蔓援，不浮奖，质直简确，一披卷而数千年之迹俱在……而金氏在衡更加校雠，玉阳史君为寿之梓，事垂久远，可期也。二君诚有力哉！隆庆三年首夏。"及至清代，该书被收入《四库全书》，史际名录其中。《四库全书总目》提要："《金陵世纪》四卷，明陈沂撰……隆庆中，太仆少卿史际始刊之。"为善不问巨细，这正是史公非凡的过人之处！

隆庆五年，史际病逝于溧阳夏庄家中，时年七十七岁。葬于溧阳云幕山。新泉书院师生闻讯，群情共悲，悬史恭甫先生像于大同楼，配祀阳明先生、甘泉先生神位之右，朔望祭奠。史公长子史继书（？—1597）荫袭任锦衣卫百户长，累迁锦衣卫指挥佥事。公务十分繁忙，只能在官场维护新泉书院的声誉。新泉书院内部所有事务，均赖史公次子史继源操持。史继源之师静斋先生周冲，系阳明、甘泉二先生的嫡传弟子，史继源奉之唯谨。周冲《新泉问辩录题辞》自述："予来新泉精舍，卒业甘泉先生之门。……时则四方同志来者日众，吾友史君恭甫复于精舍之后辟一室，为'嘉会所'。冲遂得与诸君联属为会，日相辩论其中。……

张居正像

恭甫之子继源从予游，若有志者，因命抄为一帙，题曰《问辨录》。俾持归家塾，时一潜玩焉。则区区属望继源之心，其将有遂乎！继源其亦知所勉也夫！"正是牢记了周冲的嘱望，史继源勇于担当，坚持甘泉先生办学传统，守正固本，不遗余力，方使新泉书院在后甘泉时期得以平稳运转。

万历七年（1579），朝廷在内阁首辅张居正的主持下，诏毁天下书院，尽改各省书院为官廨。于是，全国范围内掀起了一个废毁书院的政治运动，先后毁应天等府书院凡六十四处。新泉书院虽经史继书在官场多次周旋剖白，仍无济于事。大势所趋，在劫难逃，苟延至万历十一年，还是被废毁无存。

自嘉靖七年（1528）创建，到万历十一年（1583）废毁，新泉书院历经了五十六年风雨，享誉东南。之所以能够坚持半个多世纪，人才辈出，主要得力于强大的精神支柱与牢固的物质支撑。精神支柱即为始终以湛若水"心学"理论为指导，以开放民主的方式实现教学相长的目的，在当时应该是独树一帜。物质支撑主要是史际父子舍屋捐田的义举，保证了新泉书院办学没有经济上的后顾之忧。二者结合，相辅相成，造就了新泉书院的光辉历程。

崇正书院

崇正书院，亦名天台先生讲堂，其址位于南京市鼓楼区清凉山东侧半山腰岗埠间，明嘉靖四十年（1561），时任南畿督学监察御史耿定向创建。翌年建成。明代《万历应天府志》卷十八记载："崇正书院，在清凉寺东，提学御史耿定向建。有学田一百三十亩，上元县征租。"明代《万历上元县志》卷四记载："崇正书院，在清凉寺东。嘉靖间，提学御史耿定向建，万历十一年废。"

创办缘起

耿定向（1524—1596），字在伦、子衡，号楚侗，湖广黄安（今湖北红安）人。嘉靖三十五年丙辰科殿试第三甲第一百零三名进士，授行人，擢御史。历官甘肃巡按使、南畿督学御史、大理寺右丞、右副都御史、刑部侍郎、南京右都御史、户部尚书等。晚年讲学天台山，人称天台先生。万历二十四年（1596）卒，时年七十三岁，赠太子少保，谥恭简。著有《耿子庸言》《耿天台文集》等。其弟子焦竑全程参与崇正书院的建设，在书院讲堂构建屋架之际，耿定向率众弟子举行了盛大的上梁仪式，焦竑专门撰写《天台先生讲堂上梁文》，并当场诵读。兹录于下，以纪其胜。

天台先生讲堂上梁文
焦竑

伏以石城右界，筓阜中经。诞惟瞽宗之祠，雅称仙灵之宅。嗣恢堂构，益广渊源。我天台夫子，以龙德而作人，拥皋比而论道。化雨均霑乎远近，仁风丕振于东南。一时之俎豆方新，多士之仪刑具在。乃眷真游之馆，载营聚讲之宫。赖二三子之同心，成百千年之胜事。茂林修竹，为不断之藩垣；绿树青山，作自然之丹臒。匪但趋庭而起敬，庶几居肆而事成。胜据一方，幸举目而瞻太山乔木之象；垂之异世，将升堂而闻金石丝竹之音。成都亦有讲堂，觉文翁之非偶；月岩岂无精舍，轶周子以争先。

知吾道之将兴，乐修梁之肇举。愿相索绚之力，聊赓击壤之歌。

抛梁东，英才济济尽恂憟。

雨化神龙方出海，云开杲日正当空。

抛梁南，碧瓦朱薨霄汉参。

贤人上感星文聚，俊士潜从月窟探。

抛梁西，垂垂槐柳荫青溪。

会得涓涓原不舍，始知沧海即溽蹄。

抛梁北，数仞宫墙攀不得。

百官宗庙美趋跄，山灵自此增新色。

抛梁上，青霄万里无遮障。

不用冥心乐考槃，用之抗手为卿相。

抛梁下，不比云亭兼月榭。

居然一室坐春风，顿令万古回长夜。

伏愿上梁之后，庙貌严而神心喜，师道立而善人多。闻风者持一瓣之香而来，得意者分半炬之灯而去。无邪无曲，洞开方寸之重门；后觉后知，尽被万间之广厦。皇风鼓畅，道脉光亨。

这篇上梁文，遣词造句，精炼华美，将崇正书院的缘起、位置、规模，以及建院的主导思想、教学方法、培养目的，全方位多层面地概括其中，为后人了解崇正书院的创建情况，提供了极其重要的历史实据。

学术活动

耿定向是阳明"心学"的忠实信徒，创建书院就是为了维护推广阳明理论与思想。崇正书院者，抑邪以崇正也！创建伊始，耿定向亲自主持讲席，遴选十四郡名士入院学习，以江宁才子焦竑为学长，共读其间。

焦竑（1540—1620），字弱侯，号漪园、澹园，生于江宁，祖籍山东日照。万历十七年（1589）乙丑科殿试第一甲第一名（状元），授翰林院修撰，皇长子侍读。历官河南会试同考官、顺天乡试副主考、福建福宁州同知等。万历二十七年辞官归江宁，讲学著书。生平与耿定向、李贽为知己至交。万历四十八年卒，时年八十一岁。赠谕德，谥文瑞。

焦竑《澹园集》书影

著有《澹园集》《养正图解》《焦氏笔乘》等。

《明史》卷一百七十六《列传·文苑四》记载："（耿）定向遴十四郡名士读书崇正书院，以（焦）竑为之长。"焦竑《澹园集》卷三十三记载："辛酉（嘉靖四十年）十一月……建崇正书院成，著会仪，遴十四郡髦士群而鼓铸之。属小子某领其事，余时奉先生（耿定向）之教，与二三子传习其中。当是时，文贞（王艮）以理学名卿首攫席，设簾待贤，下及管库，视先生不啻天符人瑞。而先生踞师儒之任，六年于兹，摩荡鼓舞，陈言邪说，披剥解散；新意芽甲，性灵挺出。士苏醒起立，叹未曾有。皆转相号召，雷动从之。虽廲他师者，亦藉名耿氏，海内士习，几为之一变。"吸引且培养了不少精英人才，影响之大，享誉海内。《澹园集》卷三十记载："自吾师天台先生（耿定向）倡道东南，海内士云附景从，其最知名者，有芜阴之王德孺（王懋），芝城之祝无功（祝世禄），与新安之二潘（潘士藻、潘丝）。"耿定向作为南畿督学、政府官员，当然不可能长时间在崇正书院盘桓。隆庆元年（1567），耿定向调迁大理寺丞。为确保崇正书院正常运转，临行他专门聘请当时南京著名的年轻学者杨道南主讲崇正书院。

杨希淳（1543—1584），字道南，上元人。年十四岁入泮，试"孔子惜繁缨论"，督学胡象冈阅后以为宿儒。即见乃少年郎，更异之。督学耿定向试以"学莫先于立志论"，尤相赏契。累试不第，以程颢自居，讲学授徒。其论学圆通透彻，直接津要；知古知今，殆欲兼之。从之学者甚众。生平操持甚严，尝力却人厚馈。万历十二年（1584），病卒，时年四十二岁。铭墓曰："我固无求者，死后乃有求焉。"

杨道南博学多通，覃思大道；穷及时事，有所独契，是名副其实的青年才俊。崇正书院因此充满朝气，春风荡漾，一派生机。其时，崇正书院与明道书院、新泉书院，鼎足而三，各有千秋，都是名震江南的文化精英聚会中心。

隆庆六年（1572），耿定向迁任南京右都御史，政务之暇，邀请时任南京刑部员外郎的著名学者李贽（1527—1602，字宏甫，号卓吾）至崇正书院讲学，切磋义理，阐明道学。耿定向《观生纪》称："隆庆六年壬申，还过金陵，与李宏甫（卓吾）、焦弱侯（竑）辈商学。"明代沈鈇《李卓吾传》记载："天台耿定向督学南畿，以学倡南畿士，白下李士龙（李登）、焦竑，其最著者。贽日与定向、焦、李阐明道学，穷暑继夜，寝食靡辍也。"由焦竑直接安排李贽居住在崇正书院，明代汪本钶《卓吾先师告文》记载："明年（隆庆六年）春，弱侯焦先生迎师（卓吾）抵白下，为（崇正）精舍以居师。"其时，云集崇正书院读书的十四郡名士，除焦竑、李登之外，较为知名的还有安徽的方时化、福建的方沆、浙江的陆万垓、江宁的马伯时等。李贽在崇正书院作了题为"求义理"的演讲，受到书院生徒的一致称赞。李贽关于"义理"的论述，有一段有趣的公案，焦竑专门将其记入《焦氏笔乘》卷四之中。

读书不识字

焦竑

宏甫为南比部郎，日聚友讲学。寮友或谓之曰："吾辈读书，义理岂有不明，而事讲乎？"宏甫曰："君辈以高科登仕籍，岂不读书！但苦未识字，须一讲耳。"或怪问其故，宏甫曰："《论语》《大学》，岂非君所尝读邪？然《论语》开卷，便是一'学'字；《大学》开卷，便是'大学'二字。此三字，吾敢道诸君未识得！何也？此事须有证验始可，如识《论语》中'学'字，便悦乐不愠；识'大学'二字，便定静安虑。今都未能，如何自负识得此字耶？！"其人默然不能对。

这篇短文，明白如话，传神地展现了李贽过人的学识与胆略。以此类推，从中可以想象得到李贽在崇正书院演讲时的犀利言辞与昂扬神态，以及众生徒聆听时的认真虔听与由衷信服。这正是崇正书院不拘一格、畅所欲言、各抒己见、追求真理等办学理念最为具体的展示。

万历元年（1573），耿定向迁升户部尚书，赴北京任职。崇正书院在学长焦竑、主讲杨道南的主持之下，一直运转正常。其间，焦竑将恩师耿定向在崇正书院历次演讲中所阐述的主要内容

李贽像

与中心思想，分别汇总归纳为"学有宗旨、因知、迁怒、玄览、取仁、知天、格物、真心、一贯、中庸、善学、存养、克己、除妄"等十余类语录，编辑成《崇正堂答问》，印发给在院生徒阅读。自此，《崇正堂答问》就被定为崇正书院除四书之外最主要的学习读本，成为后天台时期崇正书院坚持耿定向理学不动摇的思想基础。万历七年，张居正发起废毁天下书院运动后，崇正书院依然我行我素，顶风坚持。直至万历十一年，终因大势所趋，加之学田收归官府，失去经济来源，遂彻底停办，废为僧寮。然焦竑等一众崇正书院学生，思念天台先生之情殷切不已，遂相与立恩师耿定向画像于所废崇正书院讲堂之中，朔望祭之，是为祠祀也。万历十八年，时任南京吏科给事中的天台门生祝世禄和南京工部员外郎

耿定向像

刘冠南，见崇正祠堂湫隘失修，破败不堪，遂联合同门集资于堂之西侧建屋三楹，一楹为祭堂，专祀耿定向先生，配祀杨道南先生；一楹为"依仁斋"，以待来学者居止；一楹为僧寮，以备守祠僧居住。此时的崇正书院虽遭废弃多年，但屋宇未毁，根脉尤在，实其大幸也。

万历十七年（1589），焦竑高中乙丑科殿试第一甲第一名，成为明代南京首位状元，名声大噪，被授翰林院修撰，皇长子侍读。但是，焦竑读书高才，做官低能，十年宦海，一事无成。终于万历二十七年辞官归里，在南京家中著书立说，讲学授徒。及至万历二十九年八月，为纪念恩师天台先生，焦竑复联合詹沂、王尧封、臧惟一、唐鹤征、郑汝璧、徐申诸崇正书院同仁，集资于崇正书院基址辟建"天台耿先生祠堂"。翌年（1602）二月建成。祠堂前为仪门，堂之左右两翼各建有斋舍，堂斋门馆，宏壮静宓，严翼伟观。其时，天台先生三弟、右金都御史耿定力正在南京，焦竑邀其与众天台门人共同举行了隆重的祭祀活动。很多南京市民闻讯，纷纷前往清凉山祭祀活动现场观看，目睹了庄严肃穆的祭祀仪式以及焦竑等人的恭敬仪表，竞相赞叹不已。事后，焦竑作《先师天台耿先生祠堂记》述其始末。

先师天台耿先生祠堂记（节录）

焦竑

先生嘉靖壬戌（四十一年，1562），以监察御史董学政，始来金陵。隆庆丁卯（元年，1567），迁大理丞。万历戊子（十六年，1588），为御史大夫，总宪留台。又二年，召为大司徒，请老，归亭州（今湖北麻城）。盖居金陵先后垂十载，至今言先生所注念者，必曰金陵；而金陵之言学者，亦必曰先生。先生声著中朝，士闻其丰采，不严而栗。至则取简书，所云崇正学、迪正道者，准为功令。赏殿罚最，一奉无私以行之，士心大服。乃首聘杨子道南与讲求仁之宗，以感历都人士于学已；又拔十四郡之隽，群之学舍而造之。先生间一临，相率持所疑难问，启以机钥，靡不心开目明，欢喜踊跃。或不待词说而目击意悟，虚往实归者，往往有之。他淫言诐行足以害教者，一无所容于其间。当是时，雨化风行，转相教诏，士霍然寤仁之非远，而矩之不可逾，庶几道术不为天下裂，厥功大矣。

先生去，鸶相（张居正）在事，扫除天下之学舍。念退园先生杖屦所尝至，学者思见先生而不得，辄画像而俎豆于中。亡何，祝给谏世禄、刘水部冠南，谓湫隘不足妥灵，复相地其西偏，倡同门构祠三楹，改祀先生，以杨子配焉。而后为依仁斋，左为僧寮，以虚守者。逾二岁，詹同卿沂、王郡伯尧封，益倡同乡者为讲堂三楹，前为仪门，两室翼之，而稍斥余材为旁舍，待来学者居焉。少司马臧公惟一、奉常唐公鹤征、郑公汝璧、京兆徐公申、中丞汪公应蛟，咸以赍来，事乃大集。

经始辛丑（万历二十九年）八月，讫功明年（万历三十年）二月。堂斋门馆，严严翼翼；宏壮静密，为时伟观。先生弟定力，适持中丞节观风兹土，偕诸门人执豆笾，具脯醢，以成事告。观者如堵墙，共相叹息。

这篇记文，详细地叙述了耿定向创建崇正书院的指导思想、教学措施，以及书院衍变为天台先生祠堂的全过程，应该指出的是：崇正书院变成天台先生祠堂后，依然设讲堂旁舍，以供来学者居之。显然具有书院的性质，名废实存，体现了天台门人的求学精神，锲而不舍，坚韧不拔；同时也体现了天台学子的聪明睿智，借钵化缘，但求实效；凸显耿定向的办学初衷，崇正学，迪正道，保持了"后崇正书院"时期的再度辉煌。

文人游赏

清顺治年间，毁祠建寺，曰"云巢庵"。及至乾隆中期，庵焚于火。嘉庆元年（1796），僧人展西，化缘募捐，复修饰其祠宇，扩大规模，建佛堂、僧寮，并增筑江光一线阁。登阁凭栏，远眺西北，天地浑然，长江如线。金陵士民难忘当年天台功德，仍称其为崇正书院。

嘉庆十三年三月，时任江宁钟山书院山长的姚鼐经常登临城西清凉山，探幽访古，登眺赏景。应住持僧人释展西之请，作《游故崇正书院记》，以纪其胜。

游故崇正书院记

姚鼐

江宁城西倚山，古因其势作石头城，今古城尽变，而石头之一面不改也。石头城内，清凉山颠，有翠微亭，南唐暑风亭址也。稍西有僧寺，南唐所谓清凉寺也。寺之左，明户部尚书耿定向为御史督南畿学时，建崇正书院于此。迨于张江陵（居正）柄国，毁书院，江宁诸生改为祠以祀定向。至国朝，祠亦颓敝矣。今释展西居之，修饬其祠宇具完。因建前后屋，以奉佛居僧，而俗犹因故名，呼曰：崇正书院。其前有竹轩，窈然幽邃，可以忘暑。后依山作小室，丈许，启窗西向，则万树交翳，树隙，大江横带，明灭其间，为登眺之胜。余来江宁，每徘徊翠微亭畔，四望旷邈，辄回想其室，展西亦喜客来，具茗食相对。今年，余与太仓金麓村、钱塘叶心耕至者再矣。展西欲余有记，因书以遗后来游者，俾有考焉。嘉庆十三年三月晦日记。

姚鼐这篇游记，明敞干净，区区二三百字，把崇正书院的前世今生写得明明白白、清清楚楚。读之如入其境，趣味无穷。后世游者每阅此文，无不赞叹：惜抱先生，不愧桐城高手也。

姚鼐（1731—1815），字姬传，一字梦谷，书斋名"惜抱轩"，时称惜抱先生，安徽桐城人。乾隆二十八年（1763）癸未科殿试第二甲第三十五名进士，选翰林院庶吉士。散馆，授兵部主事。历任礼部仪制司主事、山东乡试副主考、礼部员外郎、湖南乡试副主考、刑部郎中、"四库全书馆"纂修官等。乾隆三十九年，辞官归里，专心治学，以授徒为生。先后主讲扬州梅花书院、安庆敬敷书院、歙县紫阳书院、江宁钟山书院，其中，担任钟山书院山长两次计二十年之久。嘉庆二十年（1815）九月，病逝于江宁钟山书院，时年八十五岁。一生勤于文章，诗文双绝，著有《古文辞类纂》《惜抱轩诗文集》《九经说》等。

嘉庆十四年，姚鼐与好友孙星衍（1753—1818，字渊如）同游清凉山，登江光一线阁，四顾苍茫，感慨万千，各自赋诗，以抒怀抱，自成一段佳话。

清凉山南唐暑风亭址下，明耿定向建崇正书院，
今释展西居之，后有小楼，绝胜

姚鼐

虎踞关前一径斜，僧楼西上瞰江涯。
窗间夕照横全楚，谷底长风散落霞。
荒砌昔经雕玉辇，讲堂又变梵王家。
人寰何处非桑海，倚槛春阑未尽花。

江光一线阁，次姚比部鼐韵

孙星衍

翠微一径入云斜，极目东南未有涯。
江水白添连夜雨，岭梅红似半天霞。
何年兰若迷陈井，终古青山属谢家。
过眼韶光天爱惜，春寒留住十分花。

这两首七言律诗，为姚、孙二人同登江光一线阁各自所赋之篇，大气磅礴，收放自如；任人吟阅，如临其境。姚诗西瞰，江天夕照，尽收眼底；孙诗东望，极目崇山，苍莽逶迤。前者感叹世事多变，后者极言爱惜寸阴，都充满了对未来的无限祈望。

嘉道时期（1796—1850）的五十多年里，崇正书院遗址因江光一线阁而成为文人游览清凉山的必赏之地，吊古伤今，题诗者自然不少。甘熙《白下琐言》卷一记载："崇正书院，为明耿天台都御讲学处。今为僧院，石坊尚存。地踞清凉之巅，回廊静室，花木竞秀，饶有幽趣。上有高阁，轩窗三面，长江匹练，宛在几席间。胡兰川先生（胡钟）颜之曰：江光一线。王梦楼（王文治）、姚惜抱、孙伯渊（孙星衍）诸先生皆有题咏。西城登眺之胜，无逾于此。"

嘉庆十七年（1812）二月十二日，时任江宁尊经书院掌教的石韫玉与告假养母侨居江宁的闽浙总督方维甸、辞官寓居江宁王府园的前山东布政使孙星衍、寓居江宁的宣城名士吴垌，同游清凉山，登江光一线阁，品茶览景。时逢花朝佳节，春风拂面，石韫玉欢喜油然，笔

走龙蛇，蔚然成诗，以抒怀抱。

壬申（嘉庆十七年）花朝（二月十二日），与方葆岩尚书、孙渊
　如观察、吴梦华文学，同登清凉山江光一线阁茶话，走笔成篇
石韫玉

大江滔滔界吴楚，两岸名山不胜数。

建康城北是钟山，龙蟠虎踞夸今古。

孙楚翩翩王谢流，招芳同作清凉游。

清凉山势翠宛委，杰阁岿然凌上头。

当关老僧拍手叫，红梅占树迎人笑。

崇台十笏陵虚空，近水遥山恣情眺。

六代荒淫酿祸胎，临春结绮皆成灰。

此地东南大都会，江光绕郭如衣带。

地僻全除市井嚣，身高始觉乾坤大。

座中有客多振奇，巢许夔龙共一时。

吴生才语云山助，方叔威名草木知。

云山草木常如此，百岁忧欢一弹指。

才信空门意味长，登临不但江山美。

请从方外结良缘，买取祇园一角山。

手植梅花三百本，此间风月更无边。

　　这首七言古体长诗，洋洋洒洒，挥斥方遒，寓情于景，情景交融，
活脱脱地将登临清凉山江光一线阁四顾了望之所览、所感、所思、所悟，
全部囊括倾注其中。特别是"此地东南大都会"一句，振聋发聩，二百
多年前就为南京定位，正契今日现实。预言乎，远见乎，实在令人称奇。

　　道光二十八年（1848）夏秋之际，正丁忧在江宁家中守制的兵部尚
书何汝霖闲游清凉山，登江光一线阁，览景赋诗，以抒情怀。

江光一线阁诗

何汝霖

（一）

高阁凭虚竹柏围，倚阑苍翠扑人衣。

壁间珠玉留丹篆，江上帆樯度翠微。

半壁斜阳双塔峙，满山秋草一僧归。

平台坐久忘城市，惟见前溪白鹭飞。

（二）

翠影如屏列远峰，禅心诗思两从容。

蝉吟隔树秋如许，鸟语穿花路几重。

小阁晚凉三面树，六朝残梦一声钟。

游人占尽清凉福，消受烟霞入座浓。

这两首七律诗，平实自然，从容不迫。静坐高阁，满目青翠；蝉鸣鸟语，僧敲晚钟。俨然是一幅清丽明澈的世外桃源青绿山水风景画。

道光后期，江宁诸生汪星垣（字渔村）于清凉山云巢庵旧地筑屋数楹，设馆授徒。因其学问人品均称上乘，故从学者甚众。不幸的是咸丰三年（1853），合家殉于兵燹，云巢庵江光一线阁亦毁圮无存。

同治四年（1865），僧人可曾，为超度横遭兵燹罹难的孤魂野魄，发愿弘扬地藏法力，再现九华。恰逢汪星垣族弟自愿将云巢庵原渔村塾馆尚存的数楹破屋捐作寺院，可曾获之喜出望外，四方化募，笃志规划，历经艰辛，终于在其址建成小九华寺。其中，正殿三楹为地藏殿，殿中尊奉地藏菩萨塑像，另设灵官殿四楹，祀汪星垣及一众无主之神位。还有五楹僧宇，为斋堂庖厨之用。此后，每年夏历七月初一、三十，游方僧尼，善男信女，纷纷云集清凉山小九华寺，祈福诵经，香火一直极为鼎盛。同治八年，时任清凉山以南盋山之下的惜阴书院山长薛时雨（1818—1885），应小九华寺住持可曾之请，撰文立碑以记之。

重建江宁小九华碑（节录）

薛时雨

江宁城西清凉山之巅，有小九华，即古之云巢庵也，中祀地藏。岁七月，士女之祈赛者，络绎如云。乾隆中，庵毁于火，僧展西复之，曰江光一线阁，曰崇正书院。并窈然幽静，为梵修登眺之胜，桐城姚氏鼐尝游而记之。咸丰癸丑（三年），复毁于兵。左城右坪，荡然无一存者；往时僧徒，亦凋丧略尽。同治乙丑（四年），僧可曾归，栖息榛莽，蠡焉伤之，而力不足自拓。初，江宁汪渔村先生，学行醇至，不表襮。于时，教授里闬，所裁就甚众。癸丑之难，一门殉焉。所居三楹尚存，其弟诚乃舍之，可曾以祀地藏兼奉（渔村）先生栗主其中，所以缔胜，因妥贞魄也。比年以来，可曾笃志规画，踵事弥厉，辟其中三楹为地藏殿，规其左右共五楹，拓其前四楹为灵官殿，庖湢之属，皆具城之首焉。翼赞与可曾之汲汲不倦，以底于兹，可不谓难乎！余来江宁，所居在清凉山麓，春秋致佳，时契禅悦，爰因可曾之请，而记之如此。汪先生名星垣，渔村其字也，江宁诸生。

崇正书院遗址

这篇碑记朴实无华，十分清楚地记录了小九华寺的来龙去脉，是崇正书院延续衍变过程中重要的文字史料。

薛时雨任山长的惜阴书院，就在清凉山以南的盋山之麓，每逢春秋佳日，时常往小九华寺寻访可曾法师，讨论禅机，觉悟人生。

云巢庵小憩，留赠可曾禅师，用少陵登高韵
薛时雨

佛火销沉佛亦衰，累年行脚度云回。

林边孤鹤逢迎熟，槛外群山拱揖来。

断碣尚题崇正院，遥岚平峙雨花台。

结邻我喜招提近，闲访宗风学渡杯。

后续发展与现状

自清末至民国时期，小九华寺一直香火不断。民国陈诒绂《石城山志》称："（小九华寺）因奉地藏香火，故名小九华寺。庵为崇正书院故址，明都御史耿天台定向讲学处。西有阁，曰江光一线，姚郎中霈有记，尚镌壁上。"延至 1966 年夏，横扫"四旧"，风暴陡起，顷刻之间，寺内菩萨荡然，庙宇尽遭严重破坏，所遗残屋，亦湮为民居。

"文革"结束后，改革开放的和煦春风吹遍神州大地。拨乱反正，百废待兴。1980 年，南京市人民政府斥资 68 万元，彻底修葺小九华寺。专聘资深建筑大师杨廷宝负责主持全部工程，著名建筑师杨德安、赖聚奎两位教授具体规划设计。1981 年底建成使用。为正本清源，竣工后的小九华寺仍恢复初名崇正书院。整个书院坐北朝南，依山而建，纵深 162 米，宽 70 米，占地面积 11340 平方米，建筑面积 1350 平方米。分为三进，分别为轩厅、过堂和大殿。一、二进之间以两侧回廊相连。二、三进之间，东侧为假山、水池、凉亭，组成一典雅的园林小景；西侧为翘角飞檐的两层小楼"江光一线阁"。如此由三个殿宇、一栋楼阁、两个曲廊、三座庭院组成的新崇正书院，堪称布局严谨，规模宏敞，古朴典雅，别有丽天。南京大学吴白匋教授应邀专门作记刻石，以纪崇正书院再创始末。

重建古崇正书院记

吴白匋

清凉山东麓原有崇正书院，为明嘉靖中，督学御使（史）耿定向所建讲学处。清季，俗僧据之，假小九华之名以招徕香客者久矣。今恢复书院，使人民大众多一游览研习之处，此诚善策也。一九八〇年二月兴工，次年终落成。设计者为南京工学院（今东南大学）杨廷宝教授及建筑研究所杨德安、赖聚奎等同志。斟酌古今，布置和雅。依山建殿三，重阶而升，层各异趣。广厦明窗，既便休憩；池亭花石，更足流连，实兼庙堂园林之胜焉。登最高处，则钟阜晴云、澄江静练等天然佳景与通衢，万绿涌现；高楼等新生气象莫不奔赴眼底，汇为壮观。入殿盘桓，则可以浏览各种陈列品，凡祖国璀璨文化遗产之于金陵有渊源者，亦皆琳琅满目，令人向往。如此，则重修斯院实欲游人饱览江山，缅怀先哲，激起爱国热情，从事当前建设。岂仅以修复古迹为宗旨哉！

一九八一年十二月

古崇正书院

　　1992 年，国家旅游局批准，南京市园林局、旅游局共同联办，将崇正书院辟为中华奇石馆,陈列全国各地的天然奇石数千枚，一百多个品种，分别为画面石、形象石、钟乳石、古生物化石、矿物石、天外石等类属。这些天然奇石，天工雕琢，天姿玉质，形态各异，惟妙惟肖，平添了古崇正书院新的文化内涵。2003 年，奇石馆迁至山下新建的展馆，崇正书院恢复正常的文化传播与学术交流活动。2006 年 6 月 10 日，崇正书院被列为南京市文物保护单位。

　　崇正书院，是南京唯一最早在原址修复重建的古代书院。从 1562 年创办到 1982 年在原址重建的 420 年间，真正作为讲学授徒的场所仅二十一年，即嘉靖四十一年（1562）至万历十一年（1583），时间并不太长。在此后的数百年间，命运多舛，或祠，或庵，或塾，或寺，饱经风雨，屡毁屡建，不屈不挠，永不言弃，最终浴火重生，再现人间。这种完美的华丽转身，充分显示了崇正书院所奉行的"崇正学，迪正道"，大道无言，深入人心。其生命力之顽强，堪称经久不衰，历久弥新。

清代：南京书院的逐步消歇期

西学东渐，书院殆终

清朝统一全国后，吸取并沿袭了明朝的文教政策，以科举取士，大力发展官学。对书院则采取严厉的限制，"不许别创书院，群聚党徒"，进行百般封堵与压制。然而，已经有数百年历史的书院制度所具有的深刻社会影响，朝廷强行禁止，显然有悖其宣扬的"推广圣教"旨意。当时，统治者也意识到这些问题不是靠堵压就可以解决，故逐渐改变政策，由防堵到疏引、由抑制到有条件的开放。这个条件就是限制民办，提倡官办，将书院完全置于政府的管理之中。为此，雍正皇帝专门谕令各省督抚遵旨执行。雍正十一年（1733）春正月壬辰，圣谕：

> 近观各省渐知崇尚实政，不事沽名邀誉之为；而读书应举者，亦颇能屏去浮嚣奔兢之习。则创建书院，择一省文行兼优之士，读书其中。使之朝夕讲诵，整躬砺行，有所成就，远近士子观感奋发，亦兴贤育才之一道也。
>
> 督抚驻扎之所，为省会之地。着该督抚商酌奉行，各赐帑金一千两。将来士子群居读书，须预为筹划，资其膏火，以垂永久。其不足者，在于存公银内支用。
>
> 封疆大臣等并有化导士子之职，各宜殚心奉行，黜浮崇实，以广国家"菁莪棫朴"之化。则书院之设，于士习文风，有裨益而无实弊，乃朕之所望也。

根据这则谕令，全国各省先后陆续在省会城市兴办书院，并使之成为该省的最高学府。其实，南京的钟山书院，早在十年前的雍正元年就已经创办，择地建校，延聘名师，招揽江安两省优秀士子，取得了十分显著的效果。雍正的圣谕就是在总结了南京钟山书院成功的办学经验后，拟向全国推广执行的一条命令。钟山书院创建之初，就得到了雍正皇帝的肯定与支持，御书"敦崇实学"四字匾额，赐为钟山书院的院训，彰显了极大的鼓励与褒奖。从这一点来看，称南京钟山书院是清代恢复书院的排头兵、领头羊，恰如其分，不为过也。

乾隆即位以后，十分关注书院的管理发展，对选聘山长、奖励生徒等，屡有细致明确的诏谕。乾隆元年（1736）五月三十日，圣谕：

> 凡书院之长，必选经明行修，足为乡士模范者，以礼聘请；负笈生徒，必择乡里秀异、沉潜学问者，肄业其中。其恃才放诞、佻达不羁之士，不得滥入书院中。酌仿朱子《白鹿洞规条》，立之仪节，以检束其身心；仿《分年读书法》，予之程课，使贯通于经史。有不率教者，则摈斥勿留。学臣（山长）三年任满，咨访考核。如果教术可观，人才兴起，各加奖励。六年之后，著有成效，奏请酌量议叙。诸生中材器尤异者，准令荐举一二，以示鼓舞。

此后，各地府、州、县也纷纷设立书院，数量空前。南京地区除钟山书院外，先后建立的书院还有城区的尊经、凤池、鸡鸣、虹桥、奎光、文昌、惜阴、文正，句容的华阳，六合的六峰、养正，江浦的珠江、同文，溧水的高平，高淳的学山、尊经等书院。这些书院有的规模较大、体制完整，如钟山、尊经、惜阴、凤池、奎光、文正；句容的华阳，江浦（即今浦口）的珠江、同文，六合的六峰，溧水的高平，高淳的学山、尊经等；有的规模偏小、办学太短，如鸡鸣、虹桥、文昌、养正等。史载详略亦有很大差别，因此，本章对规模偏小、办学太短如鸡鸣、虹桥、文昌、养正等乏善可陈的书院，均不作专题介绍。主要介绍钟山、尊经、惜阴、凤池、奎光、文正，以及句容的华阳，江浦的珠江、同文，六合的六峰，溧水的高平，高淳的学山、尊经等书院。其中，明确的书院专志有《钟山书院志》《学山尊经两书院志》，其余书院的记载均零星散见于《嘉庆新修江宁府志》《同治上江两县志》《光绪续纂江宁府志》《盏山志》《光绪续纂句容县志》《光绪六合县志》《江浦稗乘》《光绪溧水县志》《首都志》《民国高淳县志》等方志中。本章按照时序，依据史籍记载，能详则全，应简必明，次第介绍。详者，备述始末、概况、师生、制艺等，务求清晰；简者，言明出处、年代、事迹、人物，一目了然。

清代后期，内忧外患，国力衰弱，社会动乱。加之西学东渐，书院的一套应付科举的教学内容与方法，在西方学校格物致知、舆地算学、电气化学、医矿法律等先进新颖的教育制度的对比之下，相形见绌，难以为继。其时，南京的书院中，虽有惜阴、文正等书院增加算学课程，然实无多大变化，淘汰消歇，势之必然。光绪二十七年（1901）八月初二，上谕：

著各省所有书院，于省城均改设大学堂，各府及直隶州均改设中学堂，各州县均改设小学堂，并多设蒙养学堂。

据此，南京所有书院均一一进行了改革，钟山书院改为江南高等学堂，惜阴书院改为江南图书馆，尊经书院、凤池书院改为校士馆，文正书院改为江宁府中学堂。至光绪三十年，南京所有书院均全部改成各类学堂。从北宋大中祥符年间（1008—1016）到清光绪三十年的近千年中，南京书院历经宋、元、明、清四朝，其特有的组织模式、教育方法、学习内容、师生关系等，在历史上对南京乃至全国的文教事业，都有着极其重要的推动与示范作用，终于宣告全部结束，乃大势所趋，非书院之过也。胡适《书院制史略》称："书院之废，实在是吾中国一大不幸事！"应该是其发自心底的叹惋，也是非常中肯的评论。

钟山书院

钟山书院，有清一代在南京存续时间最长、规模最大的官办书院，院址位于江宁府上元县治以北、原明代钱厂旧地。《光绪重刊江宁府志》卷十六记载："钟山书院，在府城内，旧钱厂地。雍正二年，总督查弼纳创建，世宗宪皇帝书'敦崇实学'赐之。"其址大抵东至今太平南路，西至火瓦巷，南至娃娃桥，北至小火瓦巷，占地面积约为5.32万平方米。清雍正元年（1723），两江总督查弼纳奏请皇帝御批后，由总督署、江安抚院及苏、皖两省各府县共同出资兴建。整个书院，坐北朝南。共有照壁、头门、二门、大厅、讲堂、内门楼、后楼、大厨房，以及学生读书厅房、宿舍，计100余间。书院四周，俱为高大院墙，厅、堂、楼、舍之间，均辟有庭院，屋宇层层，气势宏大。全部工程系江宁府经历加一级史谊（生平无考）督造。雍正皇帝为庆贺书院成立，亲笔御赐"敦崇实学"匾额，鎏金御匾由都经历陆廷枢监造。"钟山书院"牌匾，由总督查弼纳题书。

《钟山书院志》

书院的创建、规模、延师、招生、授课、考艺等概况，于雍正三年在查弼纳的授意和允准下，编纂成《钟山书院志》进行了完备的记载。该志由当时在书院肄业的江西建昌府学廪生汤椿年纂辑，江南苏州府长洲县学附生金增编校。当年告成，付梓刊刻印行。

汤椿年（1685—1764），字祚培，号扶元、思劬，江西建昌府南丰县人。出身书香门第、教育世家，雍正二年选入钟山书院，肄业次年，纂辑《钟山书院志》。其父汤永宽（1654—1729），字硕人，自幼禀赋异常，过目不忘，及长，诗辞"倚马可得"，文章"骈丽见胜"。又喜交游四方，曾讲学白鹿洞书院。雍正四年，为文字狱株连，先囚北京，受尽折磨；后配沧州，卒于狱中。汤椿年闻听父亲被执，立马告假，徒步北上3000里，奔走京都，照应营救。不避法司胥吏鞭打，执意追问父亲下落，观者感其孝义，咸呼其为"汤孝子"。后得知其父已发配沧州，遂于沧州

钟山书院基址总图（《钟山书院志》卷二）

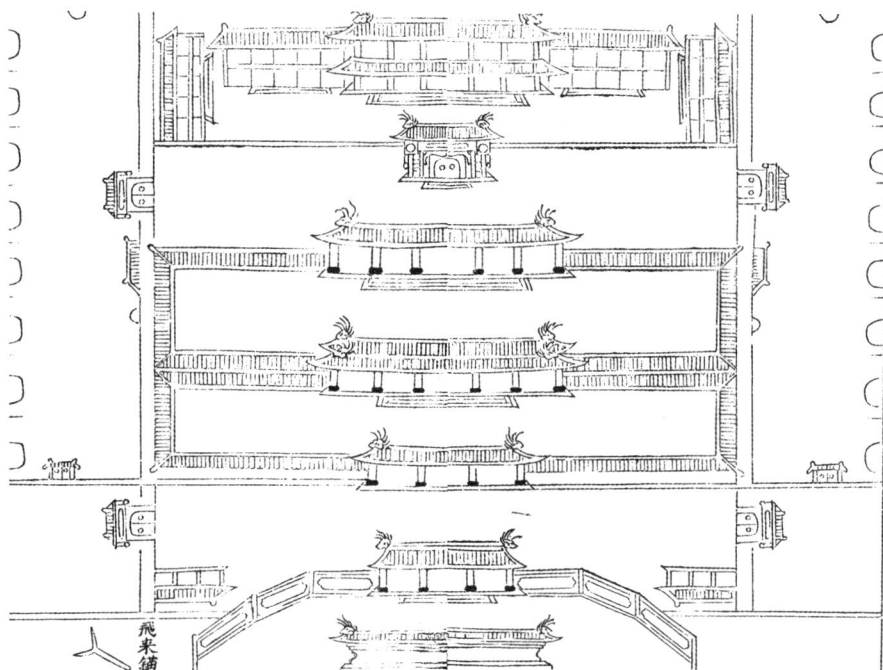

钟山书院总图（《钟山书院志》卷二）

东边读书屋图（《钟山书院志》卷二）　　西边读书屋图（《钟山书院志》卷二）

牢营附近赁屋僦居，坚持晨昏送饭牢营。雍正七年父卒，扶棺归葬故里。乾隆二年（1737），汤椿年获选举岁贡，上闻其事迹，谕旨旌表"孝子坊"，授江西分宜县训导。到任伊始，汤椿年即捐俸修启圣、节孝二祠，继而赞助赤贫学子，遂使县中教育大兴。乾隆八年，调任江西萍乡县训导，士民皆称其善。致仕后，耕读讲学，旷达怡然。

金增（1699—1748），原名王增金，字师李，号眉庵，苏州府长洲县洞庭东山朱巷人。诸生，少失怙恃，喜读嗜文。雍正元年（1723），乡闱不举，查弼纳奇其文，翌年，选入钟山书院。肄业之暇，与汤椿年编校《钟山书院志》，又校订《昌黎全集》《杨诚斋锦绣策》等。钟情诗赋，不喜仕进。后归里，购得朱氏废园，修葺改筑，名之"壑舟"。轻财重义，多襄乡梓善事，著有《壑舟园诗集》。

鉴于《钟山书院志》全面记录了钟山书院创建的初始详情，所以，逐卷解读，是了解钟山书院概况的最佳途径。全书共十六卷，雍正三年院藏刊本。

卷首为《序》及创建钟山书院者的爵秩姓氏和本志凡例。《序》为总督查弼纳撰写，明确创办钟山书院是贯彻雍正皇帝"先德行而后文章"思想，以"得人才，正风俗"为宗旨，躬修仁孝，攻读经史，培养"处为良士，出为良臣"的优秀人才，使忠孝仁爱广为传播，达到家喻户晓、移风易俗的目的。爵秩姓氏，记录捐助钟山书院创建的两江各级官员共61人的姓名、官职、籍贯和学历，虽显冗长，但从侧面反映了清代地方官吏职数情况，捐资办学，众善趋归。

卷一：《匾额》，雍正帝手书"敦崇实学"，两江总督查弼纳撰颂一章，另附大堂长联。钟山书院建成翌年，即雍正二年（1724）二月三十日，总督查弼纳代表两江各级官员及在学生员，专题上奏折，恳请雍正皇帝依圣主康熙皇帝题书白鹿洞书院和鹅湖书院之例，为钟山书院题词。四月初七，雍正皇帝御笔题写了"敦崇实学"四大字。四月初十，内官郎中常寿捧御书并传圣旨"交与礼部，赍送江南、江西查，钦此。"礼部接到圣旨（批复）后，专题研究，决定派清吏司笔帖式（官职名）齐勒负责恭送御书事宜。闰四月十二日，齐勒恭捧御书抵达江宁（南京），查弼纳率领江宁将军岳吉纳、副都统吴纳哈、副都统申保，以及在省文

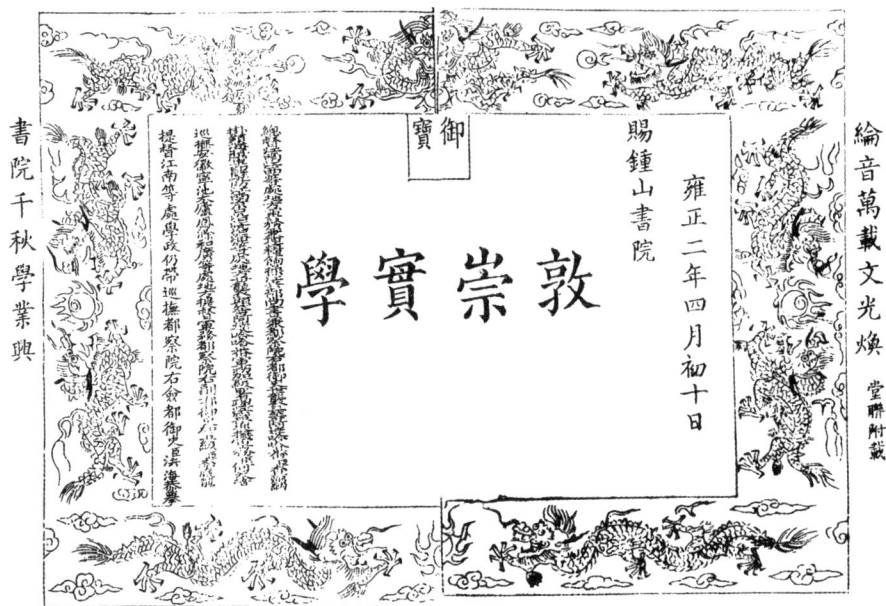

钟山书院匾额

武各官，出郊迎候。恭设香案，宣读颂文，叩头谢恩，跪迎御书至书院。随后安排两江都指挥使司经历（官职名）陆廷枢比照御书，制成鎏金"敦崇实学"大匾，悬于书院大堂。御匾两侧附联："纶音万载文光焕，书院千秋学业兴"，对书院的发展寄托了无限美好的期望。大堂内长联："倚钟山而辟贤关，奉御书、四字昭哉！重实学、薄虚声，砥砺无亏。庶几世号名才，身持名教。　兴书院以培道岸，遵广训、万言必也！后文章、先德行，陶镕勿怠。由是处为良士，出作良臣。"书院的办学宗旨、原则及培养方向尽括其中。

卷二：《图象》，将书院环境景色纳于尺幅之中，生动而显见。《钟山书院基址总图》，绘制清晰，标识明确，除钟山书院外，还标有清凉山、朝天宫、钟山、鼓楼、江南贡院、夫子庙、鸡鸣山（埭）、狮子山、通济门、雨花台等地名。《钟山书院总图》《东、西读书屋图》，展示了书院宏敞的环境和鳞次栉比的屋宇。阅览图象，宛然穿越时空，身临其境，亲切之感，油然而生。

卷三：《形势》，概述书院地理位置，以及四至情况。其中记述的花牌楼大街，就是今天的太平南路北段。《首都志》称："太平路，原有街名花牌楼。花牌楼，常府西牌楼也。"1959年，太平路与朱雀路合并，改名太平南路至今。书院大门外的古铁锚，时称"飞来锚"，相传在清代，不孕妇女逢秋摸之，可祈致孕。《白下琐言》卷一记载："钟山书院大门右空地有大铁锚，二叉陷于土，一叉在上，相传是马三宝（郑和）下西洋故物，不知何从至此。盖其地本东护龙河，水出升平桥，数百年前尚通舟楫，未可知也。每中秋，游人蚁集，妇人摸弄之，可以生子，呼为摸秋，令人绝倒。"

卷四：《创建》，备述书院兴建的缘由和建设落成之经过。书院于雍正元年（1723）八月十八日开工，九月十八日竖柱，十月初六日上梁，十二月廿四日落成，前后用时仅四个月，可谓工期短，施工紧，安排有序；数百间屋宇星罗棋布，鸟革翚飞，可谓崇宏胜概，构造精良，是真正的优质工程。

卷五：《飏言》，集"嘉谋嘉猷、培植人才"之言，并有关奏议，皆以飏言目之。为响应雍正皇帝"振兴文教，作养人才，最为要紧"的圣训，两江所属府、州、县学的毛一鸣等六十四位生员代表吁请创办书院。据此，查弼纳专题上奏，恳请皇帝准予捐俸创办钟山书院，礼部根据雍正皇帝的御批圣旨，拟定照办的实施细则。其中查弼纳奏章中记录了一个重要信息，雍正元年（1723）恩科江南乡试期间，代理监临查弼纳会同提调、监试等乡试监考官员，亲巡贡院号舍，周遭验看，逐一查明考场号舍实情，将窄矮破败的号舍，改造得整齐敞亮，并增建号舍三千多间，添足至一万八千间之数。确保应试士子考试环境清爽宽裕，专心致志地参加考试。重视教育如此，实堪后人学习。

卷六：《文告》，将创建钟山书院的檄行榜文择其要而录之，集中了《饬议建立书院檄》若干篇。其中，对入院肄业诸生的录取，有明确的规定，招生对象主要为两江辖境内府、县学的生员，入学资格的取得，一为部院试录，一为地方府县学推荐，由书院发榜檄取，被录学生须持凭发（录取通知书）方能入院报到。各府州县等地方政府必须量资发放路费，保证入学生员按时到院。

卷七：《延师》，钟山书院设掌教（院长）一位，采访"有名望、品望，年高而精明强固、足以诲人者为之，不拘爵秩，不拘本省外省"，由在任两江总督亲自延聘。首任院长宋衡，字伊平，号嵩南、啸梅，安徽庐江人，康熙二十四年（1685）二甲第十七名进士；继任院长夏慎枢，字用修，号晓堂，镇江丹徒人，康熙五十一年三甲第十二名进士，都是当时教育界的知名人士。另派副掌教（副院长）两位，一管书院东偏号房诸生，一管书院西偏号房诸生，主要选调两江各府州县在职教谕（教育局长）担任，轮班季值。书院教工实行薪金制：院长馆俸（年薪）纹银三百两，每年三节（春节、端午、中秋）发放节仪（过节费），每节纹银六两，每月另发供膳银（伙食费）十两。并配厨役一名，水火夫一名，每名每月给米三斗、工银三钱。副院长除原俸禄外，每月发给修脯供膳银（伙食补贴费）十两，每逢节日另给四色食物，所配厨役、水火夫与院长相同。院长和工役的薪酬相差近七十倍，可见当时脑力劳动和体力劳动之间的巨大差别，是"劳心者治人，劳力者治于人"的真实写照。

卷八：《养士》，介绍修学诸生的住宿房间、膳食待遇、日用器物，以及学优诸生的赏格和奖惩制度等。在院肄业学生实行供给制，每人每日给米一升，蔬菜、薪水、灯烛等项银三分，在大厨灶自行做饭。学生每十人配水火夫二名，负责学生自炊所需之水。学生宿舍两人一间，每人配床一张、桌一张、椅一张、竹书架一张。在学诸生实行严格的奖惩制度，每月月课两次，设赏格若干，特等奖赏银（奖学金）五钱，一等奖赏银四钱，二等奖赏银三钱。每年年考，所有二等以上生员，均有不同额度的奖赏银。学生入学后，如不认真学习，只领津贴薪水不上课，或不务正业外出游荡，一经发现，立即摈斥；或者三次连考三等（三次考试不及格），亦令其自行退学。学生有事回家或访友，须注册请假，如告假长至半月以上，由副院长报告江宁府，转报两江总督署院，批准方行。如私行外出，查出记过一次，三次记过，斥逐出院。学生不得管人词讼，与人斗殴，及混迹市井酗酒、茶话。如有违犯，即斥出书院。正是这些严格的管理制度，使钟山书院名扬海内。

卷九：《经籍》，记录院藏典籍，有《名臣奏议》《朱子大全》《小学》《性理四书》《性理大全》等，共三十一种，分置两只大书橱内。每只书橱配大锁一把，钥匙由副掌教收执，按时开放，供在院师生阅读，读者必须登记注明时间，以免遗散。如遇节假日或副掌教期满归任原职，须将钥匙送交江宁府谨收保管。

卷十：《教条》，主要记载书院的教学思想、内容和方法，对肄业生徒道德训练和经史学习，进行有效的规范。其宗旨是"四以四为"：敦躬行，以忠孝为本始；慎交游，以礼义为信从；明经学，以传注为楷模；课文艺，以经史为根源。而在具体的日常学习中，则严格要求"七个做到"：严朔（初一）望（十五）之仪；定日课之目；严出入之防；戒非礼之履；定会课之期；重群居之义；存恒久之心。掌教、副掌教率先垂范，从各方面对学生进行教育管理，称得上是面面俱到、不留死角。

卷十一：《讲义》，选录首任掌教宋衡讲义二章，即《孝弟讲义》和《忠恕讲义》。孝弟为立身之本，孝顺父母，善待兄弟姐妹，为德行之先务。先德行而后文章，无德有文，不如无文。忠恕乃做人之道，克己奉公，推己及人，应事接物，心中无伪。如此修身，方能齐家，进而才能谈到治国平天下。只有时时警惕自己的言行，恪守恕道，时间一久，优良的操行品德自然长存其身心。

卷十二至卷十五：《艺文》，内容包括启、记、颂、赋、诗、词等多种体裁，共收录各类诗文二百八十余首（篇），除督宪、掌教、副掌教外，大部分为时贤文士和书院肄业诸生所作，汤椿年及其父汤永宽和金增等，均有作品入选，是研究钟山书院必不可少的资料。其中有两点必须指出：一为集古体，即集三百篇（《诗经》）、集唐诗、集杜诗等，所谓集古体就是收集古诗中的佳句编纂而成一首新诗，颇显作者功力。集杜诗还附录所集杜甫原诗的篇目，均体现作者阅读之广、研究之细，方法虽显呆板，但苦读精神堪嘉，实在难能可贵。一为将所收词章定名"诗余"，其实"诗余"是明清时文人对词约定俗成的称谓，如《蜀中诗话》："唐人长短句，诗之余也，始于李太白。"故词的别称不仅是"诗余"，还称为长短句。

卷十六：《肄业诸生姓氏》，钟山书院生源来自江苏、安徽两省各府、州、县学，以及江西、山东、直隶、浙江、河南等省的部分官学监生，共 900 余人。本书作者汤椿年就是江西建昌府学廪生，金增则是苏州府长洲县学附生，都是保送的文行兼优的官学生员。钟山书院系考课式书院，主要目的是为科举考试服务，官学化特征极为明显。其教学内容和方式，与清代官学并无差异，但官学仅招本府、本州、本县的诸生，而钟山书院肄业的生徒，则跨越数省，几乎等同于一个大学院。

历任山长、主讲

查弼纳任两江总督五年中的最大功绩，当数雍正元年（1723）创办的钟山书院，可谓功莫大焉！其准备之细、筹创之精、立制之良、招生之严、膳供之全，为当时各地书院之首。此后，历经乾隆、嘉庆、道光，至咸丰初的一百三十年间，钟山书院一直受到朝廷及地方大员的重视与支持，获得很大的巩固和发展。《光绪重刊江宁府志》卷十六记载："乾隆元年（1736），奉上谕：各省会书院，仿朱子《白鹿洞规条》及《分年读书法》。总督尹继善勒石堂上，杨绳武为之记。安徽布政使晏斯盛，援国学例，请增学徒膳银。乾隆四十六年，两江总督萨载，定书院《条规》；院长、詹事府少詹钱大昕定《学约》。"书院的办学宗旨、教学内容及培养方向，清晰明确，堪称东南典范、全国楷模。清乾隆帝六次南巡到江宁，每次均于钟山书院召试士子，遂使钟山书院名重一时。书院遴选院长（山长）、掌教（主讲），由在任两江总督以礼延聘。不问派系，不讲门户，不分本省邻省、已仕未仕，但求品优学富。只要有真才、有文望、有品望，精明强固，足以诲人者；经明行修，堪为多士模范者，均有可能入选。从雍正至咸丰间有史可考的历任钟山书院院长（山长）、掌教（主讲）达二十八位，分别依次为：宋衡、夏慎枢、汪应铨、沈起元、杨绳武、韩彦曾、周长发、夏之蓉、叶西、顾镇、卢文弨、赵曦明、钱大昕、秦大成、姚鼐、秦承业、孙星衍、蔡之定、朱珔、魏成宪、钱宝琛、程恩泽、胡培翚、任泰、蔡世松、温葆深、唐鉴、王煜等，都是经学大师、儒林高手、时代精英。柳诒徵《江苏书院志初稿》云："省会若大郡，多名师，其所造就，尤有可称。省会书院，首推江宁钟山。"应为确论。

沿着历届山长、主讲的任职时序，可以清楚地了解钟山书院的发展轨迹。

宋衡（1654—1729），雍正元年（1723）至雍正三年为首任钟山书院山长。字伊平、嵩南，号啸梅，安徽庐江人。康熙二十四年（1685）乙丑科殿试第二甲第十七名进士，授翰林院编修。历官侍读学士、云南乡试主考官、提督四川学政等，六十岁致仕。雍正元年，七十二岁受查弼纳邀聘，任钟山书院首任山长。制定了"敦躬行、慎交游、明经学、课文艺"四条原则和"严朔望之仪、定日课之目、严出入之防、戒非礼之履、定会课之期、重群居之义、存恒久之心"的办学方针，为钟山书院逐渐成为清代两江地区影响最大的汉学中心，奠定了坚实的基础。

夏慎枢（1653—1730），雍正四年至雍正八年任钟山书院山长。字用修，号晓堂，江苏丹徒人。康熙五十一年壬辰科殿试第三甲第十二名进士，选庶吉士，授翰林院检讨。康熙五十九年任顺天乡试同考官，六十年任辛丑科会试同考官。天才开朗，不自收拾。久不升迁，辞官南归，以设馆授徒为生。雍正四年，受两江总督范时绎邀聘，主讲钟山书院。萧规曹随，恪守"敦崇实学"宗旨，守成有绩。雍正八年卒于金陵。著有《万闲堂诗钞》《晓堂文集》等。

汪应铨（1685—1745），雍正八年至雍正十二年，任钟山书院主讲。字杜林，号梅林，江苏常熟人，祖籍安徽休宁。康熙五十七年戊戌科殿试第一甲第一名（状元），授翰林院修撰。官至左春坊赞善、辛丑会试同考官。雍正元年（1723），因言遭劾，谢职南归。雍正八年，应两江总督史贻直延聘，主讲钟山书院。教习学子，讲授经学。勤勤恳恳，恪尽职守，深受在院生徒及两江学界的称道。善诗文，著有《容安斋诗集》《述梅圃诗文集》等。

沈起元（1685—1763），雍正十三年至乾隆二年（1737）任钟山书院山长。字子大，号敬亭，江苏太仓人。康熙六十年辛丑科殿试第二甲第十六名进士，选庶吉士，改吏部主事，擢员外郎，以知府发福建用。累官至河南按察使、直隶布政使、光禄寺卿等。雍正十三年，应两江总督赵宏恩邀聘，任钟山书院山长。制定《钟山书院规条（八则）》："一、立志；一、士贵务实；一、读书之法；一、读史之法；一、制义之始权舆于经义；一、诗学；一、业精于勤荒于嬉；一、书院读书即师友之乐。"刊发诸生，勤加劝饬。一时，书院学风，为之大振。

杨绳武（1675—1750），乾隆二年至乾隆十四年任钟山书院山长。字文叔，号皋里，江南吴县（今属江苏苏州）人。康熙五十二年癸巳恩科殿试第二甲第一名进士，授吏部庶吉士。官至翰林院编修。雍正二年，丁忧归里，未再出仕。乾隆二年，应两江总督庆复邀请，主讲钟山书院。仿朱子《白鹿洞规条》及《分年读书法》，制定《钟山书院规约（十一则）》："一、先励志；一、务立品；一、慎交游；一、勤学业；一、穷经学；一、通史学；一、论古文源流；一、论诗赋派别；一、论制义得失；一、戒抄袭倩代；一、戒矜夸忌毁。"每则均详加解释与阐发，务使达到"学以致用，身体力行"之目的。受到总督庆复、两江官员及书院学子的普遍称赞。继任总督尹继善将《钟山书院规约》与《分年读书法》勒石成碑，树于书院堂上，以传久远。安徽布政使晏斯盛援引国子监学例，请增钟山书院生徒膳银。乾隆十四年杨绳武卸任归里，翌年病逝。其担任钟山书院山长13年，克勤恭俭，良多建树；学问人品，生徒共仰。逝后入祠，来者恒祀。

韩彦曾（1681—1775），乾隆十五年至乾隆十八年任钟山书院主讲。字沥芳，号溧舫，江南长洲（今属江苏苏州）人。雍正八年庚戌科殿试第三甲第九十二名进士，选翰林院庶吉士，散馆，授检讨。官至詹事府司经局洗马兼翰林院修撰。乾隆十二年（1747）丁卯科福建乡试，任主考官。后告假归里，未再出仕。乾隆十五年，应两江总督黄廷桂之聘，主讲钟山书院。学问优通，因循考核；书院学风，亦真亦正。乾隆十八年，转任苏州紫阳书院副院长。

周长发（1696—1777），乾隆十八年至乾隆二十年任钟山书院主讲。字兰坡，号石帆，山阴（今浙江绍兴）人。雍正二年（1724）甲辰科殿试第二甲第八十名进士，改庶吉士，散馆，任广昌知县、乐清教谕。乾隆元年，应博学鸿词科，授翰林院编修。官至侍讲学士、江南乡试副主考、顺天乡试主考官。博闻强记，才华敏捷，诗文俱佳。乾隆十八年，应两江总督鄂容安邀聘，主讲钟山书院。朔望课士，克勤用心；书院学子，咸称其博。

夏之蓉（1697—1784），乾隆二十年至乾隆三十年任钟山书院主讲。字芙裳，号醴谷，江苏高邮人。雍正十一年癸丑科殿试第二甲第三十五名进士，改庶吉士。乾隆元年，举博学鸿词，授翰林院检讨。历官福建乡试正考官、广东提学、湖南学政等，后谢职归里。乾隆二十年，应两江总督尹继善聘请，主讲钟山书院。夏公教学，内容广泛，以古文之义校士，引经据史。两江英异之士，群来受业，一时，书院为之人才彬彬。著有《汲古篇》《半舫斋诗抄》《读史提要录》等。

叶酉（1696—1776），乾隆三十一年至乾隆三十四年任钟山书院主讲。字书山，号花南，安徽桐城人。乾隆四年己未科殿试第二甲第四十九名进士，改翰林院庶吉士，散馆，授翰林院编修。历官国子监司业、河南乡试正考官、贵州学政、湖南学政、左春坊右庶子等。后乞归，于乾隆三十一年，应两江总督高晋延聘，主讲钟山书院。长于诗赋，深研经学；质不过朴，丽不伤雅。虽年逾七旬，精力不衰，训课诸生，具有程法。每月两课，品评甲乙，人皆服其公。

顾镇（1700—1771），乾隆三十四年至乾隆三十七年任主讲。字备九，号古湫、虞东，江苏常熟人。乾隆十九年甲戌科殿试第二甲第十一名进士，补国子监助教，迁宗人府主事，充玉牒馆纂修。后谢职告归，曾主讲白鹿洞书院。乾隆三十四年，应两江总督高晋聘请，主讲钟山书院。顾公治学，熔铸群言，自为疏解；训诂考证，根柢详备。惇良介朴，诲诱不倦。

生徒聆其意旨者，往往学业速飞。

卢文弨（1717—1796），乾隆三十八年（1773）至乾隆四十三年、乾隆五十年至乾隆五十四年，两度出任主讲。字召弓、绍弓，号矶渔、檠斋、抱经，浙江杭州人。乾隆十七年壬申恩科殿试第一甲第三名进士（探花），授翰林院编修、上书房行走。历官左春坊左中允、侍读学士、广东乡试正考官、湖南学政等。后乞归故里，于乾隆三十八年应两江总督高晋延聘，主讲钟山书院。卢公授徒，经学导士，谠正揭非，精于雠校，诸生聆课，蓄疑涣释，深得学子信服。教授心得，录为《钟山札记》，有《抱经堂文集》。卢文弨两度主讲书院，达十一年之久。

赵曦明（1705—1787），乾隆四十三年代理主讲。初名大润，易名肃，更名曦明，字敬夫，号暟江山人，江苏江阴人。饱学诸生，博览强识，行幕授徒，与卢文弨相交最契，十数年相随莫逆。卢公《钟山札记》得曦明之力最多。乾隆四十三年初，经卢文弨力荐，代理主讲钟山书院，至钱大昕莅任。著有《读书一得》《颜氏家训注》《桑梓见闻录》《中隐集》等。

钱大昕（1728—1804），乾隆四十三年至乾隆四十八年，任院长。字晓征，号辛楣、竹汀，上海嘉定人。乾隆十九年甲戌科殿试第二甲第四十名进士，改翰林院庶吉士，擢侍讲学士。历任山东、湖南、浙江、河南等地乡试正考官。乾隆三十四年，入直上书房，为太子师。旋迁詹事府少詹事、提督广东学政。四十年，卸职归里，引疾不仕。四十三年，应两江总督高晋延请，任钟山书院院长。与诸生讲论古学，以通经读史为先。所著《廿二史考异》即在钟山书院完成。书院士子经指授成名者甚众，江浦韩廷秀、上元董教增、上元鲍琰、宣城孙元诏，都是其中的翘楚。四十六年，继任两江总督萨载重定书院规条，钱公定《学约》，以训诂求义理，不专治一经。四十八年辞馆省亲，遂不再履任矣。

秦大成（1722—1784），乾隆四十八年至乾隆四十九年任山长。字澄叙，号簪园，上海嘉定人。乾隆二十八年癸未科殿试第一甲第一名进士（状元），授翰林院修撰。未几，告假归里侍奉老母，再未出仕。乾隆四十八年七月，应两江总督萨载延聘，担任钟山书院山长。不幸于翌年九月病逝。两江总督萨载复聘卢文弨再次主讲钟山书院，至乾隆五十四年。

姚鼐（1731—1815），乾隆五十五年（1790）至嘉庆六年（1801）、嘉庆十年至嘉庆二十年，两度出任主讲。字姬传，号惜抱，安徽桐城人。乾隆二十八年癸未科殿试第二甲第三十五名进士，选翰林院庶吉士，散馆改礼部仪制司主事。历任山东湖南乡试副主考、会试同考官、刑部郎中等。乾隆三十八年，参与"四库全书"纂修，翌年书成，卸职乞归，不再入仕，以授徒讲学为生。乾隆五十五年应两江总督孙士毅延聘，主讲钟山书院。嘉庆六年，改主安徽敬敷书院；十年，两江总督铁保遣人固邀，复主钟山书院。嘉庆二十年九月十三日，卒于钟山书院。姚公两度主持钟山书院达22年之久，始终恪守以古文义法传授肄业生徒，成效尤著。上元管同、梅曾亮，桐城方东树、刘开，最为知名；歙县鲍桂星、新城陈用光、江宁邓廷桢，最为显达。这些政界文坛翘楚，均为姚鼐在钟山书院培养的高足。

秦承业（1747—1828），嘉庆六年至嘉庆十年、嘉庆二十年至嘉庆二十一年，两度担任主讲。字补之，号易堂，江宁人。乾隆四十六年辛丑科殿试第二甲第一名进士，授翰林院编修。历官山西乡试主考官、国子监司业、翰林院侍讲学士（系嘉庆帝师）。嘉庆三年，丁母忧回宁；六年，服阕，应两江总督费淳邀聘，主讲钟山书院。嘉庆十年，赴北京，清廷擢授左春坊右赞善。嘉庆十三年，因病归宁，未再出仕。嘉庆二十年，复应两江总督百龄延聘，主讲钟山书院。秦公熟稔经史，每陈说大义，务求详核；课试命题，不拘体格，故学子称嘉，深孚众望。翌年，辞馆休养。道光八年（1828），逝于江宁武定桥大夫第，敕赠礼部尚书，谥文悫。

孙星衍（1753—1818），嘉庆二十一年至嘉庆二十三年，任书院主讲。字渊如，号伯渊，阳湖（今江苏常州）人。乾隆五十二年丁未科殿试第一甲第二名进士（榜眼），授翰林院编修，充三通馆校理。历官刑部郎中、山东兖沂曹济道、山东督粮道、山东布政使等。嘉庆十六年，称病告归；二十一年，应两江总督孙玉庭延请，主讲钟山书院。学识渊博，勤于著述。诸子百家，皆通其义。在院诸生，咸仰其风。著有《周易集解》《孔子集语》《尚书今古文注疏》等。

蔡之定（1745—1830），嘉庆二十三年（1818）至道光三年（1823），任院长。字麟昭，号生甫，晚号积谷山人，浙江德清人。乾隆五十八年癸丑科殿试第二甲第五名进士，选翰林院庶吉士，散馆，授编修。历官《高宗实录》总纂、国子监司业、侍讲学士、顺天乡试同考官、会试同考官、河南乡试正考官、鸿胪寺少卿等。嘉庆二十年（1815），辞职归田，以讲学授徒为生；二十三年，应两江总督孙玉庭延聘，任钟山书院院长。擅书能诗，精研理学；解析文章，循循善诱。在院生徒，咸称受益。

朱珔（1769—1850），道光三年（1823）至道光七年，任院长。字玉存，号兰坡，安徽泾县人。嘉庆七年壬戌科殿试第二甲第二名进士，选翰林院庶吉士，散馆，授编修，擢侍读，官至右春坊右赞善。道光二年，以母病告归，不再入仕。翌年，应两江总督孙玉庭聘请，担任钟山书院院长。以经学勖士，成就者多。每月立小课，以经解诗赋试之。作《钟山书院课艺序》。此后二十余年，先后交替主持钟山、正谊、紫阳等书院讲席，生徒济济，声誉斐然。

魏成宪（1756—1831），道光七年至道光八年，任书院主讲。字宝成，号春松、仁庵，仁和（在今浙江杭州）人。乾隆四十九年（1784）甲辰科殿试第二甲第四名进士，授刑部主事，迁翰林院检讨。历官山东兖沂曹济兵备道、山东道监察御史、扬州知府、江安粮道等。后辞官归里，授徒讲学，受聘主持苏杭等地书院多年。道光七年，应两江总督琦善延聘，主讲钟山书院。博综艺略，长于考据。与诸生讲论古学，以通经读史为先。

钱宝琛（1785—1859），道光八年至道光九年，任书院主讲。字楚玉、伯瑜，晚号颐寿老人，江苏太仓人。嘉庆二十四年己卯恩科殿试第二甲第十九名进士，选庶吉士，散馆，授翰林院编修。历官贵州学政、河南归德知府、浙江督粮道、云南按察使、浙江布政使、湖南巡抚、江西巡抚等。道光六年，钱宝琛卸职贵州学政归里待任期间，应聘主讲徽州紫阳书院；八年，受两江总督蒋攸铦盛情相邀，主讲钟山书院。严以律己，宽以御众。提携后进，不遗余力。道光九年八月，授任河南归德知府，遂辞馆北上。从此，宦海沉浮十余年，所处有政声。道光二十一年，由江西巡抚调任湖北，因病乞归，不再出仕。著有《存素堂文稿、诗稿、奏疏》《钱颐寿中丞全集》《颐寿老人年谱》等。

程恩泽（1785—1837），道光九年至道光十二年，任书院主讲。字云芬，号春海，安徽歙县人。嘉庆十六年辛未科殿试第二甲第五十二名进士，选翰林院庶吉士，授编修。历官贵州学政、湖南学政、侍读学士、内阁学士、国子监祭酒、工部右侍郎、户部右侍郎等。道光九年，辞官南归，应两江总督蒋攸铦之聘，主讲钟山书院。莅任之始，刊刻江宁布政使贺长龄所撰之《皇朝经世文编》以课士，在院诸生咸称其善。博通群籍，经史而外，医卜星相之学，靡不淹贯；篆隶行草之书，各臻其妙。循循善诱，有叩必鸣。士皆奉为山斗，真当代经师也。

胡培翚（1782—1849），道光十二年（1832）至道光十三年任书院主讲。字载屏，号竹村、紫蒙，安徽绩溪人。嘉庆二十四年（1819）己卯恩科殿试第二甲第二十九名进士，授内阁中书、《实录》馆详校，擢户部广东司主事。十余年徘徊不迁，道光十年，因附和乞请免议审稿假照案，遭解职南归。道光十二年，应两江总督陶澍之聘，主讲钟山书院。治学严谨，不苟一字；义理训诂，意在贯通；以经证经，实学为教。所刊《钟山书院课艺》，博载典籍，两江总督陶澍作《序》称赞："实学为教，数十年来，流风未替。今又得胡先生为之提唱，吾见其风气蒸蒸日上也。"道光十三年平反，返京复职。未几，辞职南归，于家乡自立东山书院。道光十八年后，历主惜阴、云间、博山、娄东诸书院讲席。博采众长，不设门户，著有《仪礼正义》《研六室文钞》《燕寝考》等。

任泰（1789—？），道光十三年至道光十七年任院长。字阶平，号径蹊、拔茹，荆溪（今江苏宜兴）人。道光六年丙戌科殿试第二甲第十名进士，选庶吉士，充国史馆修撰，授文林郎、翰林院检讨。未散馆，即告归，不再入仕。八年，应江宁布政使贺长龄之邀，主讲金陵尊经书院；道光十三年，复受两江总督陶澍延聘，任钟山书院院长。博采诸说，尤好经义。讲堂礼乐，摘幽开蒙，深得在院士子景仰。道光十七年，谢职归里，著有《清芬楼集》《经学质疑》《径蹊诗草》等。

蔡世松（1775—1843），道光十七年至道光二十二年任书院主讲。字伯乔，号友石，一号听涛，又号寿公，江苏上元人。嘉庆十六年辛未科殿试第二甲第七十七名进士，选翰林院庶吉士，散馆授吏部郎中。历官安徽庐凤道、安徽按察使、顺天府尹、太仆寺少卿等。道光十七年乞归，居金陵鸡笼山，旋应两江总督林则徐延聘，主讲钟山书院。诗文兼善，雄深博雅。思究其理，学赡其辞。实事求是，不标门户。翰墨精妙，尝手摹名人墨迹,刊《墨缘堂法帖》。后复主金陵尊经书院。

温葆深(1800—1883),道光二十二年(1842)至道光二十四年任书院主讲。字明叔,曾名肇洋、葆淳,江苏上元人。道光二年壬午恩科殿试第三甲第三名进士,授翰林院检讨。历官宗人府丞、左副都御史、礼部右侍郎、户部右侍郎、福建学政、经筵讲官等。道光二十二年,卸职福建学政归里候任时,应两江总督耆英邀请,主讲钟山书院。明经饱学,亲和善诱。主持钟山三年,院序井然,众皆嘉之。道光二十四年,清廷授以经筵讲官,遂辞馆北上就职。著有《春树斋丛说》。

唐鉴(1778—1861),道光二十五年至道光二十七年,主讲钟山、尊经两书院。道光二十七年,专主尊经书院。字翁泽、栗生,号镜海、敬楷,湖南安化人。嘉庆十四年(1809)己巳恩科殿试第三甲第三十五名进士,选翰林院庶吉士,充国史馆协修,授检讨。历官浙江道监察御史、广西平乐知府、安徽池宁太广兵备道、江宁储粮道、贵州按察使、江宁布政使、太常寺卿等。道光二十五年致仕南归,应两江总督璧昌延聘,主讲钟山书院。崇尚理学,身体力行。亲自授课,倡导后学。扶掖贤俊,不遗余力,相从问业求学者甚众。二十七年,移席尊经书院。

王煜(1804—1853),道光二十七年至咸丰三年(1853),任书院主讲。字耀堂,号絅斋,安徽滁州乌衣镇人。道光二年壬午恩科殿试第二甲第四十名进士,选庶吉士,散馆,授翰林院编修。历官侍讲学士、庶子右中允,擢国子监司业,陞祭酒。其间,曾督学云南,主试广西。因与当朝权相穆彰阿相忤,久不得迁。道光二十二年,告假辞官,南归奉亲。二十四年,受邀至江宁主讲惜阴书院。道光二十七年,应同榜进士、两江总督陆建瀛聘请,移席钟山书院。教授生徒,亲力亲为。循规蹈矩,注重实学。咸丰三年卒,著有《笔耕书屋诗赋草》。

嘉道时期,对钟山书院物质建设和精神建设,最关注且贡献最大的当数道光九年任江宁布政使的贺长龄。他不仅筹款增建钟山书院的学舍庠序,安排生徒的食宿,还编辑《皇朝经世文编》作为书院生徒的学习资料。《光绪续纂江宁府志》卷五记载:"钟山(书院),道光九年(1828),布政使贺长龄筹款新建院中学舍,东西各五重,每重平房排列五间。月二试,科举年场前月三试,逢二为期。官课,一师课二,每试辰(7时至九时）入酉（17时至19时）出，有午饭，肉一方，蔬一盂。又纂《皇朝经世文编》以教士。贤方伯也。"如此全面周到的安排与管理，难怪当时钟山书院的名声享誉全国。

咸丰三年（1853），太平天国占领南京，钟山书院毁于兵燹。同治三年（1864），曾国藩克复江宁，即着手恢复钟山书院。因原址被毁，鞠为草茂，故择城南门东漕坊苑东花园旧回光寺前（其址应在今平江府路南段南京市第二十七中学附近）辟建新的钟山书院，翌年建成。《光绪续纂江宁府志》卷五记载："曾文正公复城后，他务未遑，先命建钟山书院，其年（1864）冬，即民屋兴建，在门东旧漕坊苑街东花园故回光寺之前。以后，递次修建，规制略备。"并延请大儒李联琇任钟山书院院长。钟山书院在门东新址仅办到光绪七年（1881），有两任院长：李联琇、林寿图。

李联琇（1820—1878），同治四年至光绪四年任院长。字季莹，号小湖，临川（今江西进贤）人。道光二十五年（1845）乙巳恩科殿试第二甲第九名进士，选庶吉士，散馆，授翰林院编修。历官侍读学士、会试同考官、国子监祭酒、福建学政、大理寺卿、江苏学政等。同治三年，江宁克复。翌年，应曾国藩延请担任钟山书院院长。小湖先生，一代宗师。学识渊博，切重实学。凡天文舆地、名物训诂、典章制度、琐闲轶事、考证解释等，均有独到见解，请业者如云纷至。在院裁成诱掖，十四年如一日，光绪四年正月，卒于钟山书院。著有《好云楼初集、二集》《师山诗存》《采风札记》《治忘日录》等。

林寿图（1809—1885），光绪四年至光绪七年，任书院主讲。初名英奇，字恭三、颖叔，号欧斋，别署黄鹄山人，闽县（今福建福州）人。道光二十五年乙巳恩科殿试第二甲第七十四名进士，授工部主事。历官军机章京、山东道监察御史、礼部给事中、浙江道监察御史、顺天府尹、陕西布政使、山西布政使等。光绪四年春，应两江总督沈葆桢邀聘，主讲钟山书院。论诗谈经，自成一格。道义为归，转益多师。课士有方，知行并重。光绪七年辞馆返榕，主讲福州鳌峰书院。

书院复建

光绪七年（1881）八月，两江总督刘坤一见钟山书院偏于城东南一隅，陷于居民区之中，喧嚣嘈杂，而原钱厂旧址，虽屋宇烬毁，鞠为茂草，然筹资再建应该不难。故奏请朝廷允准，在原钱厂旧址复建钟山书院。全部复建工程按照原钟山书院图纸，以坚固朴素为原则，复建房屋一百余间。讲堂、学舍、廊庑、庖湢等，一应俱全。所需银一万五千余两，由江宁布政司、江淮盐运司、江安粮道三家银库筹拨。当年九月开工，不料刘坤一因招商局一案被劾，开缺引退。卸任时，刘坤一向接任两江总督左宗棠移交并介绍了钟山书院的复建情况。左宗棠不仅承诺将钟山书院建成，还约请当时于金陵官书局校书的江南才子冯煦（1842—1927，字梦华）代撰《重建钟山书院记》，以志永久。

重建钟山书院记

冯煦

江宁钟山书院，权舆于尚书查弼纳，时乾隆之中，文治大昌。江南又斗牵牛女分野，其辰星纪于象，为文明扶舆之灵。旁薄郁积，使抱忠信之质、敷金玉之文者，莘莘绳绳，来献其璞。卢抱经、钱竹汀、姚姬传诸先生，相继主讲席，劘之，礲之，郁为国宝。上备天子顾问，下亦通一经之业。领袖来者，故钟山之目，魁然为海内四书院之冠。

粤寇鸱张，书院烬焉。南宇再康，百务凋赦。曾湘乡草创于城东隅，非其旧也。堂庑斋舍之制，十不逮一。章缝弦诵者，靡所栖止，学者憾焉。新宁刘公督两江之明年（光绪七年），化理翔洽，士和民宜。公以为政在人为，人在学，学而元元本本，殚见。洽闻在书院，乃钟山旧址廓而新之。凡厶月落成，为屋厶十有厶楹，燕息讲肄，于是乎在，甚盛典也。

不佞承诸先生之后，乐观厥成。举学术之本，与其所以失得者，为诸生进之，曰今之学四。曰辞章，其失也，浮伪而乖正则；曰经济，其失也，更张而鲜实效；曰经学，是矣，然今所谓经学者，支离琐碎。舍五常五伦五事之荦荦大者，而致力于一名一物，不顾是非之正务。攻砭数百十年上之贤者，以张一己之见。群聚州处，争一字得失，面热汗下，刺刺不休。其合者，则标榜以为声援；不合者，百计难之，以期必胜。

此学术之蠹也！曰理学，益足矣，然今所谓理学者，方领矩步，窃忠信廉洁之似掇拾前贤余唾，自为一书以号召徒众，敢为放言高论，绳人以所难。下焉者，贪且忮，儒名而贾行；上焉者，志大而略于事，行迂固而悖于物情，而犹岸自名以为儒者。世亦从而名之，弥近似而大乱真。此心术之蠹也！之四者，不佞耻之病之，不愿诸生效之也。

虽然，弃此四者，其又何学善乎？汉董氏曰："正其谊，不谋其利；明其道，不计其功。"蜀汉诸葛氏曰："淡泊以明志，凝静以致远。"宋程氏曰："涵养须用敬，进学则在致知。"张氏曰："民吾同胞，物吾与也。"诸生诚志于此，深维公陶埴之德，与不佞拳拳相期之雅。争自濯磨，因其性之所近、材力之所能，凡所学皆有成焉。四者又何可弃哉！他日者，经明行修，为国家一日之用。使至是邦者，知公之汲汲于此，为诸生务其远者、大者，以效其以人事君之忠。非夫崇游观、侈兴作而已也。是为记。

这篇《记》所撰时间应在刘坤一刚刚离任，新书院正在建设之中，故文中对建成时间及屋宇数量均用"厶"字代替。全文除简述重建钟山书院的缘起外，以说理为中心，对当时学术界普遍存在的各种弊端进行了有理有据的严肃批判；同时，对刘坤一热衷教育事业，再创钟山书院之善政给予了充分的肯定。并证明重建钟山书院绝不是"崇游观、侈兴作"的面子工程，而是实实在在培养"经明行修，为国家一日之用"人才的实事。通篇文笔流畅，叙事清楚，说理入扣，是研究清代晚期书院教育及其指导思想的重要材料。

光绪七年（1881）十二月，钟山书院复建成功。书院对生员的名额、课时、膏火，山长的束脩、津贴等，均制定了相应的规定。《光绪续纂江宁府志》卷五记载："钟山（书院），内课五十名，外课七十名，外籍、旗生各五名。外籍者，准附试，须有本学学官印文，否则不准。膏火银，内课，月二两四钱；外课半之。附记：钟山书院。山长：束脩（年薪）八百两，火食一百六十两，节敬二十四两。课额：超等五十名，每名二两六钱；特等七十名，每名一两三钱。初二日膏火：每月二百二十一两，通年计十一课，共银二千四百三十一两。逢闰加一课。又：十六日减半膏火，计十课,共银一千一百零五两;十二月无师课,逢闰加一课;恩课十名,每名二两六钱,计十一课,共银二百八十六两。"如此优厚的经济待遇,正是山长安心传道授业、生徒专心读书进学的重要保证。

历任山长、主讲（重建后）

从光绪八年（1882）至光绪二十九年间,历任山长、主讲有江璧、梅启照、孙锵鸣、宋恕、杨长年、钱桂森、梁鼎芬、蒯光典、缪荃孙、濮文暹等。

江璧（1812—1886）,光绪八年至光绪十年任钟山书院主讲。字南春,号子笙,晚号黄叶山樵,甘泉（今江苏扬州）人。同治四年（1865）乙丑科殿试第三甲第七十三名进士,授奉政大夫。外放江西,历官进贤、武宁、万载、安义等县知县。同治十三年告归,主讲淮安丽正书院。光绪八年,复应两江总督左宗棠延聘,主讲钟山书院。善诗能文,精于史籍。著有《江南春稿》《江南春杂体文》《读左随笔》《读史管见》《黄叶山樵诗草》等。光绪十年辞馆归里,终老甘泉。

梅启照（1826—1894）,光绪十年至光绪十二年任钟山书院主讲。字筱岩、晓岩、小岩,号拱薇,室名学强恕斋,江西南昌人。咸丰二年（1852）壬子恩科殿试第二甲第二十八名进士,选翰林院庶吉士,授吏部主事。历官浙江道监察御史、惠州知府、广州知府、长芦盐运使、广东按察使、江宁布政使、浙江巡抚、兵部右侍郎、内阁学士、河东河道总督等。光绪九年春,遭劾褫职,罢官归里。十年秋,应两江总督左宗棠邀请,主讲钟山书院。博学强记,经济军务、算学医术、天文地理,无一不精。著有《明史约》《天学问答》《梅氏验方新编》《中国黄河经纬度里之图》《晓岩诗稿》《学强恕斋笔算》《学强恕斋吟草》等。光绪十二年,辞馆返赣,闭门著述。

孙锵鸣（1817—1901）,光绪十二年至光绪十五年任钟山书院主讲。字韶甫,号蕖田,晚号止庵,浙江瑞安人。道光二十一年（1841）辛丑恩科殿试第二甲第三十四名进士,选庶吉士,散馆,授翰林院编修。历官侍读学士、会试同考官、广西学政、詹事府左右庶子、侍讲学士等。光绪四年,曾应两江总督沈葆桢延请,主讲钟山书院。未几,因其兄孙衣言时任江宁布政使，与两江总督沈葆桢不睦，故该年岁末辞馆离职。光绪十二年（1886），复应两江总督曾国荃延聘，主讲钟山书院，并兼主惜阴书院。因质施术，不强一途。不袭理学，不蹈训诂。教学内容，经世致用。光绪十五年，辞馆归里，不再外出。

宋恕（1862—1910），孙锵鸣女婿，代理处置钟山书院各项事务。原名存礼，字燕生，号谨斋；改名恕，字平子，号六斋；复改名衡。浙江平阳人，自幼颖悟，资质超群。熟读经史，累试不售。光绪十三年赴沪，侍岳丈孙锵鸣左右。止庵任钟山院长三年，大多居于上海龙门书院，宋恕则往返沪宁，代理止庵翁处置钟山书院事务及课士阅卷。教授创新，注重启发；旁征博引，提倡自修。著有《六斋卑议》。

杨长年（1811—1894），光绪十五年至光绪十八年，任钟山书院主讲。字健行，号朴庵，江苏江宁人。同治九年（1870）庚午科江南乡试举人，授武进县教谕，以年老谢辞不赴。光绪元年，经北洋大臣李鸿章推荐，主讲上海敬业书院。光绪十五年，应两江总督曾国荃延聘，主讲钟山书院。精通经义，究心典籍。笃诚任恤，善诗能文。晚年自号西华，著有《妙香斋文集》《周易省心录》《春秋律身录》等。十八年，移席江宁凤池书院。

钱桂森（1827—1902），光绪十八年至光绪二十年任钟山书院主讲。字莘白，号犀庵，江苏泰州人。道光三十年（1850）庚戌科殿试第二甲第四十五名进士，选翰林院庶吉士，散馆，授编修。历官山西道监察御史、国子监司业、侍读学士、国史馆总纂、会试同考官、内阁学士、安徽学政、礼部侍郎等。光绪十八年卸职南归，应两江总督刘坤一延聘，主讲钟山书院。少擅词赋，兼精五经。文章雍容，典贵得体。著有《一松轩诗稿》《段注〈说文〉校》《犀庵赋钞》等。光绪二十年，移席扬州安定书院。

梁鼎芬（1859—1919），光绪二十年至光绪二十一年，任钟山书院院长。字星海，号节庵，广东番禺人。光绪六年庚辰科殿试第二甲第三十一名进士，选翰林院庶吉士，散馆，授编修。官至直隶州知州。光绪十年，上书弹劾李鸿章，被以"妄劾罪"遭斥，降职五级，旋辞官归里。翌年，入两广总督张之洞幕府，任广州广雅书院院长。光绪十七年，随张赴武汉，任两湖书院教习。光绪二十年，随张赴江宁，任钟山书院院长。课士勤谨，兢兢业业。翌年，辞职赴沪。

蒯光典（1857—1911），光绪二十一年（1893）至光绪二十二年，任钟山书院主讲。字礼卿，号季述，又号金粟道人、斤竹山民，安徽合肥人。光绪九年癸未科殿试第三甲第二十九名进士，选翰林院庶吉士，散馆，授检讨。历官贵州乡试主考官、顺天乡试同考官、会典馆协纂兼图上总纂官、詹事府左春坊右庶子、淮扬海兵备道、留欧学生监督、京师督学局长、南洋劝业会总提调等。光绪二十一年，卸职会典馆协纂，南归居江宁碑亭巷，应两江总督张之洞延聘，主讲钟山书院。群经大义、目录训诂、算术舆地、史传诸子等，莫不穷其指归、洞明其要。二十二年，移席金陵尊经书院。

缪荃孙（1844—1919），光绪二十二年至光绪二十七年任钟山书院院长；光绪二十七年至宣统三年（1911），任江南高等学堂监督。字炎之，号筱珊，晚号艺风老人，江苏江阴人。光绪二年丙子恩科殿试第二甲第一百二十五名进士，选翰林院庶吉士，散馆，授编修。历任顺天乡试同考官、国史馆纂修、总纂、提调，江阴南菁、山东泺源、湖北经心、江宁钟山等书院主讲，江南图书馆总办、《江苏通志》总纂、京师图书馆监督、清史馆总纂等。光绪二十二年，应两江总督刘坤一邀请，主讲钟山书院，举家迁居江宁城南颜料坊艺风楼。自丙申（1896）至辛丑（1901），在任六年，学风严谨，上下称善。课士之余，一意刻书。日事校勘，经年不废。光绪二十七年，钟山书院改为江宁中学堂，以课府属人士，习普通之学。翌年，刘坤一去世，张之洞回任两江总督。光绪二十九年四月，复将中学堂改为江南高等学堂。至宣统三年停办，历时九年，缪荃孙为首任监督。

濮文暹（1830—1909），光绪二十七年至光绪三十一年，任江宁中学堂总教习。原名守照，字青士，号梅梅颠，晚号瘦梅子，江苏溧水人。同治四年（1865）乙丑科殿试第三甲第十二名进士，授刑部主事。在刑部十余年，历任员外郎、郎中，以风节自见。光绪九年出守河南，历任南阳、开封、彰德等府知府，所至有政声。光绪二十二年初，丁母忧，归居金陵羊皮巷，不再出仕。光绪二十七年，应两江总督刘坤一延聘，出任钟山书院改办之江宁中学堂总教习。熟谙诗书，精通经史。以群经教士，恪守俭让，生徒咸赞。著有《见在龛集》《提牢琐记》等。光绪二十九年，江宁中学堂迁至八府塘文正书院旧址续办，青士仍随任总教习。光绪三十一年，辞馆赴山东，就养于其长子、新泰县知县濮贤恪任所。宣统元年（1909），示微疾谢世，卒年八十岁。

课 艺

钟山书院有一良好的教学传统，即生徒课考的试卷文章，由山长选录其中优异者，编刊印发，以资鼓励。姚鼐、朱琦、钱宝琛、任泰、胡培翚、蔡世松等山长主讲，均编辑过书院生徒课艺合编。可惜经咸丰兵燹，大多毁烬不存。同治四年（1864），钟山书院复课后，从李联琇开始的历任院长主讲，都非常重视在院学生中人才的培养，及时发现好苗子、好文章，并将这些好文章编辑刊印，以为范文，激励全体。从光绪四年（1878）至光绪二十一年间，钟山书院四次编辑出版了在院学生的优秀文章合集，即《钟山书院课艺初选》《钟山尊经书院课艺合编》《钟山尊经书院课艺补编》《钟山书院乙未课艺》。这一举措极大影响了当时南京的书院界，尊经、惜阴等书院也相继陆续刊印优秀的生徒课艺文章合集。

一、《钟山书院课艺初选》，光绪四年辜月（农历十一月）刊成。李联琇鉴定，肄业诸生校字。课艺内容：《大学》四题十篇，《中庸》二题二篇，《论语》十九题四十四篇，《孟子》二十题四十二篇。共九十八篇，出自八十五位学生，每篇均有导师眉评、末评。孙锵鸣作序。

《钟山书院课艺初选》序
孙锵鸣

丙子（光绪二年）秋，余省兄至鄂，复相随至金陵。戊寅（光绪四年）正月，膺钟山讲席之聘。自维衰堕，又以我兄官于此土，在嫌疑之际，辞之弗获。

既入院，诸生以故事选刻课艺请，盖书院之复于是十有四年矣。自前制军曾文正公削平大难，首以兴学训士为务，继此者皆能体文正之心为心，有加无已。所以不数载间，群士鼓舞振起，而人文之盛，悉如曩时。今诸生之有此请，宜也。

前院长李小湖大理，手选九十有八篇，起同治四年，尽八年，专就斋课择而录之，欲刻未果。乃先取其稿付之剞劂，为《初选》。后尽发府署所存前列卷二千余篇，博观约取，又得二百八十余篇，为《续选》。而书院初复时，经古未有专试。大理月课间，于四书义外兼出经说、诗赋、杂体题，亦颇有作者，并试律选出一卷附于后。余之所选，其途径不必尽与大理同，而理必清真、词必温雅，要薪足以发明圣贤之蕴，而无悖于先正之轨范，则旨归无弗一也。顾念昔之主斯席者，如钱晓征、卢抱经、姚惜抱、胡竹邨诸先生，皆一时硕儒大师。其所指授讲习，必更有进于此者。而我国家之设书院，意尤在培养贤俊，使之励名义、通古今，务求为有体有用之学，以备他日栋梁柱石之选，又不仅在区区文字间也。诸生可不勉哉！

光绪五年正月，瑞安孙锵鸣序

二、《钟山尊经书院课艺合编》，光绪乙卯（光绪五年，1879）三月，邓嘉缉署检。两院肄业学生秦际唐、陈作霖、方培容、甘元焕、甘垲等合辑。扉页有广告：钦遵"古香斋"袖珍板式，舟车便览，翻刻必究。课艺内容：《大学》《中庸》二十题，三十二篇；《论语》一百一十二题，一百六十二篇；《孟子》六十一题，八十六篇。共二百八十篇，出自二百五十一名在院肄业诸生。每篇末均有评点，评点导师分别为石韫玉、姚鼐、朱琦、史孟和、钱宝琛、任泰、胡培翚、蔡世松等历任山长。鲍源深作序。

《钟山尊经书院课艺合编》序
鲍源深

余家和州，和州距金陵百数十里，风帆一日可达。少与其乡之贤士大夫游金陵，有书院二：曰钟山，曰尊经。耆儒硕彦，先后主讲席，文物蔚然称盛。

同治丁卯（同治六年，1867），余奉命视学其地。兵燹后，百物凋敝，而士之雄于文者与曩昔埒。益叹师友讲席，其流风遗泽之久而不坠如是。今年，门下士秦生际唐、陈生作霖、方生培容、甘生元焕与其犹子垲，以所辑《钟山尊经两书院课艺》示余。读其文，光景常新，勃勃有生气，故迭遭丧乱，晦而复显。而诸生之表微阐幽，掇拾于灰烬之余，其用心为不可及也。从前选刊课艺者，为吴县石先生韫玉（尊经书院山长）、桐城姚先生鼐（钟山书院山长）、泾县朱先生珔（钟山书院山长）、溧阳史先生孟和（尊经书院院长）、太仓钱先生宝琛（钟山书院主讲）、荆溪任先生泰（钟山、尊经两书院主讲）、绩溪胡先生培翚（钟山、惜阴两书院主讲）、上元蔡先生世松（钟山、尊经两书院主讲），凡八人。

光绪五年，岁在己卯三月，和州鲍源深叙

三、《钟山尊经书院课艺补编》，封面、版式、鉴定、校字等，与《合编》完全一致。共收录文章一百四十二篇，其中，《大学》《中庸》十六题二十四篇，《论语》七十四题一百篇，《孟子》十一题十八篇，出自九十九名在院肄业诸生。每篇文章的评点，与《合编》同，无序跋。

四、《钟山书院乙未课艺》，光绪二十一年（1895）刻本，院长梁鼎芬鉴定，肄业诸生校字。课艺内容：制艺，八题四十篇；杂文，三题十三篇；箴，一题八篇；古今体诗，二题九篇；试帖诗，七题二十七篇，共九十七篇。出自七十一名学生。有点评，无序跋。

梁鼎芬所编《乙未课艺》中，八股应试制艺四十篇，而杂文诗箴达五十七篇。其最大的特点是，不同于以往专门为科举应试，在"四书"中寻章摘句出题。而是结合当时甲午战败、国家危亡变局的实际，加入了强烈时代情绪出题，如《祭顾亭林文》《野人叹息朝无人》《误国当时岂一秦》《良辰讵可待》《读书想前辈》等明显针砭时弊的试题。许多课艺文章均流露出忧国忧民的赤子之心，甚至发出"堂堂中国，求自新之路正不知何日"的浩叹！

这四部《课艺》共有六百一十七题，出自五百零六位历届肄业诸生之手。发文较多且史有明载的部分肄业者有邓廷桢、管同、顾槐三、温肇江、方俊、何桂芬、张德凤、何汝霖、梅曾亮、姚锡华、曹森、伍长华、夏仁溥、王澑、程先甲、潘宗鼎、石凌汉、仇埰、夏仁虎等。

著名校友

邓廷桢(1776—1846),字维周,号嶰筠,晚号妙吉祥室老人、刚木老人,江宁人,家住门西花盝岗万竹园(今南京市秦淮区凤游寺路南)。肄业于钟山书院,嘉庆六年(1801)辛酉殿试第二甲第九名进士,选庶吉士,散馆,授编修。历官国史馆提调、宁波知府、延安知府、湖北按察使、江西布政使、安徽巡抚、两广总督、甘肃布政使、陕西巡抚、陕甘总督等。著有《双砚斋诗钞》《双砚斋词钞》《双砚斋笔记》等。

管同(1780—1831),字异之,号育斋,上元人,家住江宁城内棉鞋营(今南京市秦淮区常府街棉鞋营)。肄业钟山书院,深获主讲姚鼐赏识,道光五年(1825)江南乡试举人。曾入安徽巡抚邓廷桢幕。为文炼气于骨,崇尚高远。著有《四书纪闻》《七经纪闻》《孟子年谱》《文中子考》《战国地理考》《皖水词存》《因寄轩文集》等。

顾槐三(1785—1853),字秋碧,上元人,家住淮青桥东之手帕巷(今南京市秦淮区建康路钓鱼巷小区秦淮河北岸)。诸生,少著文名,肄业钟山书院,师从姚鼐院长。不求仕进,长于考据;究心经史,融会贯通。著有《燃松阁集》《补后汉书·艺文志》《补五代史·艺文志》,以及校勘宋本《华阳国志》等。

温肇江(1779—1842),字翰初,号导甫,上元人,家住江宁城内评事街绫庄巷(今南京市秦淮区建邺路运渎南侧绫庄小区)。嘉庆十八年拔贡,肄业钟山书院,道光八年江南乡试中举。道光十二年壬辰恩科殿试第二甲第二十名进士,选庶吉士,散馆,授户部主事,迁郎中。能书善绘,著有《钟山草堂遗稿》。

方俊(1803—1877),字伯雄,晚号枕善巢老人,上元人。少嗜学,工诗,尤好诵读《离骚》。肄业钟山书院,道光十四年江南乡试中举。道光十六年丙申恩科殿试第二甲第六十七名进士,选庶吉士,散馆,授编修。咸丰初年,转任监察御史,官至云南临安知府、迤南道。后丁母忧,奔丧于陕西韩城。服阕,称疾不出,主讲山西宏运书院。同治三年(1864),返江宁,应两江总督曾国藩邀聘,主持江宁忠义局。著有《谏垣奏稿》《暖春书屋杂著》等。

何桂芬(1801—1868),原名其盛,字茂园,一字茂垣,号新甫,上元人。肄业钟山书院，道光十二年（1832）壬辰科江南乡试副榜第一名；十四年甲午科顺天乡试副榜第三十八名；十五年乙未恩科顺天乡试第一百七十六名举人，复试一等第六名；二十四年大挑一等，掣签四川试用知县；二十五年乙巳科殿试第二甲第四名进士，选庶吉士，散馆，授编修。历官监察御史、刑科掌印给事中、陕西陕安道等。同治七年（1868），卒于汉中陕安道任所，时年六十八岁。纵观其史，堪称"考霸"。著有《自乐堂遗文》。

张德凤（1780—1837）字子韶、梧冈，江宁人。静谧温和，贫而好学。幼有才子之目，博览群籍，尤工书法。肄业钟山书院，嘉庆十三年（1808）江南乡试中举。嘉庆二十五年庚辰科殿试第三甲第一百三十七名进士，改庶吉士。道光二年（1822），散馆，改归本班待命。主讲江苏宿迁钟吾书院十五年。道光十七年，始选任广东仁化知县，抵任仅四个月，病卒，时年五十八岁。《全清词钞》录其词一首。

何汝霖（1780—1852），字雨人，号润之，江宁人，家住江宁城内七家湾甘雨巷（今南京市秦淮区鼎新路甘雨巷）。嘉庆八年，肄业钟山书院。道光五年乙酉科顺天乡试中举，礼部会试不第。历官都水司主事，军机章京、员外郎、郎中，侍读学士、大理寺少卿、宗人府丞、左副都御史，兵部、户部侍郎，兵部、户部、礼部尚书，直军机处等。咸丰二年（1852）十一月二十六日，病逝，时年七十三岁，谥恪慎。著有《沈阳纪程》。

梅曾亮（1786—1856），初名曾荫，字伯言；又字葛君、柏枧，上元人，家住江宁城中明瓦廊（今南京市秦淮区新街口明瓦廊）。肄业钟山书院，深受山长姚鼐赏识，道光二年壬午恩科殿试第三甲第九十名进士，授知县衔分派贵州。以亲老告病家居，先后入安徽巡抚邓廷桢、江苏巡抚陶澍幕。道光十二年，入京；十四年，纳赀为户部郎中。盘桓京师十余年，久不升迁。二十九年，辞官归里。咸丰元年，主讲扬州梅花书院；四年，入江南河道总督杨以增幕。咸丰六年，卒于清江（今江苏淮安），时年七十一岁。著有《柏枧山房诗文集》《古文词稿》等。

姚锡华（1804—1870），字曼伯，号实安，一作适庵，上元人。自幼好学，尤习于《易》，并通《孙子》、《算经》、律历、天文诸志，肄业于钟山书院。道光二十一年（1841）辛丑恩科殿试第三甲第六十三名进士，授知县衔分派山东，历任新城、长山、安丘、齐河等地知县，迁桃源同知。咸丰三年（1853），升广东惠州知府，擢广西左江道，以留办山东防务未赴。改署曹州知府，授山东督粮道，督办德州军务。以丁父忧解任，服阕，除云南粮储道，升按察使，转布政使。同治九年（1870），乞病归，未几，卒，时年六十七岁。著有《怡柯草堂诗文集》。

曹森（1790—1853），字宝书，上元人。坚毅木讷，为文简直，肄业于钟山书院，嘉庆二十三年（1818）戊寅科江南乡试举人。道光二年壬午恩科殿试第二甲第九十六名进士，授山西榆次知县。官至忻州知州、大同知府，所至皆有惠政。道光二十九年，以老母年九十，乞养归。逾年母卒，服阕，未及赴补，癸丑（1853）兵燹，两江总督陆建瀛奏请留办筹防局。巡守仪凤门城堞，昼夜无懈。城将陷，知事不可为，投水未死，遂与妻李氏对缢于城畔桑树下。同治三年，朝廷追赠太仆寺卿。

伍长华（1779—1841），字实生，号云卿，上元人，回族，家住江宁城内桥以东之中正街（今南京市秦淮区白下路东段）。肄业钟山书院，嘉庆十八年癸酉科江南乡试中举。嘉庆十九年甲戌科殿试第一甲第三名进士（探花），授翰林院编修。四校京闱，一主浙江乡试。历官广东学政、广西右江道、长芦盐运使、广东盐运使、甘肃按察使、云南布政使、湖北巡抚、署湖广总督等。道光二十年，以事罢职归里，杜门不与外事。翌年，病逝于江宁中正街伍宅。主修《两广盐法志》《云南铜法志》。

夏仁溥（1864—1937），字博言，号渊如，上元人，家住江宁城内颜料坊（今南京市秦淮区中山南路与长乐路交叉路口西北侧）。肄业钟山书院，光绪十五年（1889）己丑科江南乡试第八十七名举人，签掣以知县用。历官山东濮州鄄城县、烟台宁海县、江苏扬子县、浙江慈溪县等地知县。民国以后，归宁赋闲，为"如社"成员。抗日战起，逃难西上，卒于汉口。著有《盍盦词》《榷轩随笔》等。

王瀣（1871—1944），字伯沆、伯涵、伯谦，号无想居士，晚号冬饮，江宁人，祖籍溧水，家住江宁城南门东边营仁厚里（今南京市秦淮区老门东边营仁厚里）。十八岁入泮，逾年食饩，乡试不售，肄业钟山书院。清末，以校书授塾为生。民国时期，初供职江南图书馆，后长期执教于南京高等师范学校、国立东南大学、中央大学。抗战时期，滞留南京，拒绝与日伪合作，其气节为世所重。著有《冬饮庐文稿》《冬饮庐诗稿》《冬饮庐词稿》《藏书题记》等。

程先甲（1872—1932），字鼎臣，号一夔，晚号百花仙子，江宁人，家住江宁城南大百花巷（今南京市秦淮区中华路南段西侧大百花巷）。精于经史，工小学，擅文章，肄于钟山、尊经、惜阴、文正诸书院。光绪十七年（1891）辛卯科江南乡试第一百零六名举人；以撰《金陵赋》蜚声东南。光绪二十九年癸卯，举经济特科。历主江南高等学堂、简字学堂、国学专修馆等。简静寡欲，著作宏富，合为《千一斋全书》。

潘宗鼎（1870—1938），字禹久，号姜灵，江宁人，家住江宁城南门西凤凰台（今南京市秦淮区集庆路花露岗）。十五岁习文，县学廪生。肄业钟山、尊经两书院。光绪二十四年，废止科举，从事教育。辛亥革命后，游幕江西赣南道尹公署。民国十五年（1926），归宁，结庐于城南凤凰台畔，莳花种菜，以读书著述自娱。著有《鹤唳集》《弢园尺牍》《弢园新尺牍》《金陵岁时记》《古林寺志》《扫叶楼集》《马经》等。

石凌汉（1871—1947），字云轩，号弢素，江宁人，祖籍江西婺源，家住江宁城内门东大石坝街（今南京市秦淮区大石坝街东段）。自幼聪慧，过目不忘，肄业于钟山、尊经两书院，深受山长缪荃孙赏识。喜骈文，善填词，工整妍丽，为"蓼辛词社"成员。中年以后，行医为生。所著均散见于《蓼辛词》《如社词钞》《扫叶楼集》《南京文献》等书中。

仇埰（1873—1945），字亮卿，号述庵，江宁人，家住江宁城内三山街西南金沙井（今南京市秦淮区中华路金沙井）。肄业钟山、尊经两书院，后留学日本弘文书院，专习教育。宣统元年（1909），拔贡。民国以后，历任第一模范学堂堂长、四区模范小学总办、宁属师范学监、江苏省第四师范学校校长等。晚年精研诗词，为"如社"成员，著有《鞠谶词》。

夏仁虎（1874—1963），字蔚如，号啸庵、枝巢，上元人，家住江宁城内颜料坊（今南京市秦淮区中山南路与长乐路交叉路口西北侧）。初肄业钟山、尊经两书院，后移肄江阴南菁书院。光绪二十三年拔贡，次年参加殿试朝考，成绩不俗，遂入仕留京。历任邮传部郎中、北洋政府财政部次长、秘书长等职。1927年起，任教于北京大学和北京师范大学。1953 年，任中央文史馆馆员。学问赅博，著作宏丰，有《枝巢四述》《啸庵诗存》《啸庵编年诗稿》《啸庵词》《秦淮志》《岁华忆语》《南京明遗民录》《国策选腴录》《枝巢新乐府》等。

纵观钟山书院的历史，从雍正二年（1724）檄选诸生入院起，至光绪二十七年（1901），改名江宁中学堂；光绪二十九年，再改名江南高等学堂。中间除太平天国（1853—1864）时期短暂停办外，前后存续时间长达一百七十余年，可谓一波三折。最初在"敦崇实学"的光环下，有过辉煌的历史。雍正元年（1723）至咸丰三年（1853），在城中钱厂桥；咸丰三年至同治三年（1864），毁于兵燹；同治三年至光绪七年（1881），在城南漕坊苑辟建新址；光绪八年，凤凰涅槃，浴火重生，钱厂桥初址复建成功，书院迁回原址。如此屡辍屡兴、毫不气馁的精神，鲜明地展示出其牢固的儒家思想及顽强的文化基因。就此而言，其在南京书院史上的地位和影响，不言而喻。但是，在清末洋务运动西学东渐的大潮之下，仍然固守传统正学壁垒，拒斥引领潮流的新学，明显不合时宜。光绪二十七年后，钟山书院虽经两改校名并增课新学，终因缺乏真正的体制革新和理论创新而走向末路，于宣统三年（1911）宣告停办，从此消歇。

尊经书院

创办缘起

尊经书院，位于南京夫子庙明德堂后之尊经阁，原为上元江宁两县学贮藏经版及古物处。清嘉庆十年（1805）五月二十八日，尊经阁遭火灾，阁与所藏经版古物尽皆焚毁。时任两江总督铁保、江宁布政使康基田共同捐俸在原址重建，并改置为尊经书院。清代《同治上江两县志》卷八记载："嘉庆十年（乙丑五月二十八日），尊经阁毁于火。各书版及吴天玺纪功碑（俗曰：天发神谶碑；又曰：三段碑），烬焉。总督铁保、藩司康基田重建之，因以为尊经书院（阁下祀铁、康二公及院长黄镕三人）。乱后（同治三年）新造，悉符昔制。"两江总督铁保亲自作记，以彰其事，以励诸生。

尊经书院记
铁保

都会之地，荟萃人文，倡导风俗惟书院。以时肄习诸生鼓舞而振兴之，所关钜矣。余自乙丑莅两江，既于苏郡增设正谊书院，复就江宁尊经阁址改为书院，而仍其名。余先倡捐经费，一时，同事诸君，更以廉俸相助。轮奂斯美，聿观厥成。盖于钟山讲席外，又为都人士一渊薮焉。董其事者，康茂园方伯，殊殚心力；两淮业醝之家，又公捐二万金，助其膏火。夫经者，常也；万世不易之常，道也。阁虽毁而得书院以新之，于前人命名之意，尤为切近，有实效。诸生善体尊闻行知之义：勤求乎典坟丘索，不悖乎纲纪彝伦。蒸然日进于常道，蔚然共存乎圣化。余固厚望焉。

布政使康基田也专门题写楹联，激励书院诸生力争上游。

> 立德、立言、立功，士先立志；
> 有猷、有为、有守，学必有师。

尊经书院是当时南京除钟山书院外，由政府直接投资创办专门培养应试生员的书院。其建制、经费、师生等诸方面管理办法，全部参照钟山书院，定有严格的规章制度和明确的编制与定额。只是由于地处县学北隅，且无空闲地以供造屋等原因，未建学舍书斋，故所招收的生徒均为走读，院长主讲则寓居尊经阁一层。至道光时期，生徒日众，江宁布政使贺长龄将明德堂辟为讲堂，亲自授课。院长主讲则寄居城北惜阴书院。《光绪续纂江宁府志》卷五记载："尊经书院者，嘉庆十年（1805）五月杪，尊经阁毁于火，总督铁保字冶亭、藩司康基田字茂园重建之，因立书院。道光中，藩司贺长龄字耦耕扃门试士，因即阁前明德堂，置几案焉，非礼也。""尊经本无院舍，院长寓居县学尊经阁下；今亦未建，院长寄居惜阴书舍中。""尊经，贺公课之如钟山，惟无地建屋耳……尊经内课三十名，外课九十名，外（籍）加旗生各三名，膏火如钟山……附记：尊经书院，山长束脩五百两，火食二百四十两，节敬二十四两。课额：超等三十名，每名二两二钱；特等七十名，每名一两一钱。初二日膏火，每月共一百四十三两，通年计十一课，共银一千五百七十三两，逢闰加一课。又：十六日减半膏火，计十课，共银七百一十五两，逢闰加一课。"虽然尊经书院山长与诸生的生活待遇略低于钟山书院，但以当时普通百姓二两银子足够五口之家生活一个月的情况论之，书院师生的待遇应该十分令人羡慕。

历任院长、主讲

尊经书院的院长主讲，由两江总督或江宁布政使延聘，受聘院长主讲均为有真才实学、人品文品足以为人师表的儒林耆宿，也有新科进士即授任院长者。历届院长主讲依次为黄镕、石韫玉、史孟和、任泰、蔡世松、唐鉴、周学浚、薛时雨、卢崟、龙继栋、黄云鹄、蒯光典、诸成博、张仲炘等。

黄镕（1757—1812），嘉庆十年至嘉庆十七年为尊经书院首任院长。字右钧，上元（今江苏南京）人。乾隆五十四年（1789）己酉科殿试第二甲第二十二名进士，选庶吉士。散馆，授刑部主事，升员外郎。嘉庆初年，丁父忧，时其母年已高，故服阕不复仕。嘉庆十年，应江宁布政使康基田延聘，任尊经书院院长。取文不主故常，诲人不轻言弃。循循善诱，诸生称之。嘉庆十七年（1812），卒于院长任，时年五十六岁。后人将其与铁保、康基田同祀于尊经阁上。

石韫玉（1756—1837），嘉庆十七年至嘉庆二十一年，任尊经书院掌教。字执如，号琢堂，又号花韵庵主人，晚号竹堂居士、独学老人，吴县（今属江苏苏州）人。乾隆五十五年（1790）庚戌恩科殿试第一甲第一名（状元），授翰林院修撰。历任福建乡试正考官、湖南提学御史、重庆知府、山东按察使等。嘉庆十二年，引疾告归。寄居杭州，主杭州紫阳书院讲席。十七年，应两江总督百龄延请，掌教江宁尊经书院。二十一年，归吴县，主苏州紫阳书院。二十余年为人师表，诲人教士，孜孜不倦，士子倾慕，享誉东南。道光十七年，病卒，时年八十二岁。善诗文，著有《独学楼诗文集》《晚香楼集》《花韵庵诗余》《竹堂类稿》等。

史孟和（生卒不详），嘉庆二十一年至道光七年（1827）任尊经书院院长。字琴山，江苏溧阳人。嘉庆十四年己卯恩科殿试第三甲第七十二名进士，以进士历主无锡锡山、江宁尊经、常州龙城等书院，达二十余年。卿会斧直，书院膏火，均分俸给之。在尊经书院曾辑诸生课艺选编，惜毁于咸丰兵燹。道光十年，选叙江西兴国知县；十四年，充甲午科乡试同考官，权景德镇同知，调上饶。兴利除弊，所至有政声。后以助饷劳，晋知府，嗣因病乞辞，仍留江西，竟不复出。

任泰（1789—?），道光八年至道光十三年，任尊经书院主讲；道光十三年，调任钟山书院院长，仍兼尊经书院主讲至道光十七年。字阶平，号径蹊、拔茹，荆溪（今江苏宜兴）人。道光六年丙戌科殿试第二甲第十名进士，选庶吉士，充国史馆修撰，授文林郎、翰林院检讨。未散馆，即告归，不再入仕。道光八年，应江宁布政使贺长龄之邀，主讲尊经书院。博采诸说，尤好经义；讲堂礼乐，摘幽开蒙，深得在院生徒景仰。道光十三年，受两江总督陶澍延聘，任钟山书院院长，仍兼尊经书院主讲。道光十七年，谢职归里。著有《清芬楼集》《经学质疑》《径蹊诗草》等。

蔡世松（1775—1843），道光十七年至道光二十二年，任钟山、尊经两书院主讲；道光二十二年后，专主尊经，至道光二十五年。字伯乔，号友石，一号听涛，又号寿公，上元人。才识敏练，器量恢宏。嘉庆十六年（1811）辛未科殿试第二甲第七十七名进士，选庶吉士，授吏部郎中。历官安徽庐凤道、安徽巡抚、顺天府尹、太仆寺少卿等。道光十七年（1837）乞归，居金陵鸡笼山。应两江总督林则徐延聘，任钟山、尊经两书院主讲。诗文兼善，雄深博雅。思究其理，学赡其辞。实事求是，不标门户。翰墨精妙，尝手摹名人墨迹，刊《墨缘堂法帖》。

唐鉴（1778—1861），道光二十五年至道光二十七年，任钟山、尊经两书院主讲；道光二十七年至咸丰三年（1853），专任尊经书院主讲。字翁泽、栗生，号镜海、敬楷，湖南安化人。嘉庆十四年己巳恩科殿试第三甲第三十五名进士，选庶吉士，散馆，授检讨。历官浙江道监察御史、广西乐平知府、安徽池宁太广兵备道、江宁储粮道、贵州按察使、江宁布政使、太常寺卿等。道光二十五年，致仕南归。应两江总督璧昌延聘，主讲钟山、尊经两书院。道光二十七年，专主尊经书院至咸丰三年返湘。崇尚理学，身体力行。亲自授课，倡导后学。扶掖贤俊，不遗余力。著有《清学案小识》《易膊》《四砭斋省身日课》《唐确慎公诗文集》《畿辅水利》《平徭纪略》等。

咸丰三年，尊经书院毁于兵燹。同治三年（1864）原址恢复。

周学浚（1810—1885），同治三年至同治八年任尊经书院院长。字彦深，号深甫、缦云，乌程（今浙江湖州）人。道光二十四年甲辰科殿试第一甲第二名进士（榜眼），授翰林院编修。历官广西提督学政、署国子监司业、国史馆协修、实录馆总校、山东监察御史、侍读学士等。咸丰三年起，先后入曾国藩、李鸿章幕府。同治三年，任尊经书院院长；八年，转主江南官书局；十二年，告养归里，主撰《湖州府志》。工书善词，诗画均佳，有《缦云集》。

薛时雨（1818—1885），同治八年至光绪十一年（1885），任尊经、惜阴两书院院长。字慰农，一字澍生，晚号桑根老人，安徽全椒人。咸丰三年癸丑科殿试第二甲第九十四名进士，授嘉兴知县。历任嘉善知县、杭州知府兼督粮道，曾代行布政、按察使事。同治六年，以病乞辞，应浙江巡抚马新贻延聘，主讲杭州崇文书院。同治八年，马新贻升任两江总督，复应邀随至江宁，任尊经、惜阴两书院院长。初居惜阴精舍，后于其侧筑"薛庐"以居。光绪十一年，卒于薛庐，时年六十八岁。学识渊博，诲人不倦。任职院长十六年，金陵俊逸，多出其门，可谓"桃李不言，下自成蹊"矣。著有《藤香馆诗钞》《续钞》《藤香馆词》《藤香馆小品》等。

卢鉴（1834—1893），光绪十一年（1885）至光绪十九年，任尊经书院院长。字云谷，祖籍镇江，生于江宁。肄业于钟山、尊经、惜阴诸书院，文章卓异，屡获优评。同治十年（1871）辛未科殿试第二甲第五十九名进士，选庶吉士，散馆，授翰林院编修。应山东东平州牧之邀，撰修《东平州志》，并兼龙山书院主讲。事竣，入都供职。光绪五年，外任云南学政；光绪九年，任满，乞归。居江宁膺福街。光绪十一年，应两江总督曾国荃延聘，任尊经书院院长；十五年，兼惜阴书院主讲。沿袭薛时雨教学作风，不吝余力，奖掖诸生，书院之名因之愈盛。光绪十九年，卒，时年六十岁。著有《石寿山房集》。

龙继栋（1845—1900），光绪十九年至光绪二十年，任尊经书院主讲。字松琴，号槐庐，临桂（今广西桂林）人。同治元年广西乡试举人，签选候补户部主事。光绪八年，因卷入云南奏销案被夺职。翌年，张之洞督两广，延为粤雅书院讲席。光绪十一年，应聘北上直隶万全县，任万全书院山长。光绪十五年，应两江总督曾国荃延聘，任江南编译官书局《图书集成》总校。光绪十九年，两江总督刘坤一复延聘其主讲江宁尊经书院。翌年冬，辞职返桂。博涉群籍，驰骋文字。通小学，多才艺，工篆隶。著有《十三经廿四史地名韵编今释》《槐庐诗学》《槐庐词学》《侠女记》等。

黄云鹄（1819—1898），光绪二十年至光绪二十二年任尊经书院主讲。字详人、翔云，号芸谷，湖北蕲春人。咸丰三年（1853）癸丑科殿试第二甲第六十五名进士，授刑部主事。历任兵部郎中（马馆监督）、雅州知府、四川茶盐道、成都知府、四川按察使等。致仕后，讲学湖北，历任两湖、江汉、经心三书院山长。光绪二十年，应两江总督张之洞力邀，赴江宁，任尊经书院主讲。学问赅博，尤专经义。作育人才，不遗余力，肄业诸生称善不已。光绪二十二年，以老病谢职归里。著有《实其文斋诗钞》《实其文斋文钞》《归田诗钞》《学易浅说》等。

蒯光典（1857—1910），光绪二十二年至光绪二十三年，任尊经书院主讲。字礼卿，号季述，又号金粟道人、斤竹山民，安徽合肥人。光绪九年（1883）癸未科殿试第三甲第二十九名进士，选翰林院庶吉士，散馆，授检讨。历任贵州乡试主考官、顺天乡试同考官、会典馆协纂兼图上总纂官、詹事府左春坊右庶子、淮扬海兵备道、留欧学生监督、京师督学局局长、南洋劝业会总提调等。光绪二十一年，卸职会典馆协纂，南归居江宁碑亭巷。应两江总督张之洞延聘，主讲钟山书院。二十二年，刘坤一回任两江总督，应邀移席尊经书院。二十三年，复应湖广总督张之洞邀请，赴汉口，任两湖书院监督。宣统二年（1910）十二月，卒于江宁，时年五十四岁。为学广博，群经大义、目录训诂、算术舆地、史传诸子等，莫不穷其指归，洞其明要。著有《说文蒙求广义》。

褚成博（1854—1911），光绪二十三年至光绪二十六年任惜阴、尊经两书院院长。字伯约，号孝通，余杭（今浙江杭州）人。光绪六年庚辰科殿试第二甲第七十名进士，选翰林院庶吉士，散馆，授编修。历任广东乡试副主考、会试同考官、河南乡试副主考、江西道监察御史、礼科给事中、惠潮嘉兵备道等。光绪二十三年，丁忧南归。翌年，应两江总督刘坤一延聘，任惜阴、尊经两书院院长。光绪二十六年十二月，奉旨回京，授刑科给事中。主张仿行西法，破除积习，更新观念。《光绪余杭县志稿》修撰人，著有《坚正堂折稿》。

张仲炘（1857—1913），光绪二十六年至光绪二十七年任尊经书院院长。字慕京，号次珊，又号瞻园，江夏（今湖北武汉）人。光绪三年丁丑科殿试第二甲第七十七名进士，选翰林院庶吉士，散馆，授编修。历任会试同考官、国史馆编修、江南道监察御史、河南道监察御史、工科给事中、光禄寺少卿、通政司参议等。光绪二十六年，以言忤慈禧，罢官解职。旋应江宁布政使署两江总督李有棻延聘，任尊经书院院长。二十七年十月，尊经书院裁撤，改为校士馆，卸职返鄂。民国二年（1913）三月，任武昌《文史杂志》社长，未几，卒，时年五十七岁。淡于利，重于名，为人慷慨，工词善言，有《瞻园词》。

课　艺

尊经书院，同治三年（1864）恢复以后，一直文风极盛，尤其是薛时雨担任院长时期，特别重视诸生的学习成果，不失时机地将生徒课考中的好文章，尤其是立论鲜明、观点独特的好文章，编辑成课艺，刊印发行。一则激励后进，二则扩大宣传。自同治九年（1870）至光绪十五年（1889）近二十年间，共印发《课艺》八部，前六部由薛时雨编定，后二部由卢崟编定。兹依次简要介绍如下。

一、《尊经书院课艺》，亦名《尊经书院课艺初刻》。同治九年庚午，两江督署刊订。山长薛时雨鉴定，肄业诸生编次。收录课堂应试制艺文章一百题一百六十一篇，出自七十六名在院肄业生徒之手。每篇均有点评，且每篇文章前皆标注主课者，如：庞观察课，周山长课，薛山长课。书前有薛时雨序。

《尊经书院课艺》序
薛时雨

昔欧阳永叔有言："都会物盛人众，而又能兼有山水之美者，惟金陵、钱塘。"览其人物之盛丽，则文采可想见焉。时雨宦游钱塘久，颇习其山水。挂冠后，忝主崇文书院讲习，与此邦多文字交。而金陵则又乡者应举地也，大江南北，人文所聚，魁奇辈出，名卿硕儒所以陶冶而成就之者。时雨少时皆所饫闻而习见，今且将及四十年矣。洊经寇乱，凋谢殆尽。当粤逆戡定之初，天子俞疆臣请，特举科场，修学校，中兴文教，穆然有投戈讲艺之风。然后，书院以次复，都人士稍稍来集，争自濯磨。曾未五年，而金陵文物，称重江南，复隐与钱塘埒。

岁在己巳（1869），时雨以谷山制府聘，承乏尊经书院。院中士肄业者，二百人有奇，视承平时已减。然朔望官师课文，多可存者，制府因属为选刊，以诒多士。起乙丑（1865）二月，迄己巳十二月，积一百余课，存文若干首。时雨学殖荒落，愧无以为诸生益。至论举业之要，则曩刻崇文院课，已备言之矣。夫文章行世，若舟车然，不必尽沿古式也。而其为输、为辕、为楫、为柁之用，则终古而不易。又必其材良而质坚、工精而制巧者，始适用焉。以是为经涂之轨、通津之筏，而无所碍。今诸生所诣，虽未遽底于大成，所幸居都会之地，得山水之助，群材辐凑，观感有资。虽耆宿凋残，而后进之登胶庠者，如云而起。由是磨砻砥厉，日新月盛，上以承天子作人之化，下以副大吏培材之意。则是编也，又时雨之所乐观其成，而愿与益进于无疆也。

时同治八年（1869）季冬之月，全椒薛时雨序

二、《尊经书院课艺二刻》，同治十年刻印原本散佚，现存本为光绪八年（1882）八月，金陵状元境李光明书肆照原本复校重刻印订。山长薛时雨鉴定，肄业诸生编次。收录课堂应试制艺文章三十四题五十九篇，出自十九名在院肄业诸生之手。每篇文章末尾，均有讲师评点。全书无序跋。

三、《尊经书院课艺三刻》，同治十二年七月，金陵状元境口状元阁印订发兑。山长薛时雨鉴定，肄业诸生编次。收录同治十一年二月至同治十二年六月之间在院肄业诸生的优秀制艺文章三十三题一百一十篇，出自三十一名肄业生徒之手。每篇文章前均注明讲师，如：张制军课，薛山长课。篇尾有评点，山长薛时雨作序。

《尊经书院课艺三刻》序
薛时雨

余忝主尊经书院讲席，五年于兹矣。前编书院课艺：起乙丑（1865）二月，讫己巳（1869）十二月，为《初刻》；嗣编庚午（1870）二月，讫辛未（1871）十二月，为《二刻》；本届乡试，复编壬申（1872）二月，讫癸酉（1873）六月，为《三刻》。编既定，坊友请弁言。

窃惟制艺一道，行之既久，日新月异，而岁不同。习是业者，以揣摩风气为事，摭浮词，袭滥调，雷同剿说，千手一律。掺衡鉴者，又偏执挽回风气之见，以枯率救其浮，以诡秘救其滥，亦不免矫枉过正。今天子右文，明降谕旨："取士一以清真雅正为式。"非特可觇学问，抑亦可征人品。盖清者，浊之对，未有气浊而品清者；真者，伪之对，未有言伪而品真者；雅者俚之对，正者邪之对，未有俚词邪说而其品雅且正者。多士亦当知所趋向矣。

时雨以风尘吏起家，身未与承明著作，忝主会垣讲席，时时以不克胜任为惧。平昔论文，一遵今天子"清真雅正"之旨，不敢立异以鸣高，

尤不敢徇伪以要誉。《三刻》之文，其气味之纯驳，功候之浅深，视《初》《二刻》何如，览者自能辨之，无俟鄙人赘述云。

同治十二年七月上浣，全椒薛时雨序

四、《尊经书院课艺四刻》，光绪五年（1879）七月刊成，山长薛时雨鉴定，肄业诸生编次。收录同治十二年（1873）秋至光绪四年冬之间，在院肄业诸生的优秀制艺文章一百题三百一十六篇，出自九十六位历年在院生徒之手。每篇文章前均标有课艺讲师，如：薛山长课，松观察课，蒋太尊课等。篇末有评点，山长薛时雨作序。

《尊经书院课艺四刻》序
薛时雨

余襄有尊经《初》《二》《三刻》之选，海内君子谬相推重，邮简书来，以《四刻》讯者，月数至。比年，自大府以下，咸有志于振兴文教。其优异而奖励之者，日益厚；士之操所业者，日益勤。诸生乃以《四刻》请。予遴其尤，自癸酉（1873）之秋起，至戊寅（1878）之冬止，共得文若干首。既告成，予作而叹曰：

夫文教与士气之盛衰，视乎上为转移，岂不信哉！书院规复于曾文正，今岁是一周矣。院中高材生跻翰苑、绾墨绶者，比比可数；即踬于春秋两试者，揣摩简炼，暂蹶而气不衰。兼之后进之士，如云而起，月异岁不同。盖上孜孜焉惟教育之务，则士耻为轻俊佻薄，而有鼓箧横经之乐。上下十余年间，所造已如是，则风俗政教之成，可知也。

抑予尤有感焉！穷乡僻壤之士，溺苦于学，无师友讲习，无有力者倡之于上，湮没不彰者，比比矣。诸生幸生都会，又得大吏优异而奖励之，宜何如观感兴起，勉为有用之学也耶！

光绪四年，岁次著雍摄提格仲秋既望，全椒薛时雨

五、《尊经书院课艺五刻》，亦名《尊经书院五集课艺》。光绪九年冬，金陵状元境"一得斋"刻书铺印发，山长薛时雨鉴定，及门诸生参校。共收录文章二百一十七篇，其中，《大学》二题六篇，《中庸》六题

二十三篇，《论语》三十四题一百一十篇，《孟子》二十三题七十八篇。出自七十二位在院诸生之手。每篇文章前均标明课艺导师，如：薛山长课，吴制军课，德观察课。文尾有评点，薛时雨作序。

《尊经书院课艺五刻》序

薛时雨

辛巳之岁（1881），予构庐乌龙潭之阳，诸生亦筑"永今堂"息予。其地，面山俯潭，景物明瑟。潭久不治，茭苇纵横，水浅盈寸。明年，始集畚揭，荡涤而疏浚焉。又一年，建诸葛忠武、陶靖节祠，于潭西之蛇山。杂莳梅竹松柏之属，扶筇探幽，苍翠四合，予顾而乐之。春秋佳日，载酒从游者，踵接也。会太守鄞县赵公（赵佑宸），嘉惠多士，以己卯（1879）迄癸未（1883）课艺续刊为请。予乃召诸生而告之曰：

今夫蹄涔之水，不足以资灌溉也。必去其障、通其流，然后，原泉混混，渣滓去而清光来。文之洁净犹是也！今夫濯濯之山，不足以快登眺也。必葱茏而绿缛、幽秀而深邃，然后，明靓淡冶之态，顷刻万变。文之藻采犹是也！诸生能知山水之乐，则文境当日进。由是而黄河泰岱，蔚为宇宙之大观。吾乌能测其所至哉！课艺之刻，将传世而行远，诸生其勉旃。

癸未孟冬，全椒薛时雨序于薛庐之蛰斋

六、《尊经书院课艺六刻》，亦名《尊经书院六集课艺》。光绪十一年（1885）春，金陵状元境"一得斋"刻书铺刷印，山长薛时雨鉴定，及门诸生参校。共收录文章一百二十篇，其中，《大学》一题六篇，《中庸》六题二十篇，《论语》十题四十一篇，《孟子》十七题五十三篇。出自五十六位在院诸生之手，每篇文章末尾有评点，全书无序跋。

七、《尊经书院课艺七刻》，光绪十五年夏，金陵状元境口状元阁爵记印，山长卢崟鉴定，及门诸生参校。共收录文章一百四十四篇，其中，《大学》《中庸》十四题二十二篇，《论语》三十三题六十四篇，《孟子》三十三题五十八篇。出自六十八位在院肄业生徒之手，每篇文章前均标明授课讲师，如：田观察课，卢山长课，梁方伯课，文尾有评点。扉页为广告："江南城聚宝门三山街大功坊郭家巷内秦状元巷中李光明庄，自梓童蒙各种读本，拣选重料纸张装订。又：分铺状元境口状元阁发售，实价有单。"山长卢鉴作序。

《尊经书院课艺七刻》序

卢鉴

金陵戡定后，曾文正师首以作育人材为务。先后延主尊经讲习者，为乌程周先生缦云、全椒薛先生慰农。鉴尝从两先生游，而受知于慰农先生为深。癸未（1883）春，鉴自滇乞养归，犹朝夕晤先生于薛庐。间谈及经义，如曩昔问业时，先生亦过许鉴为深知此中甘苦。

逾一年，先生捐馆舍，曾沅圃（国荃）爵帅，聘鉴承其乏。自维驽钝，不克副知遇，以勉继先生教育之道。又义不获辞，惟举曩日所熟闻于先生之言之旨，与诸君子相切劂。其中，少年有志之士，亦勃焉奋兴，为文日新月异而岁不同，较前六刻之文，体制一新。以此见诸君子不屑剿说雷同，惟陈言之务去，而于风气亦无背焉。则岂惟不失惜抱先生（姚鼐）善经义之意，由此，进而益上，卓然成一家言，可和其声以鸣国家之盛矣。

今年夏，同人谋以课文付梓，以鉴为粗知经义也，乞弁言于其简端，用叙其崖略如此。

时光绪十五年六月初伏日，江宁卢鉴序

八、《续选尊经课艺》，光绪己丑（十五年，1889），上海珍艺书局校印，山长卢云谷（鉴）先生选定，及门诸生参校。共收录文章三百五十二篇，其中，《论语》五十七题一百六十二篇，《学》《庸》十七题五十一篇，《孟子》五十二题一百三十九篇。出自一百四十四位在院肄业生徒之手，每篇前均标明授课讲师，如：卢山长课，田观察课等。文尾有评点。山长卢鉴作序，同《尊经书院课艺七刻》序。

以上八本《课艺》，共收录文章一千四百七十九篇，出自历届五百六十二位在院肄业诸生之手。发文较多且史有明载的几位肄业诸生有秦际唐、卢鉴、姚兆颐、刘汝霖、朱桂模、陈道南、甘元焕、陈作霖、顾云、仇继恒、魏家骅、翁长森等。

著名校友

秦际唐（1837—1908），字伯虞，上元人，家住江宁城南新廊南冈（今南京市秦淮区长乐路小心桥南）。拔贡，肄业尊经、惜阴两书院，同治六年（1867）丁卯科江南乡试中举，候选知县。六上礼闱，报罢无名。光绪六年（1880），最后一次会试礼部落第，自此，遂不复出。光绪十年，应聘主讲凤池书院；十二年，兼任奎光书院山长。后历任传习所总教员、初级师范学堂教务长等。与陈作霖、邓嘉缉、顾云、蒋师辙、何延庆、朱绍颐等，合称"石城七子"。参与撰修《同治上江两县志》《光绪续纂江宁府志》，著有《南冈草堂诗选、文存、时文》《墨余集》等。

姚兆颐（1832—1882），字伯期，号友梅，江宁人，祖籍安徽桐城，家住江宁水西门内油市大街（今南京市秦淮区升州路）。肄业尊经、惜阴两书院。咸丰兵燹，避居句容。同治六年拔贡，未赴朝考，就职训导。光绪五年，领乡荐，礼部一试报罢，遂不复北上。与修《光绪续纂江宁府志》。体弱善病，光绪八年，丁父忧，痛甚，未几，以毁卒，时年五十一岁。有诗名，所作有联"如此恶缘抛不了，又来带雪看茅山"之句，惜多散佚无存。

刘汝霖（1826—？），字雨生，号润苍，上元人。肄业尊经、惜阴两书院，应试制艺文章娴稔，代人作文而中者，不知凡几。《清代野记》记载："同治庚午科（1870），江宁有刘汝霖者，时文高手也，为人代作而中。嗣是，每科富贵子弟皆刘之生计矣，刘成进士始已。"光绪元年江南乡试中举。光绪六年庚辰科殿试第三甲第八十五名进士，以候补知县用，累官至广东雷州府同知。善楷书，能诗。光绪二十三年，在扬州友人席上有题画诗："布帆无恙数归程，小泊维扬一棹轻。廿四红桥余战垒，二分明月怯箫声。云中岁月浑入梦，劫后江山倍有情。遥忆纶人闲负手，诗心先到石头城。"余无考，不知所终。

朱桂模（1827—1886），字崇峄，上元人，其父朱绪曾（1805—1860）官至嘉兴知府。家住江宁城内小运河入淮口之金陵闸西侧（今南京市秦淮区大石坝街东园桥西），肄业尊经、惜阴两书院。同治六年拔贡，朝考报罢，先后游佐大吏鲍源深、夏同善幕。两淮盐运使洪汝奎延课其子，兼综金陵官书局。与修《光绪续纂江宁府志》，著有《在莒集》。

陈道南（1832—1901），字树之，一作澍之，晚号懦夫，江宁人。家住江宁城内明瓦廊（今南京市秦淮区石鼓路明瓦廊），肆业于尊经书院，由郡优廪生中式光绪元年（1875）恩贡，授直隶州判官，改州教谕。后卸职南归，在家设塾授徒之余，孜孜不辍自修。著有《薪火真传》《选抄馆赋》《香月楼残稿》等。其子陈匪石（1883—1959）为南社宋词名家，亦曾肆业尊经书院，师从山长张仲炘，专攻宋词。

甘元焕（1841—1897），名勋，字元焕、绍存、建侯、剑侯，号复庐、岘叟，江宁人。以字元焕行于世，金陵名宿甘熙堂弟，家住江宁城内南捕厅（今南京市秦淮区南捕厅甘熙宅院）。咸丰兵燹，随母四处流亡。同治元年（1862），肆业于淮安丽正、崇实两书院。同治五年，返宁，游肆于钟山、尊经、惜阴诸书院。同治六年，优贡第五名，朝考一等第十名，录用教职，历署宿迁训导、邳州学正、睢宁学篆等。光绪二年丙子科江南乡试中第三十七名举人，授萧县训导，候补知县。光绪十九年，丁母忧，遂不复入仕。曾主讲六安书院。与纂《同治上江两县志》《光绪续纂江宁府志》，校勘唐代许嵩《建康实录》。著有《复庐诗文集》《复庐日记》《莫愁湖志》等。

陈作霖（1837—1920），字雨生，号伯雨，晚号可园，江宁人。家住江宁城内红土桥西安品街可园（今南京市秦淮区鼎新路安品街20号）。咸丰二年（1852），入钟山书院。翌年兵燹，举家逃亡。同治三年，返宁。先后肆业于尊经、惜阴两书院。光绪元年乙亥科江南乡试中举人，三上礼部均报罢不第，遂绝意仕途，以著述为业。凡省府县志局、书院、学堂、官书局、官报局、图书馆之属，皆董其役。留意乡邦文献，著书甚夥，有《金陵通纪》《金陵通传》《可园文存》《可园诗存》《可园词存》《可园诗话》《寿藻堂诗集》《寿藻堂文集》《江苏兵事纪略》《上元江宁乡土合志》《凤麓小志》《炳烛里谈》等。

顾云（1852—1905），字子鹏，号石公，别署江东顾五，上元人。家住江宁城内乌龙潭盋山园深柳读书堂（今南京市鼓楼区虎踞路龙蟠里）。诸生，师事薛时雨，肆业尊经、惜阴两书院。豪饮能诗，优游自娱，不以穷约屑意。晚游吉林，与修省志。事竣，获保教职，选宜兴训导，署常州教授，非所愿也。生平雅好交游，所至之处，辄识其贤豪。著有《盋山志》《盍山文录》《盍山谈艺录》《辽阳闻见录》《天东骊唱集》等。

仇继恒（1855—1935），字徕之，号赘园，晚号赘叟，上元人。家住江宁城南三山街郭家巷仓园（今南京市秦淮区中华路金沙井），肄业于尊经书院，光绪八年（1882）壬午科江南乡试中举；十二年丙戌科殿试第二甲第七十一名进士，选庶吉士，散馆，授户部主事。后外放陕西，历任固城、富平、合阳等县知县。光绪三十年，调西安"陕西总督衙门学务处"，任陕西高等学堂监督。宣统元年（1909），被选为江苏省咨议局议员、副议长。民国元年（1912）后，历任农会会长、地方公会会长、南京马路工程局局长等职。工书法，得欧体真意，端正持重，古雅茂朴。今存《金陵贡院遗迹碑》，为其所书。另著有《陕境汉江流域贸易表》二卷。

魏家骅（1863—1932），字梅村、梅荪、景皋、员辰，晚号刚长居士，江宁人。家住江宁城南门西高岗里寓邸（今南京市秦淮区中山南路南段西侧高岗里17号、19号），肄业于尊经书院，常从冯煦游。光绪十七年，辛卯科江南乡试中举；二十四年戊戌科殿试第二甲第三名进士，选庶吉士。告假南归，佐凤阳知府冯煦赈灾，与修《凤阳府志》。二十九年，散馆，授编修，复考取经济特科。历官山东学务提调、东昌知府、云南督署总文案、迤东兵备道、提法使、迤西兵备道等。辛亥革命（1911）后，蛰居念佛，从事慈善，创办"慈善惜字会"，救助贫困灾民，免费为穷人治病。时人称其为"大善人"。

翁长森（1857—1914），字铁梅，江宁人。家住江宁城内行口大街陡门桥古禅灵渡畔（今南京市秦淮区鼎新路南段仙鹤桥渡船口），十龄丧父，母督课甚严，性警敏，嗜读。稍长学制义、诗赋、古文于江宁诸名儒，肄业于尊经书院。既补诸生，屡试不售，乃援例为知县，分发浙江。历任安吉、临海、云和、镇海、奉化、新城等县知县，达十余年。所过有政声，以积劳保升知府、盐运使衔。宣统二年九月，乞病归。少笃于学，储书极富，尤留意乡邦掌故，辑有《金陵丛书》《石城七子诗钞》等。

后续发展

光绪二十七年（1901）十月十五日，清廷颁布废止书院的上谕："各省、府、厅、州，现有之大小书院，一律改为兼习中学、西学之学校。"

据此，南京各书院相继改为新式学堂，尊经、凤池两书院则改为"校士馆"，专门收纳未能入新学堂的举人、贡生、童生等。依然按月两考策论、经义，品评等级，照旧发放膏火。光绪三十年（1904），校士馆复又停办。次年，改为"宁学会"，后又改作"学务公所"。光绪三十二年，与县学明德堂合并，设立"江宁公学"。民国二十二年（1933），改为南京市立图书馆。1937年12月，日寇攻占南京，疯狂烧杀，夫子庙及周围大火，焚毁几烬。尊经阁、明德堂虽侥幸留存，然已成危楼。1974年，因白蚁危害而拆除。1978年，在尊经阁址建秦淮区文化馆四层大楼。1987年，拆除文化馆大楼，在原址复建尊经阁，1989年竣工。新建的尊经阁，宏伟挺拔，为混合结构，平面呈正方形，花岗岩台基高1.2米，上下共三层，总高18.7米，建筑面积542平方米。整个建筑保留了原尊经阁五楹旧制，又增建了两廊两庑，前有抱厦，后有轩厅，飞檐翘角，古朴大气。

从嘉庆十年（1805）至光绪二十七年（1901），中间除去咸丰兵燹的十一年，尊经书院实际存续达八十五年之久。作为清代南京官办的三

尊经阁

大书院之一，其地位毋庸置疑，尤其是尊经书院课艺一至七刻，完整清晰，为后世学者全面了解清代科举制艺文章的概况，提供了极其宝贵翔实的资料。

而今，人们登上新建的尊经阁，凭栏四顾，秦淮河夫子庙风光尽收眼底。仿古建筑，鳞次栉比；街巷纵横，行人熙熙。一派盛世豪华，扑面而来，令人欢欣不已。徘徊阁内，浏览陈列的书院文物，沿着时间隧道，想象当年尊经书院开课时，山长主讲引经据典侃侃而谈的神态，莘莘学子凝神屏气专心听讲的场景，生动活跃，宛然目前。尊经书院因尊经阁而名，尊经阁复因尊经书院而重建，所谓"时也，运也"，实不谬也！

惜阴书院

创办缘起

惜阴书院，亦名惜阴精舍、惜阴书舍，位于江宁城内清凉山之盇山南麓（今南京市鼓楼区虎踞路龙蟠里9号）。道光十八年（1838），两江总督陶澍有感其远祖东晋勋臣陶侃有"大禹圣者，乃惜寸阴；至于众人，当惜分阴"之遗训，仿杭州诂经精舍、广州学海堂之制创建。《同治上江两县志》卷八记载："惜阴书舍，在龙蟠里盇山园侧。道光十八年，总督陶文毅公澍，仿诂经精舍、学海堂之制建。"清代杨大堉《惜阴书院记》记载："维宫保云汀陶公，驻节江南八载，大雅望崇，下士景附。金陵设有钟山、尊经两书院，既依旌毂，咸荷甄陶。广厉学宫之路，香采藻芹；别营精舍之居，英遴翘秀。盖有感于其先人晋长沙桓公'大禹惜寸阴，吾侪当惜分阴'之言，特卜博（盇）山之阳，肖桓公而祠之。即于其下置馆舍，扁其楣曰：惜阴。"书院由陶澍个人捐资创办，目的是培养研究型学术人才，而非教人八股求官。故其教学与钟山、尊经等官办书院不同，有较大的独立性，授课内容以经史古文诗词为主，不设应试制艺课程。平时自学，每月二十三日山长主讲授大课，且考试一次，评品优劣。在院诸生没有津贴（膏火），唯学习优秀者，陶澍捐俸银一万两作为奖励基金，用发典生息之资，对优秀生徒作适当奖励。《光绪续纂江宁府志》卷五记载："惜阴书舍，课士经史诗赋，不及制艺。有优奖，无膏火。月一试之。（陶）公自捐廉一万两，发典生息焉。超等第一，四两；二、三名，三两；四名至十名，二两；十名外，一两；特等，皆五钱。"正是这种激励机制使惜阴书院在清代南京书院中成为标新立异的一面旗帜，名播东南。

整个书院背靠盇山，坐北朝南，左乌龙潭，右秦淮河，敞垲通达，有景陶堂、碧琅玕馆、藤香馆、飧堂、藏书楼、盇山精舍等。清代顾云《盇山志》卷三记载："惜阴书院，同治中增建。负盇山正立面，南向，即昔惜阴书舍也。径桐柏以入，曰'景陶堂'。循而西，有门入之，曰'碧琅玕馆'。轩其后，牖之玻璃；其外，竹数十百竿，俨立阶下坐者，神为之远。与相望者，曰'藤香馆'。编竹篱界之，艺群卉其中。篱所被，独月季，花时灼灼，张锦屏矣。直景陶堂后，曰'飨堂'，龛陶文毅公祜（澍）。又入，有楼枕山麓，书籍所庋。出循而东，有门入之，曰'盋山精舍'。"环境清雅，设施齐备，学子读书其中，绝佳处也。

历任山长

从道光十八年（1838）至咸丰三年（1853）之间，惜阴书院共有九名山长，都是当时的文坛名彦，教学高手。依次分别为胡培翚、俞正燮、叶绍本、周仪暐、马沅、王煜、冯桂芬、吴存义、史佩玱等。

胡培翚（1782—1849），道光十八年至道光十九年，任惜阴书院山长。字载屏，号竹村、紫蒙，安徽绩溪人。嘉庆二十四年（1819）己卯科殿试第二甲第二十九名进士，授内阁中书、实录馆详校，擢户部广东司主司。十余年徘徊不迁，道光十年，因附和乞请免议审稿假照案，遭解职南归。道光十二年，应两江总督陶澍聘请，主讲钟山书院。道光十三年平反，返京复职。未几，辞职返乡，创办东山书院。道光十八年，复应陶澍力邀，任惜阴书院首任山长。以经学著称，尤邃三礼。道光十九年六月，陶澍病逝两江督署，遂请辞卸职。后历主博山、皋比、云间、娄东、泾川诸书院。博采众长，不设门户，著有《仪礼正义》《研六室文钞》《燕寝考》等。

俞正燮（1775—1840），道光十九年至道光二十年任惜阴书院主讲。字理初，安徽黟县人。自幼随父寓居江苏句容读书，性好嗜读，过目不忘；刻苦自励，学问浩博。道光元年辛巳科江南乡试举人，两赴会试不第，遂绝仕进。以为人代笔佣书、设馆授徒为生。曾入林则徐幕府。道光十九年，应江苏学政祁隽藻聘请，任惜阴书院主讲。道光二十年四月十二日，病逝于惜阴书舍，时年六十六岁。治学以汉儒为宗，经史子集、天文舆地、医卜星算，无不探究。著有《癸巳类稿》《海国纪闻》《说文部纬校补》《四养斋诗》等。

叶绍本（1765—1841），道光二十年至道光二十一年任惜阴书院主讲。字立人、仁甫，号筠潭，归安（今浙江湖州）人。嘉庆六年辛酉恩科殿试第二甲第四十一名进士，改庶吉士，散馆，授编修。历任长芦盐运使、福建学政、山西布政使、鸿胪寺卿等。曾从钱大昕游，为诗恪守师训。道光十六年（1836），致仕，南归。道光二十年，应江宁布政使成世瑄延聘，主讲惜阴书院。重文爱士，擅长古文。著有《白鹤山房诗钞》《白鹤山房词钞》等。

周仪暐（1777—1846），道光二十一年至道光二十三年任惜阴书院主讲。字伯恬，号夫椒山人，阳湖（今江苏常州）人。嘉庆九年（1804）甲子科江南乡试举人。七试春闱不中，游幕多年。道光七年，大挑二等，授宣城训导；十三年，俸满，入都谒选。无奈参选人众，遂返乡待命。十四年，应聘主讲安徽泾县泾川书院；二十一年，应江宁布政使成世瑄聘请，主讲江宁惜阴书院；二十三年八月二十八日，掣签获授陕西山阳知县。为官廉洁，有政声。陕西巡抚邓廷桢见其《韩城驿》诗，极重之，调署凤翔府。道光二十六年六月十二日，病卒于凤翔府署。时年七十岁。文宗六朝，诗学汉魏，有《夫椒山馆诗集》《夫椒山馆骈文》等。

马沅（1788—1850），道光二十三年至道光二十四年任惜阴书院主讲。字湘帆，又字韦伯，上元人，家住江宁城内安品街北关帝庙西（今南京市秦淮区鼎新路北段西侧）。道光九年己丑科殿试第三甲第五十六名进士，选庶吉士，授户部主事，转员外郎。擢山东道监察御史。道光二十二年，丁忧。翌年，应江宁布政使杨能格邀聘，任惜阴书院主讲。词馆后进，多执贽受业者。所赏肄业诸生寿昌、蔡琳等，皆登第有闻。道光二十四年，服阕，复职，调任湖广道监察御史。道光三十年，卒，时年六十三岁。著有《驻帆阁文钞》《尘定轩诗集》等。

王煜（1804—1853），道光二十四年至道光二十七年任惜阴书院山长。字耀堂，号絅斋，安徽滁州乌衣镇人。道光二年壬午恩科殿试第二甲第四十名进士，选庶吉士，散馆，授编修。历官侍讲学士、庶子右中允、云南提督学政、广西乡试主考官、国子监司业陛祭酒等。因与当朝权相穆彰阿不睦，久不得迁。道光二十二年，告假辞官，南归奉亲。二十四年，应江宁布政使杨能格延聘，主讲江宁惜阴书院。教授生徒，亲力亲为；注重实学，世尤称之。道光二十七年，应同榜进士、两江总督陆建瀛邀聘，移席钟山书院，任主讲。著有《笔耕书屋诗赋草》。

冯桂芬（1809—1874），道光二十七年至道光二十八年，任惜阴书院山长。字林一,又字景亭、景庭,号邓尉山人,吴县(今江苏苏州)人。道光二十年(1840)庚子科殿试第一甲第二名进士(榜眼),授翰林院编修。历任顺天乡试同考官、广西乡试正考官。道光二十四年,丁母忧。二十七年,应两江总督陆建瀛延聘,任江宁惜阴书院山长。博涉经籍,尤精历算、勾股之学。道光二十八年,返京复职。咸丰三年(1853),奉旨归办团练,积功迁詹事府右春坊右中允。不数月,罢官,自是遂不出矣。后历主上海敬业、苏州紫阳、正谊诸书院。同治十二年(1874),卒于苏州木渎寓所,时年六十六岁。工书法,行草疏秀简逸,别具畦町。著有《校邠庐抗议》《两淮盐法志》《说文解字段注考证》《西算新法直解》《显志堂诗文集》等。

吴存义(1802—1868),道光二十八年至咸丰元年任惜阴书院主讲。字和甫,号荔裳,江苏泰兴人。道光十八年戊戌科殿试第二甲第五十四名进士,选庶吉士,散馆,授编修。外任云南督学御史。道光二十八年,丁母忧。应江宁布政使祁宿藻邀聘,主讲惜阴书院。爱才如命,士类称之。咸丰元年,返京复职,任直南书房,擢侍讲。咸丰五年,复典试云南,留督学政。累迁侍读学士、顺天府丞、太仆寺卿、通政使署礼部侍郎。同治二年,署工部侍郎,迭署礼、户二部,出督浙江学政等。六年,以病乞归。七年,卒于江宁寓邸,时年六十七岁。著有《榴实山房遗稿》《云轺录》等。

史佩玱(? —1857),咸丰元年至咸丰三年任惜阴书院主讲。字仲和,号鸢坡,湖北汉阳人。道光十三年癸巳科殿试第二甲第三十一名进士,改庶吉士,散馆,授编修。历任广西乡试副主考,江西、福建、京畿道监察御史,永平府(今河北秦皇岛市)知府等。道光二十九年,致仕。因与两江总督陆建瀛为儿女亲家,遂寓居江宁。咸丰元年,应江宁布政使祁宿藻延聘,主讲惜阴主院。工诗,尤善古文辞,脱稿即传遍。咸丰三年,太平军进逼江宁,先期避至江北泰州姜堰。后入淮扬大帅幕,不辞辛劳。咸丰七年,奉旨赏戴花翎,入京起用。未几,卒于寓邸。著有《分韵指南》《桐荫小榭诗赋钞》《史鸢坡先生论文》等。

咸丰三年,太平军攻占江宁,惜阴书院虽遭兵燹,祠宇未被焚尽。同治三年(1864),曾国藩平复江南后,即着手恢复江宁各大书院,并将惜阴书院正式纳入官办体制。翌年,命钟山、尊经两书院山长交替兼任惜阴书院讲席,署两江总督李鸿章复建惜阴书院原屋宇如初。《光绪续纂江宁府志》卷五记载:"曾文正公复城后,他务未遑,先命建钟山书院。其年冬,即民屋兴建,以后递次修建,规制略备。尊经本无院舍,今亦未建,院长寄居惜阴书舍中。其后,李公鸿章又复修建惜阴书舍。其经费有后湖租,有典商生息,有淮盐引捐。附记:惜阴书院,钟、尊两山长兼阅课艺。山长束脩,年终致送,银二百两。课额,超等二十四名,特等四十名,共六十四名。每月膏火银五十七两,计十一课,共银六百二十七两。"此后,惜阴书院的山长分别由钟山、尊经两书院山长轮流兼任至光绪二十七年(1901)裁撤,他们是李联琇(钟山书院山长)、孙锵鸣(钟山书院山长)、薛时雨(尊经书院山长)、卢崟(尊经书院山长)、褚成博(尊经书院山长)等。

课 艺

由于惜阴书院每月二十三日主讲开课一次,钟山、尊经两书院为每月初二、十六日主讲授课两次,时间上不冲突。所以,山长备课十分充分,内容也十分丰富。加之肄业诸生大多是钟山、尊经的高才生,都是文章高手,因此,惜阴书院编辑的课艺在当时很受士子欢迎,影响很大。留存至今的有《惜阴书舍课艺》《金陵惜阴书舍赋钞》《惜阴书院东斋课艺》《惜阴书院西斋课艺》《惜阴书院课艺》《惜阴书院赋课择抄目录甲部》等六部,第一部为山长冯桂芬阅编,第二部为同治举人江宁陈兆熙编辑,第三部为山长孙锵鸣鉴定,第四部为山长薛时雨鉴定,第五部为山长褚成博鉴定,最后一部为江宁乡贤翁长森手抄辑本。

一、《惜阴书舍课艺》,院长冯(桂芬)景亭先生评阅,江宁县教谕宋开第校刊。未署刊刻时间,卷首及页中缝署"戊申",应为道光二十八年(1848)。全书三卷,卷一:《赋》,九题三十二篇。题例如《拟杨炯〈浑天赋〉》《为政犹沐赋》《百官饯贺知章归镜湖赋》等。卷二:《诗》,含乐府、五古、七古、五律、七律、七绝、试律等,三十一题七十二篇。题例如《拟谢元晖〈鼓吹曲〉》《拟曹子建〈赠丁仪〉》《拟东坡〈自金山放船至焦山〉》《颜鲁公放生池怀古》《西瓜灯(七排十二韵,限青韵)》等。卷三:包括骚、七、诏、策、启、书、序、颂、论、铭等,十四题三十四篇。题例如《拟淮南王〈招隐士〉》《七劝〈论学〉》《拟梁简文帝〈与萧临川书〉》《杨嗣昌论》等。共收录诗、赋、策、论等一百三十八篇，出自三十一位在院肄业诸生之手。有评点，无序跋。

二、《金陵惜阴书舍赋钞》，同治癸酉（十二年，1873）正月开雕，文星阁吴耀年家藏板。山长冯景亭、王絅斋、吴和甫先生鉴定，江宁陈兆熙（耘芬）手辑，上元秦际唐（伯虞）同校。四卷，均为赋体，六十二题一百二十篇。题例如《七月流火赋》《拟鲍明远〈舞鹤赋〉》《李太白进〈清平调〉赋》《早梅赋》《黄叶赋》《画马赋》《陶渊明乘蓝舆游庐山赋》《博士买驴赋》《荷钱赋》等。出自三十七位历届在院肄业诸生之手，有评点。另有山长王煜拟作范文一篇。江宁举人陈兆熙作序。

《金陵惜阴书舍赋钞》序
陈兆熙

金陵惜阴书舍，创于安化陶文毅公。每年终，梓人汇前列课艺刻之，日久，极漫漶。王絅斋祭酒来主讲，始约选之，名曰：约编。嗣后，冯景亭宫赞、吴和甫侍郎选主讲席，皆有选刻课艺行世。癸丑（咸丰三年）之变，藏板付之一炬。甲子（同治三年）金陵克复，予偕同人请于合肥相国（李鸿章），重兴之。而后进之士，不获睹前辈之典型，咸以为憾。予乃从藏书家求之数年，始得王刻、冯刻、吴刻及吴梓人所刻若干本，惜残佚不全。吾乡兵燹后，耆旧以次凋谢，存者今无几人。吉光片羽，尤可宝贵；及此不图，恐归湮没。适坊友以为请，亟付之剞劂，公诸同好。钟山、尊经小课，并附于后。批评次序，悉遵原阅，不敢妄以己意增损。经解杂作，集隘不能备登，俟之续刻。是为序。

> 同治十二年癸酉季夏之月，江宁陈兆熙序于秦淮寓斋

三、《惜阴书院东斋课艺》，光绪四年（1878）涂月（十二月）刊成。山长孙渠田（锵鸣）先生鉴定，肄业诸生校字。扉页为广告，注明："时文赋钞，出门概不退换。状元阁爵记印，其板永存江宁省城三山大街大功坊秦状元巷中李光明家。"全书共八卷。卷一至卷五：《赋》，六十四题一百九十八篇。卷六：《骚》，一题二篇；《乐府》，三题八

篇；《四言诗》，二题三篇；《五古》，十三题二十五篇；《七古》，二十四题五十四篇；《五律》，五题九篇；《七律》，五题十一篇；《七绝》，五题七篇；《六言诗》，一题二篇；《五言试律》，九题十八篇；《七言试律》，三题九篇。卷七：《论》，八题十篇；《释》，二题二篇；《解》，九题十篇；《答问》，六题六篇；《考》，七题十篇。卷八：《辨》，一题二篇；《议》，二题三篇；《说》，六题六篇；《记》，一题二篇；《传》，一题二篇；《铭》，二题四篇；《书后》，三题四篇。共收录诗、赋、骚、辨、记、铭等计一百八十三题四百零七篇，出自五十五位历届肄业诸生之手。每篇作者姓名前均标注主课者，如：李方伯课、庞观察课、李制军课等。篇末有评点，山长孙锵鸣作序。

《惜阴书院东斋课艺》序

孙锵鸣

金陵之有惜阴书院，道光中，陶文毅公（澍）督两江时，仿浙之诂经精舍、粤之学海堂而为之也。盖圣人之立言垂教，其道莫著于经。然文字训诂之未明，曷由进而探性命精微之旨。而诗赋杂体文字，又所以去其专一固陋之习，使之旁搜遐览，铺章摛藻，以求为沉博绝丽之才。异日，出而润色鸿业，高文典册，以鸣国家之盛者也。其意岂不厚哉！

金陵自粤寇荡平，前制军曾文正公（国藩）孜孜于振起人文，首复钟山、尊经两书院。逾年，今相国合肥李公（鸿章）至，又复惜阴书院，月一课焉，而以两院长分主之。渊懿方雅之才，焕焉复出，诚泱泱乎大国之风哉！

前院长李小湖（联琇）大理，邃于经，蔚于文，主此席者十有三年。陶冶所成，几于家许（许慎）郑（郑玄）而人枚（枚乘）马（司马相如）矣。余以不敏，承其乏，甚以为愧。顷因诸生选刻课艺之请，商之尊经院长薛慰农（时雨）观察，各择其尤雅者录之，而以东斋、西斋为之标别。刻既竣，为识其缘起于简端，而尤望诸生之为此学者：由文字训诂以求微言大义之所在，而既能为沉博绝丽之文，又当返诸身心，求其所以为文之本。则华实兼赅，体用咸备，庶于文毅公创设书院之盛意，及曾、李两公以来官若师之加意培养训迪者，益有当乎！是在勉之而已矣。

光绪五年（1879）正月，瑞安孙锵鸣序

四、《惜阴书院西斋课艺》，光绪四年（1878）涂月（十二月）刊成。山长薛慰农（时雨）先生鉴定，肄业诸生编次。全书共八卷。卷一至卷六：《赋》，六十一题二百零八篇。卷七：《乐府》，四题七篇；《五古》，七题十八篇；《七古》，十七题三十篇；《五律》，十二题十八篇；《七律》，四十四题七十三篇；《七绝》，六题十篇；《试律》，十四题二十五篇。卷八：《表》，一题二篇；《启》，一题一篇；《颂》，一题二篇；《策》，一题二篇；《论》，七题十篇；《议》，一题一篇；《考》，二题二篇；《对》，二题三篇；《经解》，八题八篇；《书后》，一题一篇；《记》，一题一篇；《祭文》，一题二篇。共收录诗、赋、启、颂、策、议、考、记等计一百九十二题四百二十四篇，出自六十七位历届肄业诸生之手。每篇作者姓名前均标注主课导师姓氏职位，如：李中堂课、涂太尊课、李方伯课等。篇末有评点，山长薛时雨作序。

《惜阴书院西斋课艺》序

薛时雨

金陵文物望海内，凡书院四：曰凤池，课童子之有文者；曰钟山，曰尊经，课举子业；曰惜阴，课诂经之作与诗、古文词，经始于陶文毅（澍），癸丑（1853）毁于兵，曾文正（国藩）与合肥伯相（李鸿章）复之。主钟山者为临川李（联琇）大理，瑞安孙（锵鸣）学士继之。主尊经者为乌程周（学浚）侍御，而继之者予。惜阴无主之者，以钟山、尊经两院长分校其卷。

予己巳（1869）来金陵，尊经书院未落成，马端敏（新贻）馆予于惜阴，今且十年矣。当伯相（李鸿章）规复时，大难甫夷，扫地赤立，而独书院之是务，不惟制艺之在功令也。又汲汲以词章训诂为诸生导，一若非当世之亟者。然国之元气与士气相消长，士气不振，则桀猾者无所放效以几于善；且豺虎所窟宅，其凶鸷痛毒之气，非鼓歌弦诵，不足渐被而更新之。然一于科举速化之术，而不知通经学古，士亦日泪于禄利，无以广己而造于大。嗟乎，此文毅、伯相所以汲汲于惜阴也。

今年，诸生请刻惜阴课艺，予与学士各遴其尤者。钟山书院在城东偏，而予居清凉山麓，因以东西斋别之。既卒业，诸生乞余一言。予之衰钝，何足益诸生。然为一日之长，又殿最诸卷久，愿诸生益扩其器识，酌古今之通，待用于世。上之匡时弼教，郁为右文之治；次亦出其所业，待诏阙下，备天子之顾问。国有大典礼，研京炼都，润色鸿业，亦足张相如（司马相如）、子云（扬雄）之风。不幸而不遇，犹得键户述作，比烈《雅》《颂》，垂不朽于后世。使天下知儒者之业有其远者、大者，不同于刀笔筐箧之士。若穷年尽性，汩没于词章训诂，无当于用，岂予所望于诸生与文毅（陶澍）、伯相创之、复之之意耶！

光绪四年岁次戊寅孟冬之月，全椒薛时雨

五、《惜阴书院课艺》，光绪二十七年（1901）辛丑七月刊印，山长褚伯约（成博）先生鉴定，肄业诸生校字。全书不分卷，由《说》《辨》《论》《考》《述》《订误》《书后》《叙例》等四十五题六十八篇组成。题例如《尧不去"四凶"说》《"召公不说（悦）周公"说》《"大夫士庙无主"辨》《"汉文帝好刑名、元帝好儒"论》《"工械技巧，物究其极"论》《明正、嘉、隆、万四朝边防得失论》《唐宋兵饷考》《嘉庆以来增设府厅州县述》《洪氏亮吉〈补三国疆域志〉订误》《〈无邪堂答问〉书后》《拟续编〈中西纪事〉叙例》《〈朔方备乘〉所列北徼"喀伦"与光绪七年《〈中俄条约〉所列"卡伦"之名，罕有合者，能据是以推明俄人所侵地界否》等，出自二十一位在院肄业诸生之手。篇末有评点，山长褚成博作序。

《惜阴书院课艺》序
褚成博

昔陶文毅（澍）督两江，创设惜阴书院，遴钟山、尊经之高材生肄业其中，课以经史，兼及词赋。其时，钟山、尊经第课制举，文公虑士人或溺于帖括，无裨实用。思所以转移其风气，而默培其根柢，故有斯举。伟人硕画，意至深远。王絅斋（煜）祭酒、冯林一（桂芬）鸣赞、吴和甫（存义）侍郎，迭主斯席，均有课艺之刻。遭乱板毁，今所存《惜阴书舍赋钞》四卷，虽得诸煨烬之余，犹可见其厓略。当道光中叶，承平日久，弦诵之士，第雍容揄扬，润色鸿业，已足掇高科、享盛名。故文毅创设始意，虽以讲习经史为主，而主斯席者，率偏重词赋。经史诸作，具体而已，风气使然，无足异者。

乱后，书院既复，课程一仍其旧。词翰之美，趱越一时。东西两斋之刻，掇藻摛华，称极盛矣。岁戊戌（1898），不佞来主斯席，适值海寓多故，两宫宵旰，一以培植人材为急务。窃维人才之出，必原经史，则所以与诸生讲习而切劘者，不得不稍易同光以来之故辙，而上窥文毅创设之初心，每课率以一经一史为题。其时，犹未奉裁撤诗赋之明诏，故仍以一赋为殿。庚辛（1900—1901）以后，并赋裁之。阅四五年，择经史课作之尤者，得数十首。院生谋付诸梓，视前此所刻，蹊径一变。文章开乎气运，有不可强而同者。然昔人遭其盛，而不佞适际其衰，使升平歌咏之声，一变而为慷慨忧时之作，循览斯编，能无怅惘？迨不佞辞讲席以去，而书院遂亦停止。俯仰今昔，尤令人增无穷之感矣。

壬寅（1902）春仲，余杭褚成博

六、《惜阴书院赋课择抄目录甲部》，手抄本，南京图书馆藏。封面题：铁梅手录。翁长森（1857—1914），字铁梅，江宁人。以诸生援例分发浙江任知县十余年，宣统二年（1910）卸职归里。醉心搜集乡邦掌故与佚文，此本应抄录于其时。全书不分卷，由《赋》十二题五十篇组成，出自二十三位历届肄业诸生之手。十二题分别为：《赵营平条屯田便宜十二事赋（以"因田致谷，威德并行"为韵）》《苏长公夜著羽衣，立黄楼上，相视王定国、颜长道，携盼、英卿，放舟吹笛饮酒赋（以"三百余年，世无此乐"为韵）》《敕赐百官樱桃赋（以"归鞍竞带青丝笼"为韵）》《秦王为赵王击缻赋（以题为韵）》《王安石争谢公墩赋（以题为韵）》《丙吉问牛喘赋（以"变理阴阳，相臣之职"为韵）》《樵隐俱在山赋（以"在山则同，樵隐事异"为韵）》《南村诸杨北村庐赋（以"叶蒸雾雨，花傲风霜"为韵）》《著以长相思赋（以"长相思，以丝缕络绵"为韵）》《旗亭画壁赋（以"黄河一绝，赌胜王高"为韵）》《疏影暗香赋（以"逋仙旧句，白石新词"为韵）》《冬日可爱赋（以"南檐向日冬天暖"为韵）》。篇末有评点，无序跋。

惜阴书院这六部课艺的特点是：清楚地勾勒出书院的办学初心、教学内容和培养目标。尤其是其中的四篇序言，即陈兆熙《序》、孙锵鸣《序》、薛时雨《序》、褚成博《序》，将惜阴书院明显不同于钟山、尊经两书院单一应对科举制式的宗旨，叙述得明明白白。

著名校友

惜阴书院的教程主要是摒弃拘泥于八股之陋习，以经史诗赋为主，扩大在院肄业诸生的视野，促使他们全面了解华夏文明的历史精华，提高站位，增博学识，从而达到在院肄业诸生人人都能成为"增益器识，酌古通今，匡时济世，胸怀抱负"的有用人才。确实，惜阴书院肄业诸生中，果然大多数不负师训，英才迭出。先后有数百位出类拔萃的人才，致用于世。兹仅录部分在《课艺》上发文较多且生平可考者，简述于后。即：金鳌、杨大堉、马寿龄、金和、寿昌、蔡琳、孙文川、汪士铎、甘煦、甘熙、端木埰、刘寿曾、朱绍颐、唐仁寿、汪宗沂、邓嘉缉、邓嘉缜、蒋师辙、陈作仪、丁传靖、崇朴、陈诒绂、李丙荣等。

金鳌（1814—？），原名登瀛，字伟军，一字晓六，江宁人，家住江宁城南门东采蘩桥（即蔡板桥，其址在今南京市秦淮区剪子巷东段北侧）。岁贡生，道光二十年（1840）前后，肄业于惜阴书舍。性亢直，交游之友或有过，必面净之。为诗文顷刻间千百言，不假思索，人称惜阴才子。无意仕进，措心郡邑文献。著有《金陵待征录》《野菜谱》《秋花谱》《桐琴生诗文集》《红雪词》等。

杨大堉（？—1855），字雅轮，江宁人。诸生，笃学寡交，研究经训。少从元和顾广圻、吴县钮树玉游，故深于《小学》，论事尤有远识。道光十八年（1838），肄业惜阴书舍。两江总督陶澍命试题：防海事议。大堉洋洋千言立就，中有"洋人虽好利，越数万里海洋至此，殆非无所挟持。驭之失宜，边衅必起"之论，若豫知有义律、璞鼎查之事者，时人奇之。为院长胡培翚所著《仪礼正义》续纂五卷，行于世。另著有《毛诗补注》《三礼义疏辨正》《说文重文考》《五庙考》等。

马寿龄（1812—1870），字鹤船，安徽当涂人，侨居江宁。少小颖悟，朴茂优雅。廪贡生，道光二十八年，肄业惜阴书舍，师从山长冯桂芬。擅诗文，喜交游，尤精于《小学》。咸丰癸丑（1853）之难，与江宁张继庚（1819—1854）同谋外应官军，事泄被获。后侥幸逃脱，投江南大营向荣（1792—1856）幕。同治三年（1864）后，先后主讲河南镇平县涓阳书院与江苏东台县西溪书院。著有《怀清山馆诗文集》《金陵癸甲新乐府》《金陵城外新乐府》《说文段注撰要》等。

金和（1818—1885），字弓叔，号亚匏，上元人。父早丧，母为吴敬梓堂侄孙女，教之甚严。以学行闻于时，尤长诗古文辞。道光二十八年（1848），肄业于惜阴书舍。为文不合程式，故仅为邑增生。咸丰三年（1853），太平军陷金陵，谋与官军应，不济，几及于难。此后多年游幕于苏、浙、皖、粤等地。同治十二年，应聘入上海招商局。光绪十一年（1885），卒于沪，时年六十八岁。著有《秋蟪吟馆诗钞》《来云阁词钞》《来云阁文钞》等。

寿昌（1816—1853），姓于氏，字湘帆，满洲镶黄旗人，住江宁驻防城（今南京市秦淮区御道街中段东侧）。雅精选理，才调称时，以举人身份入惜阴书舍，深受冯桂芬、吴存义两山长的赏识。道光三十年庚戌科殿试第二甲第一百零三名进士，选庶吉士，散馆，授户部主事。咸丰三年，太平军攻入江宁，炮毁清军驻防城，其家人尽皆罹难。前已病，至是益悲伤惊悸，卒于京师。所著多佚，仅有《夏小正补正》存世。

蔡琳（1819—1868），字子韩、紫函，江宁人。事母以孝称，博学嗜古，以诸生入惜阴书舍。咸丰二年江南乡试中举。翌年春，应礼部试，甫至京师，闻太平军攻陷江宁，立即返宁，百计脱母于难。辗转奉母至句容乡间，授徒以养母。咸丰九年己未科殿试第二甲第十八名进士，选庶吉士，散馆，授刑部主事，迁员外郎、律例馆提调官。著有《荻华馆诗稿》。

孙文川（1822—1882），字澄之、伯澄，上元人。以少年诸生入惜阴书院肄业，同业诸生奇之。咸丰癸丑（1853）之难，母陷城中，易丐服入城，冒险奉母以出。后游幕上海，居既久，究心互市行情，洞悉其伪。深受曾国藩（1811—1872）赏识，推荐入都，保举知县，升同知。又入两江总督沈葆桢（1820—1879）幕，擢知府。旋以母老乞归。著有《读雪斋诗集》《淞南随笔》等。

汪士铎（1802—1889），初名鏊，字振庵、晋侯，号梅村，晚号悔翁、无弗悔翁，江宁人，家住三山街郭家巷（今南京市秦淮区金沙井）。以举人肄业于惜阴书院，四上礼部应试不第。咸丰癸丑之难，携家避居皖南，山居五年。咸丰九年（1859）赴武昌，入鄂抚胡林翼（1812—1861）幕。同治三年（1864），回宁，杜门著书，授经传业，岿然为东南师表。总纂《续纂江宁府志》，著有《南北史补志》《汪梅村先生集》《悔翁诗钞》《悔翁笔记》等。

甘煦（1792—1863），字祺仁、耆壬、畸人，晚号贞冬老人，江宁人，家住城内大板巷南捕厅甘宅（今南京市秦淮区南捕厅甘熙宅第）。嗜文好古，能诗。精研《易经》《春秋》，尤喜蒐集骨董。初肄业于钟山书院，道光十三年（1833）江南乡试中举。十八年，复肄业于惜阴书舍。曾任宝应县训导、太平县教谕。咸丰三年兵燹后，迁居淮安。著有《贞冬诗录》《水法宗旨》《纳音订正》《阳宅录要》等。

甘熙（1797—1852），字实庵、石安，号二如居士，江宁人，住城内大板巷南捕厅甘宅（今南京市秦淮区南捕厅甘熙宅第）。道光十八年戊戌科殿试第三甲第十三名进士，初授广西知县，旋改礼部郎中，官至户部广东司道员。精研堪舆，曾两次奉诏为道光、咸丰勘选帝陵。潜心史志，勤事著述，有《白下琐言》《桐荫随笔》《白下杂识》《寿石轩诗文集》《重修灵谷寺志》等。

甘熙故居鸟瞰

端木埰（1816—1892），字子畴，江宁人。以诸生肄业惜阴书院。道光二十六年（1846）优贡，入京，录用知县。未及谒选，丁父忧，归里。咸丰三年（1853）兵燹，携全家入都。其恩师大学士祁隽藻保荐其为内阁中书。同治十一年（1872），丁母忧，复归里。光绪四年（1878），再入都，补典籍；十三年，充会典馆总纂；十六年，转侍读学士。后以疾开缺，殁于京都。性兀傲，貌清古，能诗善书，著有《经史粹言》《读史法戒录》《名文劝行录》《赋源》《楚辞启蒙》《有不为斋集》《碧瀣词》等。

刘寿曾（1838—1882），字恭甫、芝云，仪征人。同治三年江南乡试副榜，后肄业惜阴书院，深受山长李联琇赏识。光绪二年江南乡试副榜第一，遂绝意进取。以游幕校书为生。因筹饷劳师，得知县加同知衔，未上，病卒。时年四十五岁。其殁，薛时雨痛惜之，曰："吾门失一通儒矣！"所著有《传雅堂诗文集》《芝云札记》《昏礼重别论驳义》《南史校义》《集平文谱》《类释》《临川答问》等。主纂《江都县续志》及分纂《同治上江两县志》《光绪续纂江宁府志》等。今人辑有《刘寿曾集》。

朱绍颐（1832—1882），字子期，号养和，溧水人。世居江宁，家住江宁城内走马巷（今南京市秦淮区评事街以东之走马巷）。通博赅洽，兼治词章，与刘寿曾为惜阴书院同窗学友，寿曾尝论惜阴书院之才者，曰："乾坤清气得来难，子期有焉。"癸丑（1853）兵燹，妻甘氏殉焉。绍颐感其节，以弟子为嗣，义不复娶，鳏处终身。以诸生援例为教职，历任邳州、海州学正，曾入浙江学使幕，又游粤东年余。光绪二年江南乡试中式第二十名举人，复馆金坛二年。光绪六年，礼部会试报罢，遂入天津戎幕。后以疾卒于军中。著有《挹翠楼诗文集》《红羊劫（传奇）》等。

唐仁寿（1829—1876），字端甫，号镜香，浙江海宁人。性静穆，年十四，补学官弟子，屡应乡试不第。家饶于财，购书累数万卷，多秘笈珍本。通六书音训之学，于校雠尤精。咸丰八年，浙中战乱，藏书荡尽。同治四年，至江宁，肄业惜阴书院，山长李联琇称其才。后入金陵官书局。嗜酒无忌，光绪二年，病卒于江宁朝天宫冶山金陵官书局，时年四十八岁。所为书多未成，仅有《讽字室诗集》存世。

汪宗沂（1837—1906），字仲伊、咏村，号弢庐，安徽歙县人。同治三年优贡，后肄业惜阴书院。光绪二年江南乡试中举；光绪六年庚辰科殿试第三甲第五十七名进士，朝考二等第二十九名，授山西知县，未赴。旋告病归里，专心著述。曾先后入两江总督曾国藩、直隶总督李鸿章幕。历任安庆敬敷、芜湖中江、歙县紫阳等书院主讲，著有《弢庐诗》《黄海前游集》《五声音韵论》《后缇萦南曲》等。

邓嘉缉（1845—1909），字熙之，号世谛，江宁人，祖父邓廷桢（1776—1846），父亲邓尔晋（1821—1860），家住城南门西花露岗万竹园祖宅（今南京市秦淮区花露岗凤游寺路南段）。家学渊深，肄业惜阴书院，同治十二年（1873）优贡，候选训导，署徐州铜山教谕。擅地志，先后任《光绪临朐县志》主纂，《光绪续纂江宁府志》分纂。私淑姚鼐，文宗桐城。著有《扁善斋文存》《扁善斋诗存》，清末徐世昌（1855—1939）所编《晚晴簃诗汇》录其诗五首。

邓嘉缜（1845—1915），字季垂，江宁人，祖父邓廷桢，父亲邓尔咸，家住江宁城南门西花露岗万竹园祖宅（今南京市秦淮区花露岗凤游寺路南段）。少孤，咸丰兵燹，奉母辗转晋、蜀、滇、黔、湘。及江南平，奉母归宁，贫苦励行，肄业惜阴书院。同治九年优贡，候用知县。光绪元年（1875）江南乡试举人。又四年，母卒。终丧，始出就官贵州，历任贵筑知县，贞丰、正安知州。在黔八年，政平讼理。调台湾，任嘉义知县。光绪二十年，内渡，调皖，主赋事。复赴鄂，入湖北巡抚于荫霖（1838—1904）幕，历任襄阳、武昌、黄州、郧阳等地知府。光绪三十一年，授徽州知府，旋调奉天，任锦州知府。东三省改定官制，署奉天巡警道。未几裁缺，遂引疾自免，寄居京津。老更世变，时时为小词以自遣，著有《暖玉晴花馆词》。

蒋师辙（1847—1904），字绍由、少颖，号遁庵、颖香，上元人。肄业尊经、惜阴两书院，同治十二年选贡，光绪十七年顺天乡试中式副榜。翌年起，游幕江苏、山东、台湾诸省，所撰《江苏水利图说》《海塘志》《临朐县志》《鹿邑县志》《凤阳府志》《台游日记》等，无不考证精详。光绪二十四年，援例为安徽知州，历知寿州、凤阳、桐城、无为等地；三十年，卒于无为州任所，时年五十八岁。工书精文，学专古近体诗，尤喜为词。著有《青溪诗存》《青溪词存》《青溪诗话》《青溪杂记》等。

陈作仪（1856—1934），字凤生，号逸园，晚号凤叟、乌榜村农，江宁人，陈作霖之弟。光绪六年（1880），肄业尊经、惜阴两书院，深受山长薛时雨赏识。光绪十四年戊子科江南乡试举人。光绪十六年庚寅科殿试第二甲第一百零七名进士，以知县用。掣签分发湖南，旋改掣浙江，充浙江乡试同考官。二十年，丁忧。二十四年，服阕，例归湖南任职。历任醴陵厘金局总办，新宁、龙阳、安化等县知县。三十三年，辞官卸职，挂帆回宁。筑屋朝天宫西乌榜村（今南京市秦淮区莫愁路堂子街），自诩为乌榜村农。著有《凤叟八十年经历图记》《蚁睫巢笔记》《息庐谈荟》《逸园诗文集》等。

丁传靖（1870—1930），字秀甫，号岱思、湘舲、闇公，丹徒人。先后肄业于江宁惜阴书院与江阴南菁书院，光绪二十三年江南乡试中式第二十二名副榜。宣统二年（1910），以江苏省选试礼部，报罢。礼学馆总裁、帝师陈宝琛（1848—1935）惜其才，荐为礼学馆纂修。民国初，官总统府秘书，晚年居天津。盛负诗名，尤工戏曲。著有《闇公诗存》《张文贞公年谱》《红楼梦本事诗》以及传奇《沧桑艳》《霜天碧》《七昙果》等，辑有《宋人轶事汇编》。

崇朴（1871—1912），字质堂，号辉山、中辉，镶黄旗人，京口驻防，后移居江宁，应钟山、尊经、惜阴、文正各书院试，辄冠其军。光绪二十年江南乡试举人，两江总督刘坤一、张之洞知其名，聘为编译局分纂、两江师范学校教员。居两江师范九年，与乡贤创思益、养正、经纬、达材诸学校，并兼任两江师范附属小学堂长，门弟子以千计，植身教学，穷日不倦。临川李瑞清监督两江师范时，尤伟重之。廉静寡欲，不营财利；急人之难，不俟假贷。宣统三年（1911），任江苏咨议局议员；是年秋，民军入江宁，师范校舍毁于火，其所著之稿亦焚烬无存。后携家赴沪，以塾馆授徒养家。次年（1912）夏，病逝于上海。

陈诒绂（1873—1937），字稻孙，号蛰庵，又号无何居士，江宁人，陈作霖长子。诸生，肄业尊经、惜阴两书院。历任南京中学堂、师范学堂教习，江苏通志馆分纂，四存学会编辑主任。民国十年（1921），赴北京协助徐世昌编辑《晚晴簃诗汇》；十三年，返宁，专研南京地志，不问世事，闭门著述。著有《钟南淮北区域志》《石城山志》《金陵园墅志》《金陵陵墓志》《金陵艺文志》《金陵小品丛书》《续金陵通传》

《金陵通传补》《金陵通传姓名韵编》《金陵隐逸传》《金陵耆贤传》等，编辑有《续金陵文钞》十四卷。

李丙荣（1867—1938），字树人，一作素人，号三山逸民，镇江丹徒人。肄业惜阴书院，附贡，援例授安徽候补县丞，署按察使司照磨兼署司狱。辛亥以后，返乡，续补其父李恩绶（1838—1911）所撰《丹徒县志摭余》二十一卷。精于《易》，善诗词，以藏书名著京江，著有《牙牌蠡辞详注》《京江诗钞》《京江词征》《安庆大观亭志》《绣春馆词钞》等。

后续发展

光绪二十三年（1897），为了适应时代发展的要求，惜阴书院改考西学，课题分时务、算学、兵、农、矿、化等科目，凡举贡生童，均可投考。此举开当时南京地区各书院改革之先河，吐故纳新，深受广大士子的欢迎，堪称与时俱进。

光绪二十七年八月初二，上谕："著各省所有书院，于省城均改设大学，各府及直隶州均改设中学堂，各州县均改设小学堂。"

从道光十八年（1838）陶澍创办惜阴书舍，到咸丰三年（1853）废于兵燹；再从同治四年（1865）恢复惜阴书院，到光绪二十七年废止，前后共计存续五十一年。虽然办学时间不算太长，但是历任山长都是名师大儒、学术名流，传道授业虔心唯真。培养的一众生员，大多为立志报国的青年学子，读书目的明确，志存高远。很多人通过肄业惜阴书院，学识与修养均获较大提升，成为服务社会的有用人才。所以惜阴书院教学之美誉，名著于当时。随着兴办学堂之风逐渐发展，截至光绪二十九年，惜阴书院及院内碧琅玕馆的奎光书院，全部废止，改为上元县小学堂。

光绪三十三年，两江总督端方改上元县小学堂为江南图书馆。馆藏古籍善本甚丰，为众学者所青睐。民国十七年（1928），江南图书馆改为国立中央大学图书馆，藏书楼命名为"陶风楼"。民国二十六年（1937），陶风楼毁于日寇炮火。新中国成立后，为南京图书馆古籍部。1962年，江苏省人民政府拨款照原样重建陶风楼。2007年，南京图书馆新馆在大行宫建成使用，龙蟠里古籍部所藏珍本善本，亦随之迁藏新馆。其龙蟠里9号原址，现为江苏省文化和旅游厅办公驻地。

凤池书院

　　凤池书院,其址有三,初在县学忠义祠(今南京夫子庙尊经阁以东)后,始于乾隆四十二年(1777),名文会楼。《同治上江两县志》卷八记载:"凤池书院,原在忠义祠后,名文会楼,乾隆四十二年改建,亦不过规制粗建。"此其初址也。嘉庆十年(1805),江宁布政使康基田重新修缮,以课童生为主;并撰联旌之,曰"教思无穷,溥钟鼓辟雍之化;学古有获,跻东服礼器之容",敦教化也。

　　乾嘉时期,凤池书院任职山长时间最长的是浦柳愚先生。浦铣(1729—1813),字光卿,号柳愚,浙江嘉善人。制艺根柢经史,尤工诗赋。乾隆三十年拔贡,廷试列高等,不得铨。遂赋壮游,足迹半天下,所至名流无不倾倒。历主粤西秀峰书院、江宁凤池书院。学问赅广,博览群书。著有《历代赋话》《复小斋赋话》《唐宋律赋笺注》《百一集》《柳愚诗存》《羊城集》《西征集》等。浦铣乃名满东南的诗赋名家,大儒姚鼐(1732—1815)、袁枚(1716—1798),均十分推崇。姚鼐曾多次邀其同游金陵名胜莫愁湖,宴饮赋诗。袁枚还专门将其谈诗高论载入《随园诗话》中,以传久远。《随园诗话(补遗)》卷四记载:"浦柳愚山长云:诗生于心,而成于手。然以心运手则可,以手代心则不可。今之描诗者,东拉西扯,左支右捂,都从故纸堆来,不从性情流出,是以手代心也。"正因为如此,凤池书院虽为课童生启蒙书院,但师资水平高,学生受教深厚,社会地位自然提升不少。《白下琐言》卷八记载:"凤池书院掌教最久,文望最隆者,莫如浦柳愚先生。"诚非虚言,盖纪实也。

　　嘉庆二十五年(1820),江苏巡抚陈桂生(1767—1840,字坚木)缘其父陈玉万(字俨亭)曾任凤池院长,故命其弟陈桐生(字芝楣)负责购买文会楼西侧张姓民房,改建成"承训楼",一以祀其父俨亭公于其中;一以设内外课童生各十二名就读于斯。并捐银一千两生息以赡之。《同治上江两县志》卷八记载:"祠中旧有承训楼,苏抚陈桂生以祀其父俨亭者也。俨亭,名玉万,钱唐人,曾为凤池院长,教士有法,中丞其子也。幼侍其考院中，抚苏时，使介弟桐生观察来买其西张姓民房建此楼，且捐银一千生息以广内外课各十二名。"凤池书院因此无后顾之忧，师生共处其间，循《程氏家塾读书分年日程》，课艺日进，如蒙泉之涓涓也。

道光十年（1830），江宁知府俞德渊（1778—1835，字原培）见凤池书院屋舍太过狭隘，故择旧王府东北角之绣春园（其址在今南京市秦淮区慧园街王府园之西一新村），重建凤池书院，此其二址也。新建的凤池书院，号舍整齐，讲堂明敞，布局井然，规模有序。其址原为嘉庆时期钟山书院山长孙星衍的别墅"五亩园"，中有池塘亭阁，环境极佳。知府俞德渊在政务之暇，经常到凤池书院察看教学情况，并亲自批改学生课艺试卷。《白下琐言》卷五记载："俞太守德渊，字陶泉，甘肃平罗人。道光己丑（九年）、庚寅（十年）间，知江宁府，勤求民瘼，廉干有为……童生肄业凤池书院，逢课时，谆谆训励，亲为批阅。以其地狭隘，捐俸购旧内孙氏五亩园，改建而恢拓之。"俞太守调任离宁后，书院师生感恩俞公德教之隆，于书院之文星阁增设康基田方伯、俞德渊太守、浦柳愚山长三人之神位，岁时祭祀，所以报本也。

嘉道时期，凤池书院最著名的山长，当属上元耆宿名士侯云松。侯云松（1765—1853），字贞友，一字观白，号青甫，晚号白下青翁，上元人。嘉庆三年（1798）戊午科江南乡试举人，选授歙县教谕。归主凤池书院，授课为文，操纸立就。工尺牍，善画，笔墨所入，以诗酒自娱。家有胜阁，日登之以啸吟。苍颜皓发，望之若神仙中山。著有《薄游草》《根香圃诗稿》等。《白下琐言》卷七记载："侯青甫先生云松，嘉庆戊午举人，官歙县教谕，晚年致仕，归里，主讲凤池书院。书法苍润，有东坡遗意，并工丹青，所作花卉树石，气韵生动，纸上欲湿。人得其一缣，珍如拱璧。性淡泊，善养，年逾八十，童颜鹤发，若神仙中人。"

侯云松长期担任官办县学的主官（歙县教谕），对童生的管理、教育等方面，都积累了十分丰富的经验和方法。退休回宁后，应聘主讲凤池书院，自然将这些好经验好方法全部实施应用于凤池书院的日常教学中，取得了极好的效果，也深受在院童生的欢迎。青翁授课，独具特色。讲读释义，深入浅出。因材施教，无所偏废。难怪时人称其为"杏坛"妙手，真乃实至名归，良有以也。

　　凤池书院地处青溪南岸，地势低洼，常遭水患，及至水退，又屡为地方政府强行占用，作为公馆客馆。书院所藏书籍及教学用具，多被损坏。师生实在不堪其扰。道光十九年（1839）、二十年间，江南盐巡道沈兆沄（1783—1876，字莹川）见状，非常气愤，令人于书院大门外竖一石碑，上刻"永远禁止借作公馆"八个大字。自此无敢再强占者，此举深受书院师生的万分感激与百姓的交口称赞！《白下琐言》卷八记载："旧王府凤池书院，自改建以来，号舍讲堂，规模井井，原为童生肄业而设。讲堂之后，池塘亭榭，花木翁然，犹是孙氏五亩园之旧，过其地者辄流连不忍去。奈迭遭水涝，山长难以设帐其中，及水退时重加修葺，又屡为有司强借以作客馆公馆，久假弗归，视若固然。所藏书籍及各号器物，多被残失，不堪其扰。致令肄业生徒托足无所，大失旧守俞公殷殷培才之美意矣。己亥（道光十九年）庚子（道光二十年）间，天津沈公兆沄任盐巡道时，洞察其弊，于大门外竖石碑，大书深刻：永远禁止借作公馆。自是，其风乃革。可见好官之兴利除弊，前后固如出一辙也。"此后，凤池书院能移安稳地进行十几年的正常教学，沈公善举，功莫大焉。但是，好景不长，咸丰三年（1853）兵燹，凤池书院在劫难逃，遭焚无存。

　　同治七年（1868），江宁知府涂宗瀛（1812—1894，字海山）购武定桥大夫第以东新廊（其址在今南京市秦淮区长乐路琵琶巷小区）民房地基，建房舍二十七间，再创凤池书院，此其三址也。书院生童分上中二等，以课文童，不设内外课之名。每月初二，由一府两县学分别主持；十五日，则院长课之；二十三日，课以试帖律赋。师生等人的一切待遇，全部参考钟山、尊经、惜阴等大书院，江宁府负责，府属各县学博士轮班负责具体事务。《光绪续纂江宁府志》卷五记载："凤池书院，随同大书院一体与考。山长束脩三百两，火食一百二十两，节敬二十四两。课额：上，取二十名；中，取三十名，共五十名。初二日膏火，每月共二十八两，计十贴课，共银三百八两。又，十六日减半膏火，共银百四十两，计十课。又，二十三经古：上，取八名；中，取十名，每月十两四钱，共银一百一十四两四钱。与考之月，停课；闰月，照加。初二、十六、二十三，考试杂费，约需一千数百两。其凤池经费亦岁由淮南解银一千两，交江宁府收支。向章书院俱有监院，以在城六学博轮值之。"涂太守所定制度，具体细致，为凤池书院此后三十多年的平稳健康发展奠定了坚实的基础。

同治十年（1871），两江总督曾国藩（1811—1872）力荐麾下干员张裕钊出任凤池书院山长。张裕钊（1823—1894），字廉卿、方侯，号圃孙、濂亭，湖北鄂州人。道光二十六年（1846）湖北乡试举人。道光三十年，会试不第，改考国子监学正，中选，授内阁中书。在京供职二年，迁升无望，弃官南归。应聘主讲武昌勺庭书院。咸丰四年（1854），入曾国藩幕。同治十年，应聘主讲江宁凤池书院，达十二年之久。光绪九年（1883），辞职北上，后历主保定莲池书院、武昌江汉书院、襄阳鹿门书院。善书法，名重一时，有《张廉卿先生论学手札》行世。能诗精文，著有《濂亭文集》《濂亭遗文》《濂亭遗诗》等。

张裕钊在凤池书院期间，每月十六日，为数十名生徒讲授经史；二十三日，讲授诗词曲赋。在院十二年，呕心沥血，诲人不倦，培养了大批英才，如张謇、范当世、朱铭盘等，《冶城话旧》卷一称："凤池书院，武昌张裕钊尝讲学于是。张謇、范当世、朱铭盘相偕谒凤池书院，裕钊大喜，自诧一日得通州三生，时以为佳话。"三人都是当时的文苑精英，学界翘楚。

张謇（1853—1926），字季直，号啬斋，通州（今江苏南通）人。耕读世家，聪慧好学。庠生。同治十三年，入江宁发审局幕，其间，入凤池书院游学于山长张裕钊。光绪二年，入淮军吴长庆（1829—1884）幕；十一年，乙酉科顺天乡试中式举人。后历任赣榆选青、崇明瀛洲、江宁文正、安庆经古等书院山长。光绪二十年甲午恩科殿试第一甲第一名（状元），授翰林院修撰。未几，甲午海战，旋丁忧回籍。此后，投身实业救国，成效显著。宣统元年（1909），任江苏省咨议局议长。民国初期，历任实业总长、农林总长、工商总长、农商总长等。民国十五年（1926）八月二十四日，病逝于南通，时年七十四岁。著有《张季子九录》《柳西草堂日记》《啬翁自订年谱》等。

范当世（1854—1905），字无错，号肯堂，通州（今江苏南通）人。廪生，屡试不第。同治十三年，与张謇同谒张裕钊于江宁凤池书院，学古文法。光绪五年负笈出游，足迹几满天下。光绪二十一年，始归通州故里，任东渐书院山长。其后抱病与张謇筹办南通小学堂。光绪三十一年,病卒,时年五十二岁。文宗桐城,诗学汉唐。著有《范伯子文集》《范伯子诗集》。

朱铭盘(1852—1893),字俶俑,号曼君,江苏泰兴人。诸生。少有文名,博览群书,过目成诵。同治十三年(1874),与张謇、范当世同谒张裕钊于江宁凤池书院,习汉赋骈文。光绪三年(1877),入淮军吴长庆幕。光绪八年优贡,同年壬午科乡试中式举人。后一直以游幕为生。光绪十九年,病卒于金州(今辽宁大连)军营中,时年四十二岁。工骈体文,沉博绝丽;诗骨开张,风格隽上。《清史稿》称:"其学长于史,兼工诗文。"著有《四裔朝献长编》《两晋会要》《宋会要》《齐会要》《梁会要》《陈会要》《桂之华轩文集》《桂之华轩诗集》及《补遗》等。

张裕钊初到江宁凤池书院时,见书院后街名琵琶巷,灵机一动,遂于书院庭院中栽种一株枇杷树,谐其音也。十年后的光绪六年,枇杷树已绿荫如盖,不禁感慨万千,作诗记之。

书院庭中,枇杷一株,同治辛未之岁(十年)亲手种也,今十载矣。
垂荫满庭,而吾尚客此,感时抚事,为赋此篇

张裕钊

庭际枇杷树,当年手自栽。

十年今美荫,孤客未归来。

生事宁堪恤,时艰实可哀。

后来谁氏者,知我念如灰。

该年,张裕钊还应聘担任《光绪续修高淳县志》的总纂,全志共二十八卷,采辑繁富,凡民物之登耗、水利之变化、廨宇祠庙之兴废、田赋盐法之变更,均详加记载,为高淳地区的方志留下了浓墨重彩的一笔。

光绪九年(1883),应直隶总督李鸿章延聘,主持保定莲池书院。张裕钊离开了经营十二年的凤池书院北上,继续其毕生从事的教育事业。

光绪十年,江宁名儒秦际唐(1838—1908)应江宁知府孙云锦之聘。担任凤池书院山长。秦际唐自幼嗜学,游肄于钟山、尊经、惜阴三书院,咸丰十一年(1861)拔贡第一名。同治六年(1867)丁卯科江南乡试中

式举人，是公认的饱学之士。光绪六年（1880），第六次赴礼部会试不中后，即不再求仕。性严正，去伪浮，文本两宋，诗宗汉唐。虽苦志力学，仅一举于乡。乃与乡邦群彦，雍容讲习。专事授携后生二十余年，相从问业求学者甚众。所辑《凤池书院课艺》，惜佚无存。光绪十二年，孙云锦复聘秦际唐兼任重建的奎光书院山长，奎光书院位于城北盋山惜阴书院内，离市区较远。秦际唐不辞辛劳，往返于凤池、奎光两书院，传道授业，殚精竭虑。光绪十八年，秦际唐请辞凤池主讲，一心专事奎光教务。

光绪十八年（1892），凤池书院迎来了一位新主讲杨长年（1811—1894），这位金陵宿耆在学界名声十分响亮，虽然饱读诗书，深通经文，但是科举之路非常不顺。直至六十岁时的同治九年（1870），方中式庚午科江南乡试举人，授武进县教谕，以年老不赴。光绪初年，经李鸿章推荐，主讲上海敬业书院。光绪十五年，应两江总督曾国荃延聘，主讲江宁钟山书院。是名副其实的书院教育专家。光绪二十年，杨长年在凤池书院供职仅二年，即病逝，时年八十四岁。实在令人叹惋。此后，秦际唐复又兼任凤池书院山长至光绪二十七年书院改制。

光绪二十七年八月，清廷下诏废止全国各地书院，江宁全城各书院相继改制为西式学堂，唯凤池、尊经两书院改为校士馆，专门收纳未能进入新式学堂的举人、贡生、童生等，每月仍考策论、经义，评品等级，发放膏火。光绪三十年，校士馆复又停办。光绪三十二年，改为公立津逮两等小学堂。民国初年，改为新廊小学。民国七年（1918），改为第五国民学校。民国十九年，新廊与东西街道拓并，改名长乐路。恢复新廊小学名。1949年新中国成立后，改为长乐路小学。1958年，长乐路拓宽，长乐路小学门牌为107号。2017年，长乐路小学并入夫子庙小学，为夫子庙小学分部。2021年，划归南京秦淮外国语学校，挂牌为"南京秦淮外国语学校长乐路校区"，地址为长乐路135号。

奎光书院

奎光书院，原为鸡鸣书院，位于城北鸡笼山以东江宁府学（其址在今南京市玄武区北京东路41号）明伦堂东侧。江宁府学原为明国子监（南雍）所在地，清嘉庆十年（1805），江宁布政使康基田（1728—1813）于府学明伦堂东侧创鸡鸣书院，未几，罢废。嘉庆二十四年二月初一，江宁府学遭天火，殿宇烬毁。后经两江督署与江宁府署集合财力，方重建一新。《光绪续纂江宁府志》卷五记载："江宁府学，明之国子监也。自嘉庆二十四年二月朔，天火后，建置一新。"当时，招收童生读书的只有位于城南王府园的凤池书院，城北地区的童生赴凤池书院就读，往返城南城北，十分不便。嘉庆二十五年，江宁地方贤绅伍光瑜等倾情呈请两江总督孙玉庭，于复建的江宁府学明伦堂东侧，即原鸡鸣书院基址，创建奎光书院。《同治上江两县志》卷八记载："旧城北府学明伦堂左，向有鸡鸣书院，前布政司康基田建，旋废。嘉庆二十五年，邑人伍光瑜、陈灿勋、章贡金、端木煜、章沅、汪度等，请于制府孙玉庭，筹拨公项银二千两，发典生息，为院中膏火。改名奎光，以大成殿告成，有祥光也。道光二年（1822）夏，署太守周以勋定内外课。童生三十名，附课三十名，皆取北城之士，而院长即以二学博分课之。"值得一提的是，这几位邑绅居然能够成功劝说两江总督动用公帑，以建奎光书院，实在是件大好事。这六位邑绅是奎光书院创成的发起人，值得后人记住他们。

伍光瑜（1758—1830），字孚尹，号屏秋，江宁人。嘉庆十一年丙寅岁贡生，候选训导。无意进取，专以济人为务，恤嫠救生，疏河修路，不惜赀财。嘉庆十九年，议叙加主簿衔。精通《周易》，工诗文，以"卓行"称于时。著有《补园集》。

陈灿勋（1760—1839），字载常，号铭之，上元人。嘉庆九年甲子科江南乡试举人，选任国子监学正。家贫，淡于进取，授经自给，从学者众。性和厚，粹于学，从游者多知名士。里中有善举，多推为首。当事反复详究，必求无弊而后止。卒年八十岁。著有《香月楼集》。

章贡金，生卒不详，生平无考。《同治上江两县志》卷十四《科贡谱》记载"嘉庆十三年（1808）戊辰恩科江南乡试"上元县中式举人第二名为"章贡金，上元人"。又：传世黄庭坚《砥柱铭》书法手卷，历代题跋（十九）："道光元年（1821）春二月，上元章贡金，获观于自怡轩。"据此推定，章贡金，上元人，嘉庆举人。

端木煜（1758—1823），字星垣，号敬斋，江宁人。乾隆四十五年（1780）庚子科江南乡试举人。乾隆五十五年庚戌恩科殿试第二甲第二十一名进士，选庶吉士，散馆，授户部主事。以母疾告假归里，遂不复出。所学自经史百家，旁及诗词歌赋，靡不精究。里居三十年，恂恂如诸生，从不自鸣。卒年六十六岁。

章沆（生卒不详），字荆帆，上元人。嘉庆二十三年戊寅恩科江南乡试举人。嘉庆二十五年庚辰科殿试第二甲第四十七名进士，选翰林院庶吉士，散馆，授编修，改御史。历任福建道监察御史、山西雁平道摄山西按察使、长芦盐运使等。卒于官。

汪度（1777—1848），字郇楼、白也，号南庄、芳留，上元人。诸生，善诗，尤精于词，工楷法。早年馆于随园，与江南名士游，多有酬唱应和，有声于词坛。著有《玉山堂词》。

两江总督孙玉庭欣然接受了他们的建议，除拨公帑二千两发典生息以作生员膏火外，及时安排江宁府具体负责操办奎光书院的建设。道光二年（1822）夏，奎光书院建成。署知府周以勋按照总督孙玉庭的指示，拟定了生员定额：内外课童生三十名，附课生三十名，全部招收城北地区的童生；并规定由府学教授兼任书院山长，以利于教材、课考、津贴（膏火）、食宿诸方面的统一安排与管理。据《同治上江两县志》卷十三《秩官谱》记载：道光二年至咸丰三年（1853）的三十一年间，江宁府学教授共有六位，依次为沈廼崧、曹棨、王廷桢、何修道、尤炳文、朱光斑等。其中，有进士出身，也有举人选任，都是有真才实学的科举成功人士、职业教育家。由于府学教授的品级较低，能进入史志记载的大多仅录其名而已，因此，无奈只有阙如何修道（桐城人，举人）、尤炳文（高邮人，举人）、朱光斑（上海人，举人）三位教授的生平简介。兹将在相关方志中所搜之沈廼崧、曹棨、王廷桢三位教授的生平简介叙述如下。

沈遁崧（1781—1845），字金畦，号秋畦，庐州合肥（今安徽合肥）人。沉潜笃学，孝友性成。嘉庆二十二年（1817）丁丑科殿试第三甲第七十九名进士，授江宁府学教授。敦品饬行，矜式士林，常以"士先器识，而后文艺"为诸生勖，其门下者，多端人。辗转教职二十余年，六十五岁卒于任。

曹棠（1785—?），字嘉征，号戟三，庠名耀棠、行一，松江府上海（今上海市）人。道光元年（1821）辛巳恩科江南乡试举人。道光九年己丑科殿试第三甲第五十九名进士，授江宁府学教授。恪守会试业师陈銮（1786—1839）庭训，兢兢业业，忠于职守；扶掖诸生，不遗余力。累官至翰林院侍讲。

王廷桢（? —1857），字正声，通州（今江苏南通）人。肄业于通州紫琅书院，嘉庆二十四年己卯科江南乡试举人，拣选江宁府学教授，累官至奉天复州（今辽宁大连瓦房店）知州。卒于任。

咸丰三年（1853）兵燹，江宁府学及奎光书院均遭焚毁无存。同治四年（1865），江宁府学迁至朝天宫重建，奎光书院则因经济等各方面原因，没有随迁或重建。直至二十多年后的光绪十二年（1886），江宁知府孙云锦借用惜阴书院的碧琅玕馆，辟为奎光书院。延聘凤池书院山长秦际唐兼任奎光书院山长。自此，奎光书院消失三十多年后，终于浴火重生，再现江宁学界。

再生的奎光书院，一改以前制艺应试的办学宗旨，而是仿效惜阴书院，以经史古文诗赋为主，目的是增加并开拓在院诸生的知识厚度与宽度，动心忍性，期塑于国于民有用之才。山长秦际唐因势利导，将优秀学生的文章编辑成册，即《金陵奎光书院课艺》和《奎光书院赋钞》，使在院生童人手一册，相互学习，共同提高。

兹将存世的两部奎光《课艺》，分述于下。

一、《金陵奎光书院课艺》，光绪癸巳（十九年，1893）中夏望日，三益斋印行。山长秦伯虞（际唐）先生鉴定，上元叶廷琦（字少堂，举人）、邱廷銮（字伯和，拔贡）编校。全书不分卷，由《赋》《试帖诗》《古体诗》《律诗》《绝句》五部分组成。即：

《赋》四十二题九十三篇，题例如《"汉高祖为亭长，常从王媪武负贳酒"赋》《"陈蕃在郡，为徐孺子特设一榻"赋》《寒蝉赋》《"吏行冰上，人在镜中"赋》《"一帘红雨杏花风"赋》《"蟹眼已过鱼眼生"赋》《"花为四壁船为家"赋》等；

《试帖诗》二十一题三十五篇，题例如《疏柳一旗江上酒》《蓬莱文章建安骨》《青山髣改旧时容》等；

《古体诗》四题五篇，题例如《苦旱行》《访昭明太子读书台遗址》等；

《律诗》九题十七篇，题例如《读陶靖节诗》《读吴梅村诗》《访随园遗址》《落叶》《眼镜》等；

《绝句》五题八篇，题例如《后湖棹歌》《雨花台晚眺》《读国朝人诗》等。

全部共八十一题一百五十八篇，出自四十五位在院生徒之手。间有眉批，每篇末有评点，无序跋。

二、《奎光书院赋钞》，光绪十九年（1893）夏订，何陋屋开雕，山长秦际唐（伯虞）先生鉴定，及门诸弟子参校。扉页有广告："江宁城南聚宝门三山街大功坊郭家巷内秦状元巷中李光明庄，自梓童蒙各种读本，拣选重料纸张装订。又：分铺状元境，状元境口状元阁发售，实价有单。"全书选录光绪十二年至十九年之间历届在院生徒创作的优秀赋体诗，分作五卷，共计四十九题一百零三篇，均出自四十三位历届在院生徒之手。题例如《"扬雄梦口吐白凤"赋》《"大将军有揖客"赋》《"梨花满地不开门"赋》《"东坡偕张怀民步月承天寺，见庭中竹柏影如水中藻荇"赋》《"江上青山送六朝"赋》《寒蝉赋》《"朱衣点头"赋》《"陈平分社肉甚均"赋》《"旧时王谢堂前燕"赋》《"蜘蛛隐"赋》《"白头宫女闲坐说明皇遗事"赋》《"红藕香残玉簟秋"赋》《〈堕泪碑〉赋》《"魏武帝横槊赋诗"赋》《"蓬莱文章建安骨"赋》《"汉武帝诏举茂才，异等可为将相及使绝国者"赋》等。篇末有评点，间有眉批。眉批皆简单中的，如：空中伏脉、笔力劲绝、括得住等。山长秦际唐作序。

《奎光书院赋钞》序

秦际唐

金陵自戡定后，文教振兴，日新月异，岁不同，迄今几一世。虽童子操觚，往往具老成法度。省垣故有奎光书院，丙戌（光绪十二年）之岁，孙桐城师（孙云锦）守江宁，始兴复之。延主斯席，假馆盋山。所居去市远，蓬蒿三径，足音盖希；回溯旧游，大半宿草。既无复师友讲习过从之乐，不能无所遗以没吾世。乃都数年所业，遴其尤者，汇成一帙。连琴瓠瑟，物外赏音；尘世筝琶，殆非同调。都人士传抄既数，爰付剞劂，用不没作者苦心。至若研京练都，方轨前良，有馆阁诸巨制在。兹之所编，则固以童子之师，次童子之作云尔。

光绪癸巳（1893）暮春之初，上元秦际唐叙于盋山之碧琅玕馆

这篇序文，言简意赅，信息量不少。其一，自同治三年（1864）至光绪十九年（1893）的近三十年间，南京的文教事业获得极大的振兴，日新月异，逐年进步；其二，咸丰三年（1853）废毁的奎光书院，终于在三十多年后的光绪十二年由知府孙云锦重新创建；其三，秦际唐受聘担任奎光书院山长，同时还任凤池书院主讲，往返城南城北，讲习授课，不辞辛劳；其四，编辑《奎光书院赋钞》的目的，主要是使在院童生的优秀作品能够获得学界的认可与流传，不至于埋没无闻。文中，虽略有伤感，但总体上呈现的是积极向上与包容豁达。

光绪二十七年初，秦际唐辞奎光山长，专务凤池书院。金陵硕儒名家陈作霖应江宁知府王毓苹延聘，任奎光书院山长。《可园备忘录》卷四记载："光绪二十七年辛丑，六十五岁，二月，王鹿峰太尊延主奎光讲席，课诸童诗赋。"陈作霖是位资深的塾师，授课童生更是驾轻就熟。任职仅半年多，就培养了十几名童生经考核进入县学，成为秀才出身的庠生。《可园备忘录》卷四记载："光绪二十七年辛丑，十月，学院两次案临，春日经塾入学者十二人：洪乃文、叶宝和、叶文林、周良熙、万汝珍、李勋、陈振鹏、陈宗炎、王世松、宋维宝、骆钟麐及侄诒庆也。秋日五人：文学、吕延平、王濮、汪埰、黄煌元。"但是，该年岁尾江宁尽罢各书院，奎光亦在其中，改为上元县小学堂。所幸的是陈作霖也被任命为新学堂的正教习（堂长）。"光绪二十七年辛丑，废钟山、文正、

惜阴、奎光四书院，罢八股、诗赋。尊经、凤池改名校士馆，策试四书经义、策论。城中创立省、府、县三学堂。十二月，奉府尊照会，延为县学堂正教习。"为了办好上元县小学堂，可园先生甚至租住龙蟠里民宅，以便全身心投入新学堂的建设。他还专门为新学堂撰写了大门和讲堂的楹联。

大门楹联：

庠序追三代，衣冠盛六朝。

讲堂楹联：

天际耸钟山，龙气郁蟠毓秀，开文明世界；
人才储小学，驹阴珍惜养蒙，得圣道阶梯。

虽然改名为学堂，但其办学的目的还是为县学输送人才。《可园备忘录》卷四记载："光绪二十九年癸卯，六十七岁。秋日，学使按临，经塾入泮者七人：李经邦、兰芬、刘庆昌、黄尔昌、杨宝琛、周晋修、朱源。"这种换汤不换药的局面仅仅维持三四年，即告彻底结束。光绪三十三年（1907），两江总督端方（1861—1911）将上元县小学堂迁至马府街。其龙蟠里旧址即原惜阴书院，全部改为江南图书馆。翌年初，为褒奖陈作霖数年教学之辛劳，改任为上元县小学堂名誉堂长，并保荐其为候选知县。《可园备忘录》卷四记载："光绪三十三年丁未，七十一岁。（督署）将筑藏书楼于龙蟠里，移县学堂于马府街以让之。光绪三十四年戊申，七十二岁。正月，卸县学堂事，改为名誉堂长。以本堂毕业劳，保候选知县。"此举对可园先生来说，应该算是最理想的结果。至于上元县小学堂，进入民国以后则改为升平桥小学。民国《新南京》第六章称："升平桥小学，源于光绪二十八年之上元高等小学。"及至1930年南京城市建设，其中，一，将大中桥至升平桥、中正街东西一线拓宽，辟建为白下路；二，将吉祥街、花牌楼、门帘桥、太平街南北一线拓宽，辟建为太平路。位于马府街与白下路之间的升平桥小学，东靠太平路，南临白下路，处于拓宽红线以内，故被拆无存。奎光书院的最后一丝遗痕，从此消失殆尽矣。

文正书院

文正书院，位于江宁淮清桥东北之八府塘（今南京市秦淮区长白街中段东侧，即今长白街100号金陵科技学院白下校区），始建于光绪十六年（1890），《首都志》卷十六记载："德宗光绪十六年春三月，始课文正书院。"时任江宁布政使的许振祎（1827—1899）为感谢并纪念原两江总督曾国藩的知遇提携之恩，而专门创设该书院。《金陵胜迹志》卷二记载："文正书院，在八府塘侧，为许方伯振祎所建，以奉曾公香火，并课士子文赋。园中亭宇花木最为幽旷。"因曾国藩谥号"文正"，所以书院命名曰文正书院。书院有两项功能：一为专祀曾文正公国藩之神位；一为招录有志举业的士子就读其中。故书院的办学宗旨主要为培养科举人才，教授内容以八股制艺为主，附带策论、诗赋，所选山长也必须是科举及第的成功士子。遗憾的是未及确定人选，许振祎就迁任东河河道总督，故文正书院山长一直未定，不期竟阙如数年。依例由上元县代为管理，其间，知县王芝兰曾专门设四仲课以试诸生。

光绪二十一年初，两江总督张之洞发现文正书院久无山长的实际情况，即致信其好友时任河南敬敷书院主讲的黄体芳，力邀其担任文正书院山长。

黄体芳（1832—1899），字漱兰，号莼隐，别署瘦楠、东瓯憨山老人，浙江瑞安人。肄业于杭州诂经精舍，咸丰元年（1851）浙江乡试第八十九名举人。同治二年（1863）癸亥恩科殿试第二甲第十名进士，选庶吉士，散馆，授编修。历任詹事府少詹事、内阁学士、江苏学政、兵部左侍郎、左都御史、通政使司通政等，著有《漱兰诗葺》。黄体芳乃清末著名清流"翰林四谏"之一，与同为"翰林四谏"的张之洞交谊深厚，加之其曾任江苏学政多年，任内创建江阴南菁书院，是当时学界响当当的人物。光绪十七年致仕后，一直在河南大梁、信陵、敬敷诸书院任讲习，担任山长应该是最佳人选。黄体芳到任后，推行"黜华崇实，以敦品学"的方针，振兴教风，表彰学行，取得很好的效果。但是，令人惋惜的是，当年十二月黄体芳应邀赴沪参加组建上海强学会，辞去文正书院之职。为保护好文正书院的发展势头，张之洞复函聘丁忧在家的新科状元张謇（1853—1926），邀请其担任文正书院山长。张謇《柳西草堂日记》回顾道："光绪二十一年十二月二十四日，得南皮（张之洞）书，聘主文正书院。院故创自许藩台（振祎），以报曾文正公（国藩）者也。"接到张之洞的邀请后，张謇即准备书籍与行装，拟于春节后赴任。

曾国藩像

光绪二十二年（1896）正月初五，张謇携二随从，启程赴江宁上任，前后忙了二十多天，才正式开堂授课。《柳西草堂日记》回顾道："光绪二十二年二月五日，启行，以须就馆江宁（文正书院）；十二日，至下关，遣六九、张文定先送书箱至院；十七日，至院，院中屋宇甚多；十八日，粪除屋宇；十九日，拜客，是晨诣曾文正祠展拜；二十八日，开课。"张謇根据两江总督刘坤一开课以八股制艺为主的建议，增加策论与律诗，形成了一套完整的教学大纲。经过五年的教学实践，取得了非常理想的效果。光绪二十六年，张謇将光绪二十二年丙申至光绪二十六年庚子五年间优秀生徒的制艺文章，编辑成《文正书院丙庚课艺录》，并亲自撰写长序。

《文正书院丙庚课艺录》，光绪二十六年六月刊，为制艺专集。院长张季直（张謇）先生鉴定，肄业诸子校字。全书共收录制艺文章三十二题一百二十六篇，出自二十九位历年在院诸生之手。每篇文末，有评点。张謇作序。

《文正书院丙庚课艺录》序

张謇

自布政使奉新许公（振祎）以湘乡曾文正公（国藩）再造江南，而在江宁尤久。建立书院，俾邦人士永无穷之讴思，于是，江宁有文正书院。其课：先以一制艺、一律赋及七言十二韵长律诗为格。二十二年（1896），謇承瑞安黄先生（体芳）后，为院都讲。中值圣天子诏："天下州县立学堂，废制艺、律赋，试用策论。"不两月而制艺复，大府（两江总督刘坤一）议以策论代律赋，诗不限长律，稍变通焉。前后凡五年，一书院因革损益如此。

夫文与学，同途而殊轨者也。文为道华，而学为事干；华甚美弗实，而干虽小无虚。汉之射策、唐之诗赋、宋之策论、明之制艺，各适乎时，以为取士之术，其为文，一也。三代取士，则有德、有行、有艺。孔子之门，高第弟子之科，有德行、言语、政事、文学。徒用文而已，则策论、诗赋、制艺，文之类大要，赅矣。必以学焉，则礼也、乐也、射也、御也、书也、数也、名法也、儒墨也、农工商兵也，学不一途，文亦不一家。泛乎陈理道之言，十问可对九，十测亦不失四五。专乎事而言，则非所习焉，十问而九穷，十测不能一二中也。

人亦有言："制艺，验其所学，而非所以为学。"夫诚使上之于士，自其乡学之年，即各责以专家之业，而又有文焉。而试士者诚知文，则文者赘焉耳？赘，可玉、可帛、可羔雁、可雉，制艺与策论、诗赋也，奚择？反是焉，习之非素而又不专，而藉赘于文，下积岁月之揣摩，上凭一日之冥索，无论制艺也，策论、诗赋也，不必不得人而得，故鲜矣。世之好狡讦不察本末者，往往是己而非人，喜同而恶异。或乃彼此倏忽，丹素易色，护一瞬之时局，以为百王之大经。毋乃庄生所谓朝三暮四而众狙怒，朝四暮三而众狙说（悦），名实未亏而喜怒为用者欤？！

国家功令县府："乡、会、殿廷诸试，兼制艺、策论、诗赋命题。"而以制艺之文，演程朱而尊孔孟；视之尤重而试之尤数。自非英绝瑰伟瓌异之才，得老师之传，锐精十年，其必不能一一窥其藩阕，审矣。而天下岁岁试士，曰：得士，得士。夫如文正公，则亦曷尝不阶焉与凡为士者并进。故曰：制艺、策论、诗赋，不必不得人。江宁人士，披公泽而薰其风教，久矣。意其有兴者乎？而前马之导，謇又弗胜，徒于风晨雨夕，登飨公之堂，慨然思公生平阅量通识，高睇而深虑。旷乎，不得复见其人也！

今年，有请录院课诸文，以质当世谈制艺、策论、诗赋者。是固诸生甘苦所在，又适际功令因革，足备一方掌故，遂择而录之。而断以叨与诸生讲论之年，名之曰《丙庚课艺录》云。

这篇序文，洋洋洒洒七八百字，非常全面地记述了文正书院的创建目的和办学过程中的变化，在当时即将彻底废除科举的大环境下，客观中肯地阐述了清末文教界彷徨无适、不知所以的尴尬处境。"赟，可玉、可帛、可羔雁、可雉，制艺与策论、诗赋也，奚择？"并尖锐地指出，改书院为学堂，实为换汤不换药之举。"毋乃庄生所谓朝三暮四而众狙怒，朝四暮三而众狙说，名实未亏而喜怒为用者欤？！"因此，张謇在文正书院五年，坚持教化为先、学以致用的原则，不受外界干扰，培养了不少有用之才。其中，较为突出的外地生员有江谦（1876—1942，字易园，江西婺源人）、陆宗舆（1876—1941，字闰生，浙江海宁人）、束曰琯（1871—？，字劭直，扬州江都人）、江导岷（1881—1947，字知源，江西婺源人）、郭鸿诒（1875—1953，字礼征，安徽亳县人）等。兹仅将部分南京籍生员即金还、吴鸣麒、郑谦、茅乃登、孙启椿等人的生平简述如下。

金还（1857—1930），字仍珠，号花仲、拙巢，上元人。少从冯煦（1844—1927）专习词赋，弱冠入泮，授徒养家。光绪十一年（1885）江南乡试举人，会试挑选誊录，议叙知县，不赴。肄业文正书院，借月试膏火以补不足。后入制军大人赵尔巽（1844—1927）幕，随宦山西、湖南、东北等地。民国初期，历任财政部次长、中国银行总裁等职。

吴鸣麒（1861—1935），字麔伯，号蓬庵、蓬然，上元人。先后肄业尊经、文正两书院，光绪十五年江南乡试举人，三年后，大挑补授江西知县用，历任安义、南丰、永兴、兴安、彭泽等地知县。民国以后，寓居沪上，以律讼维生。著有《蓬然觉斋诗集》。

郑谦（1876—1929），字鸣之，号觉公，祖籍溧水，寓居江宁三坊巷（今南京市秦淮区长乐路与中山南路交叉路口东北侧）。诸生，肄业文正书院，光绪二十三年为云南总督李经羲（1860—1925）之子代写应试文章，获酬三千元。后东渡日本，入东京政法大学深造。学成归国，经李经羲举荐，历任云贵总督署参事、安徽国税厅坐办、广东政务厅长、黑龙江政务厅长、国务院陆军部参事、东三省保安司令部秘书长、江苏省省长兼军务督办、东北保安司令部秘书长等，卒于沈阳。著有《觉公诗文集》。

茅乃登（1875—1934），字春台，祖籍镇江丹徒，寓居上元老虎桥（今

张謇像

南京市玄武区进香河路老虎桥）。附生，肄业文正书院。忠厚木讷，不善言辞。历任江苏通志局分纂、思益小学教员、《中外日报》驻南京记者、江浙联军司令部秘书部副部长等。民国二十三年（1934），病逝于南京寓所。著有《辛亥光复南京记事》。其子茅以升（1896—1989）为我国著名桥梁专家。

孙启椿（1873—1932），字绍筠，号少云、漆圃，江宁人，家住承恩寺王府园（今南京市秦淮区中华路锦绣坊王府园）"廉园"。肄业钟山、文正两书院，光绪二十三年（1897）丁酉科江南乡试举人，考职分山西以知县用，历任陵川、绛县等地知县。后辞官归宁，经营实业，领租后湖，养鱼种稻，甫有成效。地方乡绅咸知其才，荐为江苏省咨议局、临时议会议员，江苏官产处处长等。曾参与中山陵园筹备事务。《清诗纪事》收录其诗一首。

光绪二十七年三月十四日，已经作好实业救国的张謇，决定辞职回南通全身心投入发展民族工业，行前推荐江阴南菁书院山长丁立钧（1854—1902，字叔衡，江苏镇江人）接任文正书院掌教，《柳西草堂日记》记述道："光绪二十七年三月十四日，写辞文正，举叔衡自代第二启。"然丁立钧以风疾辞。未几，是年八月，文正书院废止，改为江宁府中学。民国以后，改为江苏省立第一中学。《里乘备识》记载："文正书院，改建学舍。奉新许文敏公振祎，承宣江宁时建。盖表率师事曾文正公遗意，右八府塘。既改为江宁府中学，旋改为江苏省立第一中学。"1937年12月，日寇侵占南京，废毁。1945年8月，抗日战争胜利后，设为空军子弟学校。1949年9月，南京解放后，改为南京市第七中学。1980年，创立南京金陵职业大学；2005年，改为金陵科技学院，地址位于南京市秦淮区长白街100号。

华阳书院

华阳书院，位于句容城关原明清时期江苏督学御史衙署以东（其址在今句容市华阳镇西大街 60 号即句容市人民医院内），始建于明万历四十年（1612），督学御史熊廷弼（1569—1625）创建。清康熙三十六年（1697），提督江南学政张鹏翮（1649—1725）将皇帝玄烨第二次南巡（康熙二十八年，1689）至杭州表彰他在浙江巡抚任上廉洁奉公，所赐御书"怀冰雪"三字，于学政衙署内刻碑建亭，曰御碑亭，以示永久。雍正十年（1732），江南学政衙门从句容迁至金陵下江考棚，原衙院遂成空置。乾隆六年（1742），句容知县宋楚望将空置的学使衙院内之"知本堂"辟为华阳书院，捐俸延师讲学其中。

宋楚望（生卒不详），字荆州，号恒斋，湖北当阳人。雍正十一年癸丑科殿试第三甲第一百五十二名进士，授句容知县。后历任丹徒知县、太仓直隶州知州、常州知府、松江知府、徐淮兵备道等。所至劝农育士，恪尽职守。在句容，创办华阳书院；莅丹徒，建立鹤林书院；知常州，兴复龙城书院。政绩显著，时称循吏。著有《太镇海塘纪略》《公门果报录》《官箴书集成》等。

《嘉庆重刊江宁府志》卷十六记载："华阳书院，旧在句容察院东，万历四十年，学使熊廷弼建。国朝康熙三十六年，圣祖仁皇帝御书"怀冰雪"三字，赐学使张鹏翮，因建御书亭。雍正十年后，学使改驻金陵。乾隆六年，知县宋楚望以旧学使院知本堂为华阳书院，捐俸延师讲学其中。"此华阳书院初始之梗概也。及至咸丰三年（1853）兵燹，书院遂废弛无闻。

同治四年（1865），新任句容知县周光斗巡视县境，见华阳书院虽显破损但屋宇还在，决定捐资重修，《光绪续纂江宁府志》卷五记载："华阳书院，尚存，亦未修。知县周公光斗，创新书院以教士，自捐廉也。"并增购院西民房一所，五进三十余间，尽改为华阳书院。此后，历任知县大多积极参与华阳书院的建设与管理，使书院的经济来源及规章制度，不断提高并日益完善。《光绪续纂句容县志》卷三记载："华阳书院，旧在县治东北隅，督学试院之西。兵燹后，圮废无存。同治四年，知县周光斗捐绅富购治西民房一所，前后五进，计三十余间，改为书院，仍沿华阳旧名。时虽有书院，未设课也。八年，知县龙寅绶履任，始行开课。九年，李公宝始定每月一课，超、特、上、中各四名；裘公辅又加超、特、上、中各一名，皆自捐廉给奖。光绪六年（1880），知县袁照，稍稍清厘旧时院田（并有积款，乱后已无从查考矣），谕院董黄辂等，撙节办理。继莱阳张公沈清至，捐廉加奖，又增设小课。赵公受璋至，加奖倍之。迨武冈邓公炬，来权邑篆，力为整顿，首捐俸银一千两为之倡，复谕董骆文凤、张澍、田进道、张恩福等，筹捐绅富，集成巨款。除修治讲堂，购买书籍存院外，余款存典生息（旧存款：洋一百元，钱七百四十千，黄辂、田进道经手；新捐款：洋一千五百元，存源裕典生息，骆文凤经手），作津贴诸生膏火之资。并添设师课，聘请山长（其山长束脩及官课膏奖、师课加奖，均系捐廉）。又举在院之优于品学者，为斋长兼掌书籍（一切章程详后）。二十五年（1899），皖桐张公绍棠，来宰斯邑，甫下车，即留心文教，除奖赏正课、师课外，复择尤加奖，其嘉惠士林至矣！今黄侯傅祁踵行之。"此段记载，清楚明白，详尽叙述了华阳书院从同治四年（1865）至光绪二十五年之间的沿革及发展情况，特别是实行董事制，创新并开辟了书院管理的新形式；增设斋长制，推行并强化了在院诸生自我管理的新途径。这些成功的办学实绩，都离不开历任知县，即周光斗、龙寅绶、李宝、裘辅、袁照、张沈清、赵受璋、邓炬、张绍棠、黄傅祁等人，在经济上的大力支持与实践中的细致指导。

光绪二十三年，知县邓炬拟定书院章程。该章程内容丰富，细致全面，涵盖了书院的办学宗旨、培养目标、教学形式、经济保障等方面，具体清晰，值得后世借鉴。

华阳书院章程

邓炬

书院自兵燹（咸丰三年）后，坛坫久虚，清风辍响。官斯土者，时亦捐廉开课，而一日之间发题呈卷，四境人士，鲜克与课。是以文风历年未振，声教莫讫，有司过也。兹即旧址捐廉修葺，币聘院长，为学者津寄；欲令诸生咸集横舍，质疑问难，有所依据。爰订章程若干条，列之于左。

一、经师、人师，古称难得。苟得其人，乃足振士风而传朴学。书院山长，应由邑绅禀举品学兼优者，请县订关。近日，书院讲席，县官多持作情面，至公举景仰之人，庶无斯弊。

一、院长必请到馆，诸生得以亲炙面命耳提，乃有裨益。鲁通父云：绝遥领旨哉言乎。[鲁一同（1804—1863），字兰岑，号通甫（父），主讲徐州云龙书院。]

一、为人必先立品，为学必先辨志。儒先《教条》《学规》，言之凿凿。凡在院肄业诸生，务宜砥砺廉隅，敦崇学业。如逾闲荡检自暴弃者，院董禀知院长，即行逐退，以谨院规而端士习。

一、每年除正腊两月不课外，每月酌定三课：初三，官课，四书文一、试帖诗一，限当日缴卷；十三日，师课，四书文一、试帖一、律赋一，限次日缴卷；二十三日，师课，经解一、史论一、时务一，乡试之年，或以经艺代经解，亦限次日缴卷。院长评定甲乙，仍缄送县，再行榜示，以昭慎重。

一、此邑文苑，代有闻人；近日科目，罕有作者。得毋应试之学有未至乎？书院向有官课，试时文、试帖，兹复仍之。增师课于时艺之外，添一律赋，愿诸生弋取科名，为他日蜚声艺院张本。惟作时文不根据经史，不知古今世变，乌能代圣贤立言，以羽翼经传。即诗赋所以润色鸿业，《汉志》《六略》别立一家，固非典瞻渊微不为能事。而从容讽议、陈古砭今，尤宜博通经史，故再增师课，课经解、史论，以视诸生平日枕胙之功。

一、课士之法，宜有序有物，各就其性之所近，使为孤诣；不可以浩博无涯之事，求备一人。故胡安定（胡瑗，字翼之，北宋学者，祖籍陕西子长县安定堡，故时称安定先生）分经义治事，因质教授，后世宗其成法。然礼乐者，道之体也；兵刑者，道之用也；经传者，礼乐兵刑之籍也。故汉儒以《春秋》决疑狱，以《礼》定郊禘大典。董仲舒、公孙宏（弘）、倪宽，咸以经术润饰吏事，自经生徒守空文；为管（管仲）、商（商鞅）、申（申不害）、韩（韩非）之学者，出持政柄，而经与事遂分。兹愿诸生考证圣经，端其根柢，坐论起行，乃为有用之学，故课以经解兼策时务。

一、经学史学，各有专家；欲取兼通，谈何容易。然治经者必读史，治史者必通经。观其会通，不可偏废。历代因时为治，积事成史，礼教虽有不同，要皆直接圣经贤传，为事准鉴。古今事变之赜，天人相与之微，因革利病之端，见之深者，可以发摅义理，有功载籍。至《史记》《两汉》，儒先师说，多出其中；班书（班固著《汉书》）尤无俗字，古人之假借通用，可以考见崖略。为治经者识字之助，兹愿诸生刚日（农历逢甲、丙、戊、庚、壬，为单日，称刚日）柔日（农历逢乙、丁、己、辛、癸，为双日，称柔日）蕴为通儒，故兼治经史。

一、学古所以通今也。以古之道，絜今之时，得所折衷，自不流于杂霸。然荆公（王安石）执拗，亦有泥古之失。故士人读书，当于古今事变之赜，推究因革、损益、得失之由，以为康世之具。近日洋务，此非所谓古今之变耶？史公曰："世异变，成功大。"又曰："好学深思，心知其义。"又称："因时为业，据为资。"可知通变趋时，存乎俊杰。故时务之课，尤亟亟焉。

一、时务之学，所包者广。统中学西学而言之，曰：掌故学，《三通政典》之学，以及天文、地舆、兵家、边务、律令、测算、考工、方言、格致、农桑、矿务，为学不一，浩如烟海。尤非凭空可以臆说，必先购置各书，殚力研求，乃能得之于心，宣之于口。书院规模草创，经费太绌，未能多藏书籍。甚望后任同志者，俟筹款稍充，陆续购弃。以书籍益人神智，以人材为国羽仪，匪徒匡其陋劣，未逮已也。

一、近日，鄂督南皮尚书（张之洞）视蜀学，日述《輶轩语》，分行、学、文三科，乃用"保氏乡三物"教人之义；又为《书目答问》，部居系分，示人门径。袁观察（袁昶，字爽秋、重黎）《中江讲院章程》谓：宜人置一本。今师其意，庶茫茫学海得其津梁。

一、每课名次，本因文抑扬，则每月膏奖亦随课升降。官课则由县捐廉，师课则以存款之息、院田之租，按时支用。俟续有捐款，再随时酌加。

一、应课生童名数，以每年二月初二甄别，有名为定。如因事未与甄别者，准次月随课补考，为案送录。惟钞录陈文者，除不取外，并扣除其名。不准续考，以示愧励。

一、凡书院正附课名数，皆有定额，兹特不著为例。盖恐佳卷太多，因额降屈；或一课佳卷偶少，因额敷数，反失激扬敦劝之意。至膏奖多寡，仍以每月所入之款为度，不以一次取数偶少，致留有余。

一、院长每岁修金，洋一百六十元；火食，洋八十元。斋长每岁薪资，洋三十六元。一并由县按季捐廉致送。其间，如前后任交接，按日分摊，以昭公允。

一、捐有成数，分存本邑源裕、源记两典生息，按月由县取给诸生膏奖。又：旧存洋一百元，钱七百四十千文。由（院）董暂存各铺，按月取息，并给膏奖。

一、院田清查，垦熟田：一百一十三亩一分；地，十九亩五分。已县署存案，书院泐碑，冀垂久远。每年院董收租，除完课外，并同存款之息，取给诸生膏奖。酌提三成，存作岁修书院之用。如一岁无修葺工程，即以此款为增购书籍。每年用数，院董造册报销，以昭核实。

一、官课：点名给卷，诸生先期报名，礼房备卷，由本官给发卷资。至报名造册书办，本应从公，不得藉为索费。师课：则由院董备卷，卷资取诸公注，以免赔累。

这篇《章程》作者邓炬，是当时句容知县，不是科举出身，乃捐职授任的七品官。但是，细读这篇《章程》，一位鲜活的勤政为民父母官跃然眼前，《章程》记述的办学宗旨、指导思想、师资条件、生员来源、授课内容、经费收支、财产管理、奖惩制度等，为后世研究清代书院的发展概况，提供了十分丰富翔实的历史资料和无限广阔的想象空间。

此外，邓炬还对华阳书院藏书管理及生员阅读办法，制定了相应的规定条例。

储院书目

《十三经注疏》，一百六十本；石印《正续皇清经解》，六十四本；石印《资治通鉴正续编（明纪附）》，四十八本；《二十四史》，二百本；石印《汉魏丛书》，十六本；《正续皇朝经世文编》，三十二本；《古文渊鉴》，三十二本；《五子近思录》，四本；石印《文献通考》，二十本；《郡国利病方舆纪要（二种）》，一百二十本；《困学纪闻》，六本；《日知录》，六本；石印《康熙字典》，六本；石印《佩文韵府》，二十四本；石印《段氏说文》，八本；《正续古文辞类纂》，二十四本；《古文雅正》，八本；《昭明文选》，十本；《楚辞》，四本；《唐宋诗醇》，五本；《赋钞笺略》，八本；《五诗别裁》，四十本；石印《四书文》，八本；《小题传薪》，十本；《策学纂要》，二本；石印《瀛环志略》，四本；《各国时事统编》，四本；《钦定数理精蕴》，四十本；《则古昔斋重学几何算学（三种）》，二十本；石印《九章算术》，四本。

以上各书，最为切要。其余应涉猎旁览者，无虑数百种。兹因诸事草创，域于经费，未能多储，以期陆续添补焉。所有规条，开列于后。

一、诸生看书，不准径将全部携出。只准先取一二本，俟看完，再向邺架调取。若此，则一部书可备数人看矣。

一、院内之书，只准诸生在院翻阅。不准借给他人，并不许自行带出，以防遗失。斋长有管理之责，应认真稽查，毋徇情面。

一、诸生翻阅书籍，要格外爱惜。固不可有沾污秽，即书角、板口，阅时留心，以备藏之久远。

一、各种书籍，每年于盛夏伏中，晒三天。届时，管书应督率，谨慎将事，毋许稍有损伤；阵雨，亦宜预防之。

华阳书院的收入来源有二。一为乡绅黄辂、杨世盛、杨世沅、杨宝书、杨雨霖、杨成斋、杨让臣、朱佩绅、杨履谦、俞秋浦、杨懋官、包炳南、笪乐山、吴中立、张信成、徐秋池、孔昭炘、张浚泉、杨国华、高炳泉、戴凤池、陈志贵等二十余人捐款，多者二百，少则二元，共计银洋一千二百一十二元；加上旧存洋一百零七元四角，一并发典生息。一为官拨田地，分别位于句容黄梅之夹城村、油榨村、西社村、华阳之龙王庙、西偶墅村，以及句容与溧水交界地等六处，多者二十余亩，少则七八分，共计田：一百一十三亩一分；地：十九亩五分。收租以供书院师生费用。正是这些固定资产保证了华阳书院的健康运转与平稳发展。

光绪二十七年（1901），清廷颁令全国书院改为学堂，由于华阳书院建制与制度十分完善，只需稍加调整，即能按照西式学堂进行正常

华阳书院旧址

的教学。至光绪二十九年，顺利改为句容县立第一高等小学堂。民国三十六年（1947）八月，改为句容县立简易师范学校。1957年10月，句容县人民医院迁入。2003年，华阳书院建筑整体搬迁至句容市华阳镇西的葛仙湖公园，书院为明清硬山顶建筑，共三进，一进为平房，二三进为二层楼房。梁间施青绿彩绘，后门有砖雕，是园内一处靓丽的休闲旅游景点。现辟为句容市博物馆。1996年，被列为句容市文物保护单位。

珠江书院、同文书院

珠江书院与同文书院，都是清代江浦县（今南京市浦口区）境内的书院，并同为明代江浦文会衍生而成的书院。江浦文会，是明代隆庆时期（1567—1572），知县王之纲为教养江浦士子，专门捐俸，在县域内设立的十处供乡绅文士讲学论道的场所。其十处文会的具体地址：文昌会（在江浦县城南门外定山祠文昌阁）、泰茅会（在江浦县城内三茅殿）、晋接会（在江浦县城西门外接待寺）、玉虚会（在浦镇玉虚观）、西清会（在浦镇西门外西门馆）、东华会（在浦镇东门外天妃宫）、石渠会（在江浦县城南桥林镇）、青琐会（在江浦县城北青山寺）、三元会（在江浦县城北东葛镇）、南宫会（在南京朝天宫）。王之纲置田一千二百余亩为会费，以赡学子聚讲费用。王之纲亲自撰文以纪其事。

文会序
王之纲

江浦，故文献地。予始至浦，阅诸士文，彬彬可观。尝立文会四，若文昌、青云、三茅、聚奎者以联之。又创学田千二百余亩为会费。明年，会士严子丕承者遂膺畿荐。又明年（隆庆五年），予以大计北上，归见诸文会秩秩若初立云。学博何君时杰克督不懈，出租均给，亦如约，予为之跃然。第其会未广，士容有出于会之外者，复谋何君。因其地所近，志之合者，增为十会。定其名：文昌会，旧在定山祠文昌阁，今仍之；三茅会，旧在三茅殿，更为泰茅；接待寺，旧为聚奎，今为晋接；青云会，旧在青云楼，今移浦口城，易其名，析会为三会：于玉虚观者曰玉虚会，于西门馆者曰西清会，于天妃宫者曰东华会。石碛桥（即今桥林）为石渠会，青山寺为青琐会。东葛城初得三人，曰三元会，续有增者，犹得名云。居南京者，通为一会，会于朝天宫中，曰南宫会。

名既定，置为匾额，纪其姓氏，择日立成，遣使分送，诸生皆欣欣然各遵之矣。乃进而谂之曰：夫文以取捷，会以联志，而必美以名者，欲诸子之顾以思义也。可弗念哉！虽然，尝闻诸曾子"君子以文会友"言，友以文会，而取友为辅仁也。诸子之为会也，固以文使能，因是而勉焉。务求诸道。发而为辞，必贵于醇；措而为行，必趋于正。遭时之利也，固以其身为国之光；值数之奇也，犹必以其学表见于世。则今日之会，非徒于其文十会之名，亦非以其声称之美而止。予与诸子不与有荣哉！

何君闻之，曰：斯义也，其所期者远矣。岂特诸生所宜知，盍志诸，俾后有所考云。

王之纲创建的江浦文会体制，几十年聚会讲学弗辍，为清代江浦创立珠江、同文两书院打下了良好的基础。兹分述两书院创建概况于下。

珠江书院

珠江书院，位于江浦县文庙（其址在今南京市浦口区珠江镇东门文昌路）明伦堂西侧，始建于清乾隆时期，因经费无着，一直没有正式招生授课。道光十八年（1838），知县邓梦鲤集合邑绅捐资，置办田产，创建珠江书院。

邓梦鲤（1780—1853），字克明，号春塘，福建德化人。嘉庆十八年（1813）癸酉科福建乡试举人，嘉庆二十四年己卯恩科殿试第三甲第一百零三名进士，以知县分发湖南，历永顺、临武等地知县。所至廉介自持，有古人风。道光十年，丁忧。服阕，补江浦知县，在任修文庙，建珠江书院，有政声，官至江宁府同知。致仕后，以琴鹤为伴，逍遥世外。卒年七十四岁。

珠江书院依靠传承文会学风和毗邻文庙的两大优势，成为当时江浦诸生争相肄业的场所。可惜书院山长及制度大多无考，唯江浦宿耆袁燮在管理珠江书院时，进行了大刀阔斧的改革，使书院学风为之彬彬然。仅仅十五年后，遭咸丰兵燹，珠江书院与文庙一起被毁废，至同治五年（1866）后，方陆续恢复。

附：珠江书院各产

凤翎洲产：坐落江心洲，地方共七段，以云、里、帝、城、双、凤、阙七字，编号七分，轮流公执。珠江书院每年轮执一段。

马圩洲产：坐落针嘴鱼保。

青石岗田：计种五石有奇。

新殿庙道士庄田：计种五石有奇。

石碛桥市房：坐落正街，向东。旧系三间五进，后界侯。今瓦房二进六间，后三进未造。

石碛桥基地：向河沿，旧系三间二进。（以上二项，同治中，营弁邱昌良捐充。）

城内中街市房：瓦房，门面三间，后数进未造。地基系义学堂所置，瓦房系书院所造。

南门牌楼下市房：门面草房三间，后数进未造。

大营巷口市房：草房二间。

正是这些不多的院产收入，维系着珠江书院的日常运转。延至光绪二十七年（1901），清廷颁诏废止书院；二十九年，改为县立小学堂。此后，数十年间，历经兴废，十余次更名，现为南京市浦口区实验小学。

同文书院

同文书院，位于浦镇东门外左所大街，即原明隆庆初年，知县王之纲所创东华会旧址。清康乾时期，在邑绅刘岩、赵滋等人的主持之下，浦镇文会一直坚持正常的讲学活动。道光二十年（1840），新任知县白联元上任伊始，就非常关注珠江书院的师生就学情况，每月亲自课试肄业诸生制艺文章。见不少生徒家住浦镇，往返书院二十余里，十分不便。为免诸生艰于奔走，决定在浦镇东门外左所大街天妃宫原东华会旧址，辟建书院，召集原东华、西清、玉虚三会之士，肄业其中，称名曰同文书院。岁拨凤林洲公款为书院膏火经费。延聘县内耆宿任书院主讲，一时，学风称盛。先后主讲书院的是崔绍源、瞿春二位先生，都是当时江浦的知名文士。

附：同文书院各产

东白二保洲：计一百八十五亩一分七厘四毫。

北城圩田：约种二十余石。

中街市房：向西，旧系二间五进，今瓦房一进，草房二进。以上三项，俱光绪初县谕充入。

桃花坞园地：约种一石。

城门口市房：瓦房四间。

鱼市口市房：瓦房一间。

朱石桥市房：瓦房一间。

宣化桥基地：旧系五小间。

柴市基地：旧系三间二进。

咸丰三年兵燹，书院被毁，院产星散。光绪元年（1875），知县万青选（1818—1898）甫下车，处理完裁革科派马草、疏浚县城河沟等事务后，立即着手恢复同文书院的具体工作，针对经费苦绌的实际情况，一方面慷慨捐廉，一方面将部分充公的房基、田亩、洲产等，划拨给同文书院作为膏火之资，并且在县署通详备案，确保同文书院的所有权。此举深受士林的赞颂。翌年（1876），同文书院正式恢复招生，课额亦如旧，诵读之声再起，可惜屋宇一直没有复建。延至光绪二十七年清廷诏废书院，同文书院再次停废，从此，再未兴复。

六峰书院

六峰书院，始建于清乾隆十一年（1746），由知县严森捐廉集资创建，其址在县署东，即今六合文庙东北，米巷、达家巷一带。《乾隆六合县志》卷三记载："六峰书院，在县署东。乾隆十一年邑令严森建。考即今米巷东陈耳庵先生旧宅，移转入于达姓者。"置田亩以为院产，供师生膏火之资。延聘丁忧居家的老翰林陶镛担任山长，以提高书院的整体水平。

陶镛（？—1766），字序东，号西圃，安徽芜湖人。雍正十年（1732）壬子科江南乡试举人，乾隆四年己未科殿试第二甲第三十八名进士，选翰林院庶吉士。散馆，以知县分发北直隶，任武强知县。乾隆十年，丁忧。服阕，补洪洞知县，历乐平知县。乾隆二十二年，升任湖北宜昌知府。旋称疾归里，以诗书自娱。

严森自己也经常到书院讲学授课，半夜才回署休息。一时，生徒踊跃，号舍至不能容。书院建立后第二年（1747），乾隆丁卯科江南乡试，六峰书院曹文光、朱文熙二位生徒，高中举人。两江总督尹继善（1695—1771）尝在众僚属前赞曰："严县令教士有方，大非俗吏。"严森也因政绩显著，迁升高邮知州。

道光九年（1829），六合知县云茂琦见六峰书院颓倾荒芜，自俸力微，适见文庙以西有吕祖神祠，屋宇宽敞，有十余间之多，正是教士的好去处，遂改之为六峰书院。

云茂琦（1790—1849），字以卓，号贝山，又号淡人，海南文昌人。嘉庆二十年（1815）乙亥科广东乡试举人。道光六年丙戌科殿试第二甲第八十一名进士，以知县分发江南，任沛县知县。道光九年，调任六合知县；十二年，充江南乡试同考官；十四年，署江苏督粮道，权江防同知；十七年，奉调回京，任兵部郎中，旋转吏部稽勋司郎中；二十四年，致仕归里，主讲琼台书院。著有《探本录》《实学考》《阐道堂遗稿》等。

《光绪六合县志》卷三记载："六峰书院，自县东移西门吕祖祠旧址，大门内旁列两庑考舍，中有讲堂，后有厅屋，东偏为山长住房，计十余间。"

重新创办的六峰书院，面貌焕然，弦诵之声不绝。云茂琦还专门作文记之。

重建六邑书院记（节录）
云茂琦

棠邑书院久废，欲兴复久矣，而无力。适见文庙旁有神祠，基址高堨，屋宇闳丽。问其神，则非羽翼吾道功德及民之正神，本不宜祀。又占此朗爽幽雅之胜境，尤可惜。因取诸神像付之一炬，悬额于大门，曰：六峰书院。转移于半日间，而延师有地，蒸髦有方，课艺有所。昔则音闻梵呗，今则声听弦歌；昔则异教久污，今则贤关新辟。诸生于于而来，其亦欢讲学之得地乎。

咸丰八年（1858），六峰书院毁于兵燹。同治三年（1864），卸任知县戴元履与接任知县于实之共同携手，募捐兴修六峰书院，书院重新修复后，于实之又增建说棠学舍，并亲书"说、棠、学、舍"四大字，分别勒石嵌于院壁之上，上款为"同治甲子十二月"，下款为"文登于实之立"。此举不仅增加书院的学习氛围，同时也能够对在院师生起到激励的作用。为此，于实之撰长文以纪六峰书院概况。

重建六峰书院碑记
于实之

六合，地临江浒，代毓人文。邑之南，有定山者，六峰环笋，嶻然与灵岩、钟阜并峙于南北之滨。收六代之灵奇，揽一江之秀润，而书院遂由此而名。溯自粤东云淡人（云茂琦）先生创始以来，前后三十余年，攀桂窟，宴杏林，博科名，以显其时者，几于指不胜屈。流风余韵，盖令人有文物教授之思焉。

嗣因咸丰八年，贼氛窃踞，逆焰鸿张；烽燧所经，蒿莱几遍。城垣克复后，戴子昂大令莅治下车，环观太息。时以邑中人避乱离居，未遑修举。戴令劝谕举人朱觐光，在东南乡转劝监生戴寅、孙董、毛长春，会集群谋，捐资成事。瓦之毁者，易之；桓之颓者，茸之。旁列号舍，中立讲堂，规矩乃仍复其旧。修建之明年，余今接篆来棠，承乏斯土。更于其后之隙地，创为"说棠学舍"数间，隔以深室，缭以周垣。每于月之十六日，特合生童而历试之，文章彬雅，卓然可观。益信教育之流风，固不以兵火干戈而稍减其习。而余亦得以簿书钱谷之暇，与士人论文讲义，坐拥书城。落落予怀，于兹大慰。

抑又闻之：士必先器识，而后文艺。余尤愿肄业其间者，勿鹜虚名，勿求浅效。各肆力于有本之学，明经致用，蔚为国华。斯则学有创基，全赖重修之益。彼乐输成，予岂能不勒善举而传之久远也哉！

这篇碑记，韵雅流畅，不仅清楚地记述了六峰书院再建的经过，同时还坦陈了作者办学成功后的欣慰，确实是一篇难得的证实并展示六峰书院办学成果的好文章！

同治四年（1865），于实之调任江都知县，临行作留别诗二首，以抒离情。

留别棠邑（二首）

于实之

（一）

新篁濯雨渐成林，叠石为山亦匠心。

芍药有情春已老，余香犹自绕桐荫。

（二）

万事乘除预定难，既枯老桂复团栾。

眼前喜见青葱色，留待秋风结子看。

同治乙丑（四年），将去六合，院中所植花木，欣欣向荣。老桂一株，尤为郁茂。因成二绝以志别，竹虚于实之题并书。

接任知县莫祥芝莅任后，读罢于实之所著诗文，倍感敬佩，特命勒石嵌于六峰书院壁上，以励肄业诸生。莫祥芝（1827—1890），字善征，号九茎，别号拙耼，贵州独山人。县学庠生，随曾国藩东下，援例以知县用。历任六合、江宁、上海等地知县，官至署通州直隶州知州。每所至，颇重乡邦文化，主修有《通州志》十六卷，《同治上江两县志》三十卷。

光绪二十七年（1901），清廷诏废书院，翌年，邑绅孙锡恩（1863—

1930）共筹资银洋二千二百七十余元，禀准将六峰书院重新修缮改建为学堂教室格式，命名曰六合县立高等小学堂。《六合县续志稿》卷八记载："光绪二十八年，邑绅孙锡恩禀准六峰书院改为学堂。将书院正房三十七间、群房五间，尽废毁之。（孙绅报销册共估价，龙洋二千二百七十一元有奇。）翻然更新，以求合学堂格式。"民国以后，改为六合县立初级师范学校，又改为六合县立第一高等小学校、六峰小学等。《棠志拾遗》卷上记载："六峰书院，为科举时课士之所，旧在城内后街（属名已由陈姓转入达姓）。清乾隆间，移筑于城西高阜上。入民国后，由邑绅孙迭波鸠资改建，就原址加以扩充，并于后而添筑楼上下二十余间，设立初级师范学校。后又改为第一高等小学校及六峰小学等名。中日事变后，屋宇毁坏甚多，待修孔急。"可惜，抗战胜利后，未再修缮利用，六峰书院的遗存也从此消歇不再。

高平书院

　　高平书院,位于溧水县(今南京市溧水区),在城镇小东门外学宫之西,原为清初顺治年间(1644—1661)邑人祭祀贤令安应晔的"安公祠"。年久,为城防营兵占住。雍正十年(1732),知县吴湘皋莅任,见此情状,即着手清退营兵,并劝谕乡绅捐资重建祠宇。新祠宇内,除祭祀安应晔外,增祀明代溧水贤令徐良彦、朱身修二人,命名为"三贤祠"。日久,渐圮。三贤祠西为赵公书院,康熙五十九年(1720),邑绅为纪念知县赵世臣在溧水任上所行善政,特捐资置田于三贤祠西建赵公书院,专祀赵世臣,以感其恩也。

　　乾隆四十年(1775),知县凌世御见三贤祠、赵公书院均已年久失修,破败不堪,遂集合邑绅共议筹捐,重建书院。因书院所处之地高埠垲平,故命名为高平书院。

　　凌世御(生卒不详),字书巢,钱塘(今浙江杭州)人。乾隆三十六年辛卯恩科殿试第二甲第三十二名进士,授翰林院庶吉士。散馆,外放,乾隆三十八年,任溧水知县,善吏治,能文章。公务之暇,与书院诸生讲艺高平书院中,优其饩廪,振奋士风。招知名文士,纂修《溧水县志》,首自捐廉为之。所行惠政,邑民称之。

　　整座书院坐北朝南,分别为大门五间,迤北为讲堂三间,讲堂左右各有一间厢房;厢房迤北有楼房五间,楼上供奉明清十余位莅任溧水的贤令,楼下为掌教山长居室。楼东面开阔平坦,错置花石,周列垣墙,辟为园苑,为诸生游息之地。傍园有平房十间,为诸生肄业之所。原赵公书院二层六间,更加修缮,并于其后添建平房三间两厢,为诸生食宿及庖厨等处所。书院四周,草树葱郁,高标辉映,读书士子寻味其中,经史诗赋,咸得文心之觇矣。

　　书院经费来源,主要由两部分组成,一为合邑绅士捐银三千余两,发盐典生息;一为捐置田地一百九十六亩有奇,出租收佃金。每年租息收入,撙节办理,足供师生俸薪膏火之需。

值得一提的是，高平书院祭祀以明清莅任溧水的贤令为主，除前面提到的安应晔、徐良彦、朱身修、赵世臣外，还有贺一桂、刘应雷、傅应祯、吴仕诠、陈子贞、徐必达、董懋中、张锡命、车辂、朱育恩、宗贤、吴世济等。这种现象凸显了溧水人民知恩图报，满怀感激之情的纯真情怀。以上十余位明清时期在溧水任职的地方官，虽然职位都不高，但亲政爱民之心、为民办事之举，却是他们做人做事的共同特点，也是他们受到溧水百姓爱戴与纪念的根本原因。

高平书院山长，志无明载，唯前两任知其名而事不显。首任山长屠阶云（1722—?），字武青，吴兴归安（今浙江湖州）人。乾隆四十一年（1776），应聘任高平书院山长，任满返乡，中乾隆四十五年庚子科浙江乡试举人。第二位山长赵广文（生卒不详），字伟堂，生平无考。唯与大才子袁枚交谊颇深，曾相偕游镇江焦山。袁枚《随园诗话补遗》卷七称："壬子（乾隆五十七年）春，与赵伟堂广文，游焦山。遇诗僧巨超，茶话良久，采其诗入《诗话》。"仅此而已。

为确保后世肄业于高平书院的莘莘学子们，了解创建书院的艰难，从而立志为学报国。凌世御专门作《记》以劝诸生，以传久远。

高平书院记

凌世御

择一邑之子弟，会于书院而课试之。拔其尤者，优其廪给，使之敬业乐群，相观而善文治，烝烝进乎古矣！顾转移变化，权在长吏。如其簿书是急，筐箧是务，惮于图始，教无由兴；或始基之矣，倡而不和，听其颓废。职是二者，遂令城阙亡弦诵之声，黉序鲜英俊之彦，良可慨也。

世御承乏溧水，属文教昌明之会，思竭力殚虑，只顺德意，乃进绅士，谋所以振起之方。佥以立书院为言，爰允其请，广为劝谕。不期年，而输者踵至，有田若干亩，银若干两。新宇立规，敦延名宿，朔望考校，彬彬焉侔于邹鲁。颜曰：高平书院，从其地也。

考《前志》，溧水有两书院，一曰：中山，县令王公从善建，祀齐节愍公（泰）。以当时未荷宽恤之典，特借造士之名，寓褒忠之意。迨后，诏许立祠，更为表忠祠，而书院之名，隐矣。万历间，秀水徐德夫侍郎，来令于溧，建图南书院于学宫之右，其自记云："吾夫子之宫，以道德为丽，是举幸有所附而为丽，亦幸有所主而无尽。若学舍鞠为茂草，书院遂为樵叟刍牧之场，其责在递为主者。"其言最深切，盖望后人之随时振兴也。

国朝学宫移建今所，而书院果先废。问所为浩然堂、试春轩、凤池别馆，与夫玉莲、钓鳌诸迹，久已荡为平芜。园丁老圃，日夕灌溉其上，邑之葱韭尽取焉。吁！侍郎之言，何其验也。夫事，难于创；既创矣，难于因，岂独一书院哉！今高平书院，又适邻泽宫，世御谢劣于侍郎，无能为役。然欲垂永久之志，则一也。前规可鉴，来哲嬗兴。后之视今，其弗犹今之视昔，则幸矣。

这篇《记》文，条理清楚，说理明白，情真意切，寓意至深，为后世了解高平书院，乃至中山书院、图南书院的创建，提供了极其珍贵的历史资料。

光绪二十七年（1901），清廷诏废书院，高平书院停办。光绪三十一年，改高平书院为溧水县立高等小学堂，入民国后，更名为溧水县大东门小学。新中国成立后，东门大街改名高平大街。1997年，大东门小学改名为溧水县实验小学。2013年，溧水县撤县改区，为南京市溧水区，原县实验小学也随之定名为南京市溧水区实验小学。

学山、尊经两书院

　　学山、尊经两书院，其址为一，位于高淳县治（今南京市高淳区淳溪镇）以东，通贤门外学山南麓。学山，原名魁山，明弘治十一年（1498），应天府丞冀绮率高淳知县刘杰择其地建孔庙，设儒学，魁山始称学山。《光绪续修高淳县志》卷三记载："学山，县东一里，儒学在焉。先为朝元（玄）观，后建学，因名。"卷五记载："儒学，在县治东，通贤门外。明宏（弘）治五年壬子，建（高淳）县。十一年，应天府丞冀绮率知县刘杰，治学宫。"此学山之来历也。

学山书院

　　道光七年（1827），高淳知县许心源上任伊始，就发现原尊经阁是

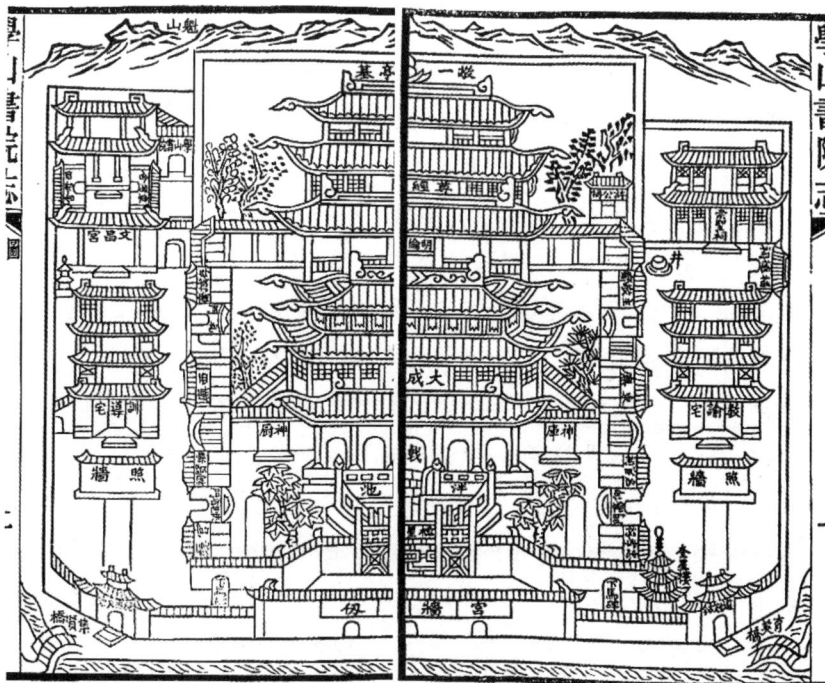

学山全图（《学山尊经两书院志》卷首）

创建书院的最佳场所。为此，他发告示劝谕邑人，上呈文江宁布政使司报备。次年，获布政司批准后，在众乡绅的响应与支持之下，于学宫尊经阁之遗址，创建学山书院。集诸生弦诵其中，延宿学名儒以为师。

许心源（1768—1850），字崐九、西岷，号湘岚，湖南宁乡人。嘉庆十二年（1807）丁丑科湖南乡试举人，以知县签发江南，任阜宁、安东（今江苏涟水）等地知县。道光七年（1827），调任高淳知县，在任勤政爱民，奖励农桑，勘查芦滩，戒除陋俗，次第举行。兴教造士，创建学山书院。在任十三年，善政不胜枚举。道光二十年，卸任，合邑士绅力邀主讲学山书院，七年后，因年届八旬，辞归故里。邑人将其入祀遗爱祠，不忘其德也。道光八年七月许心源专门撰文，以记书院创建的初衷与经过。

创建学山书院记
许心源

高淳向无书院。邑《志》所载，改为遗爱祠者，地不过数椽，大约童蒙之小学耳，非书院也。余以道光丁亥（七年）之秋，莅任斯邑。下车后，即访有尊经阁一区，前厅后楼，楼后有园，园中老树扶疏。亭榭之外，周以缭垣。厅左右房舍，各十数间，俱幽静轩爽。余谓："藏修有所，息游有地，士人读书其中，真所谓动静交养者矣！"然束脩膏火，一切苦无所出。谋之父老，皆戋戋焉，有甚难之色。夫高淳虽小邑，然户口十余万，田畴绣错，膏腴肥美之区。合一邑而计之，得十之七八焉。何畏难若是？余窥其意，盖恐官府之不肖，而因此以为利也。

又数月，余清厘尘案近数百件。每日坐堂皇间，凡邑人赴愬者，皆即时讯结，无羁滞沉搁之苦。且周行各乡，月凡数出。一时，人士颇不忍以不肖相视。余笑曰："官不弃其民，而民不疑其官，此风草相孚之势，机之可乘者也！"次年三月，即招集邑中富户，待以殊礼，委曲开导，一日之间，劝捐至万金有奇。随择绅耆之贤而才者，命为董事，分劝各乡。不三月，而数亦如之焉。呜呼！夫非犹是，邑之人欤，何以前难而后易也。

爰卜吉日，鸠工庀材。旧者新之，狭者宏之，朽坏者更张之，朴陋者涂泽之。又于大门外添建门楼一座，颜曰：学山书院。置备器具，创立条规。存钱于典，以收其息；给田于佃，以取其租。而一切经费之需，皆取之而裕如焉。是役也，始于季春，成于季夏，影响形声，盖不可谓不速矣。余深嘉邑人之明于知人而勇于赴义也。因撮其颠末而为之记。

这篇《记》文中，不仅记述了学山书院的创建过程，还专门提到由董事管理书院事务的重要史实。在下面的《学山书院规条》中，人们可以全面清楚地了解清代南京地区书院管理方面较为翔实的概貌。

学山书院规条

一、尊经阁基址，向名学山，今改为书院，邑人公议，即用此二字。盖山之气静静，则能诚；山之体贞贞，则能久。诚而久，是成己成物之道也。所望于肄业者，学山而至于山，以无负命名之意。

一、山长，由董事人等自行访请一位。必须品学兼优之人，禀县出名送关，不得徇情滥请。

一、近日，山长每以一人而受数邑之聘，学校之中，公然垄断，实堪齿冷。遇有此等山长，经董事等查知，无论已未到馆，已未开馆，立即禀县辞退，以端师范。

一、师道贵专，专则月有常课，课有定程。即或有故他出，亦限以十日为度。其有久出不返，临课不在斋中，及遣人送题课徒者。许各董事照外出之期，扣除束脩薪水。

一、每月初四、十九，定为山长讲书之期。是日，山长于讲堂正坐，生徒东西旁坐。先四书，后五经，务宜剀切。指陈讲毕，生徒各挟疑义，扣请质正，不妨往复辨难。

一、书院肄业生童，毋得干预词讼，以及非为不法情事。轻则逐出院外，重则禀县究治。

一、山长校阅课卷，有能于逐卷纰缪之处，或一对，或一段，或一篇，改抹精当，不遗余力，固为可贵。即或力有不能，亦必将优劣之所以然，分别细批，使阅者了然，方有裨益。不得泛用套语，同于张冠李戴。

一、每岁二月，择日开课。董事人等，预期礼请山长到院，不得迟延。并由县先期出示晓谕，生童赴院肄业，以十一月底为止。

一、设立书院，原以培植人材。若按年甄别，恐启徇情滥取之弊。

今议：每月初二日，县中官课。如县尊有故，即柬请两学（府学、县学）老师分别生童去取。内课各十五名，外课各十五名。给以膏火钱文，均于十八日院课之后，赴院领取。其有院课不到者，准该董事将膏火扣除。

一、应课生童，每课一文一诗。文或四书五经，诗或古体今体，不必拘定。黎明（早晨5时至6时）点名，出题；申刻（下午3时至5时）交卷，不准给烛。

一、课试诗文，均须扃门，严肃用心自作，不准代替。查有违犯，均行扣除。

一、生童课艺，如有抄录旧文，倩人枪顶者，立即逐出院外，以示惩儆。

一、十八日院课，山长取列生监超等特等童生，上卷次卷，不拘定名数。

一、捐集银钱、田地、租息各数，设立总簿，由县用印。一存县备查，一交董事收执。每年出入经费，由董事另立账簿，逐一登记，岁终报县，以便稽查。

一、收取租息，发给膏火，以及山长束脩薪水，俱由董事经管。不得添设监院，虚縻院项。

一、生童每月膏火，俱系十足大钱，如有克扣，准各生童禀县。

一、县中课试生童名榜，由县书缮写备案，并移两学。其山长课试名榜，由院书缮写，董事开折，禀呈县学备查。

一、捐入书院田地，每年秋收，由董事照查佃户，召票租数按亩获收变价，随时完纳钱粮。余剩租息，交董事收存，以为经费之用。如佃户抗租，由董事禀县究追。

一、董事须秉公持正、小心谨慎之人，经理三年，更换一次。由绅士人等预先遴选，报县。届期，交替接充。其已满三年，而办事秉公为众悦服者，准其据实禀留。倘不惬众情，即未届三年，亦准禀请饬退，另行选补。

一、书院经费，系民捐民办，并非借领款项。每年出入银钱，俱由董事自行经管，岁底，开数报县，毋庸转造报销，以节縻费。

一、现在议取内外课生童名数及膏火等项，按捐项利息而计。如将来应考生童较多，添取名数所有不敷，在于原议膏火内酌量匀摊；若有多余，再行酌增，随时具详立案。

一、每年所收租息，除用实存银钱以为修理房屋及添补什物，犹有盈余。公议酌处，须即时登账备查。

一、山长修金，每岁洋钱三百元；膳赀，每岁足岁八十千文；两节节礼并解馆，每次洋钱四元；随使，每次足钱二千文；每岁往回二次，共盘费钱八千文；山长到馆解馆、逢节酒席，该乡值季者办理。

一、每岁山长聘金，洋钱六元。

一、内课生员十五名，每月每名膏火足钱一千八百文。第一名，加足钱二百文。

一、内课文童十五名，每月每名膏火足钱一千二百文。第一名，加足钱二百文。

一、外课生员十五名，每月每名膏火足钱九百文。

一、外课文童十五名，每月每名膏火足钱六百文。

一、院书一名，每年工食钱十四千四百文；又，纸笔费，每年足钱八千文。

一、院斗一名，每年工钱五千六百文。

一、斋夫二名，每年每名工钱六千三百文。

一、课卷，每本价六文。

一、考课，每次贴茶炉柴火，足钱一百四十文。

一、乡试，每名给卷费，足钱三百五十文。

一、乡试开科者，每名给花红程仪，洋钱五十元。下次会试不给。

一、会试发甲者，每名给花红，洋钱五十元。

一、开科发甲，每次报录赏封，足钱一千四百文。

一、副榜，给花红，洋钱十元。

一、选拔及优贡，给花红程仪，洋钱二十元。

一、副榜选拔优贡，每次报录赏封，足钱七百文。

一、捐集银钱，发交城乡各典，按月一分起息，由董事按月支取，以资经费。

一、县中公事，除完粮外，即有善举，董事等亦不准其应酬。以书院生息无多，滥费则易竭也。违者，公议押赔归原。

一、书院以尊经阁为山长衡文下榻之所，以明伦堂为讲堂，以两廊

房舍为生徒肄业之室。前抵大成殿后墙，后以园墙为界。西礼门外，有
学山书院牌坊一座；东礼门外，有一井口。

这是一部南京地区现存最详细完备的古代书院规条之一，它完整有
序地将学山书院的创建宗旨、办学思想、培养方向、人员编制、师生待遇、
院务院产，以及针对山长教学和生童肄业提出的具体要求和刚性规定，
全部囊括其中。特别值得指出的是，学山书院的董事管理办法，无疑是
一种自发生成的民主萌芽，也是值得肯定的进步体现。

此外，学山书院的存款与田产情况如下：

存款：有通足制钱一千四百九十千文，存本城各店，按月一分二厘
生息。

田产：共有田一千零六十五亩二分四厘四毫五丝八忽；地五分五厘。
分别散处于县境三百四十九处乡圩，多则数亩，少则几分，集腋而成。
另有育婴堂田十五处，计五十四亩二分二厘四毫三丝，亦划为院产。此外，
还有县城八处房屋六十二间出租。

这些固定资产是保证学山书院正常运转的根本基础，也显示出许心
源创建书院并希望其长期发展的良苦用心。

学山书院首任山长卢麟珍为高淳县教谕，系许心源的搭档与好友，
淮安府山阳县（今江苏淮安）人。县学廪生，道光八年（1828）戊子科
江南乡试举人，签授高淳县教谕，任满应聘任学山书院山长。任职期间，
倾其所学，尽心讲授，不辞辛劳；并作《学山书院记》，以纪许心源创
办书院之艰辛，并对自己被延聘为学山书院山长，表示衷心的感谢。文
章最后特别勉励肄业诸生，一定要奋志编摩，互相切劘，以许心源先生
为榜样，心先生之心，学先生之学，不负先生陶成乐育之德意，以成弦
歌之化。

道光二十年，许心源任满卸职，邑绅苦苦相留，延请其主讲学山书院。
这一任就是七年，他专心教授，虔心孤诣，造士学山。一时，瑰材玮质，
应运而出；甲科乙榜，代不乏人。其中，以在学山书院肄业并考中进士
的陶汝霖最为著名，其晚年作文称"斋头肄业，烛剪西窗"，盖纪实也。
学山书院兴教之隆，于斯为盛。

道光二十六年（1846），新任知县王检心于学山书院前建文昌宫，祠祀孔子，即孔庙也。为使庙学分开，于庙后接建楼房五间、侧房四间、前门房三间、东西两廊考舍各九间，作为学山书院课地。当年十月初六，建成。规模宏敞，栋宇森严，金碧交辉，神人齐畅。可惜，咸丰庚申（1860）兵燹被拆。

同治二年（1863），县境恢复，七乡董事循旧址重建文昌宫学山书院。然院产田地荒芜，典息全无，经费无着，导致山长之束脩、诸生之膏火，谋之维艰，故未能延请山长，生徒亦各自回家，每三月召诸生课试一次，岁仅四试，应景而已。

尊经书院

光绪十五年（1889），知县陶在铭见学山书院衰败不振，一时难再重兴。故率县吏及乡绅等捐资于学山书院尊经阁，再创尊经书院。陶在铭（生卒不详），字仲彝，会稽（今浙江绍兴人）。同治九年庚午科浙江乡试举人，签选知县，分发江苏。历任高淳、上元、铜山等地知县，后官至徐州知府、江西道监察御史。

尊经书院记（节录）
陶在铭

……章程粗定，与邑之人士议立书院之名。余因告之曰：学山书院本就尊经阁而用之，今于学山书院外，议再建一书院。此时，经费无措，营建无资，不得已借用学山书院斋舍。因仍名之曰尊经书院，盖无忘邑乘之旧名尤深。冀时和岁丰，家给人足，捐集经费之外，尚有余资，或于学山书院外，修复尊经阁，而即移书院于其中。于是，淳邑有学山、尊经两书院。余故先定其名，求其所以实之者，抑士人之于经为学之本也。古人有"习一经，而可以专门名家、安治天下者"。余拟书院《章程》十二条、《学规》十二条，悬之讲堂，勒之碑左。盖以经明行修、尊闻行知，尤不能无望于淳之士也夫。

光绪十有五年岁次己丑嘉平月（十二月），知高淳县事，会稽陶在铭撰陶在铭制定的尊经书院章程与学规，相较于学山书院规条，更全面也更细致，兹全文抄录于下，以飨读者。

尊经书院章程

一、尊经书院，暂假学山书院应用。书院正斋，为山长讲堂。东西斋舍，为诸生肄业之所。诸生下榻其中，昕宵诵读，免得早出晚归，致荒晷刻。

一、书院肄业，内课十人，外课一百人。内课住院，其饭食、几榻，由院置办，无须生等自备。外课每月十三日，由山长命题，交与门斗，分送诸生童。其门斗工食，亦由院给发。惟交卷近乡三日，远乡五日，由该生童等自行送院，听候山长批阅。其取在前列者，本县亦分别给奖，以示鼓励。

一、书院拟延请山长一席，为诸生批改课卷。即在江浙两省采访名宿，无论举贡，由县送关订定。毋得徇情滥举，遗误生徒。

一、书院额设，内课肄业十人，外课一百人，由县考送。如愿入书院肄业者，先期报名，在县署择期面试。取其文理清通、资质可造者，录取百余人，榜示书院。先将内课十名，送书院肄业。外课一百名，按月分课。如取送之十名，有在书院不守学规，不按期作文，累月旷课，以及沾染洋烟，携带博奕之具者，即行除名出院。按外课之前列充补，以次递送，毋得挽越。

一、书院总账，均归学山书院董事兼管，毋须再设董事。惟每年用款及所存书籍，日日有事，拟延请监院一人驻院，即在学山书院每乡轮派董事中轮充。惟学山书院一年四课，公事无多，往往各董之不在城者，即在乡居住，有事方行来城。此次尊经书院所定章程，山长束脩，宜按季致送；膳金亦按月致送。而诸生馆餐、斋夫工食，定于十日一发，监院即不能久离。况见在院中所有书籍，尤不能不厘定章程，设法永守。则监院即不能不轮居书院，每月应津贴薪菜四千文，即在书院经费支销。

一、书院所存书籍，悉由本县捐廉，在各书局及坊间购买精本，所费不赀。原欲使肄业诸生朝夕观览，有益身心。其书存度楼上，列架编号，不便私携出院。肄业诸生欲观何书，即在监院前请钥开楼取书。监院预设三簿，先将存书卷目本数，开列一簿，是为存书簿。再用一簿，令诸生取书时自行填明日期、书目，为取书簿。阅毕缴还，亦于簿上填明某日缴，是为还书簿。监院点收清楚，仍列架上，庶有所查考，不至遗失。如有私携回家者，经监院查出，先将该生名字扣除，不准在院肆业。仍令罚出原书之价一半，以充公用。监院携出，亦照章议罚。监院每次轮替接手时，先将书目点清交接，如有缺少，即令监院全赔。

一、书院诸生，每月只准给假五天，不能逾限。如有疾病事故，告知监院，亦只以二三月为度。如不来院，即行另补，并由监院立簿稽查。

一、山长每岁聘金，英洋八元，随关致送。修金，每岁英洋三百元，按端午、中秋、年节，三次致送。膳赞，按月足钱八千文，每年十月，计八十千文。三节节敬，每节英洋四元。随使，按月一千文，计十千文。以及山长到馆解馆、逢节酒席，悉由监院承办，在公项开销。

一、肆业诸生饭食，悉由书院致备，庶免寒士裹足。诸生十人，每日两桌，每桌两荤两素，令斋夫包办。每人连茶水，每日五十文。如有事回家一日，方行扣算。如一餐不到，应与免扣，以示体恤。诸生亦不得约友来院共食，不特免使斋夫藉口，而酒食征逐，最易荒功，是所切戒。

一、院中设立斋夫二人，专管山长茶饭，及杂差使用。两斋饭食茶水，亦包与斋夫，令其应备精洁，送往两斋。至斋中洒扫尘土、拂拭几案、整理书籍，皆令诸生自为。不可役使斋夫，以至应给不暇。盖洒扫进退，不愧大道之先传；筋骨劳苦，始见大任之天降也。

一、书院置《十三经注疏》《御批通鉴辑览》《资治通鉴》《局刻廿四史》《说文解字》《困学纪闻》《日知录》《皇清经解》《四库全书目录》《昭明文选》《御选唐宋诗醇》《经籍纂诂》《子史精华》《通典》《通志》《通考》《皇朝经世文编》《朱子名臣言行录》《国朝先正事略》等书，皆由本县捐廉陆续购齐。书虽不多，而学问门径，略具于此。肆业诸生，固望其究极师法，称为通儒。即有向学之士，欲借读此书者，书院当设一净室，安排桌几，即可知会监院，取书翻阅。每日阅毕，即行点交，次日再来取阅。惟书院经费未裕，不能供膳，清茶一瓯，理宜备之。盖淳邑藏书不多，寒士又多以馆为活，如有余闲，亦望其兼资涉览，则一狐之腋，固胜于百裘之赠矣。至后来官斯土者，能续购书籍，相引无穷，有加靡已，则高淳尊经书院，不与浙江宁波范氏"天一阁"，后先辉映乎！

一、书院今年（光绪十五年，1889）创办，由县捐二百四十千文，余则取之学山书院余款中，暂时挪用。县捐之款，已通禀立案，永远捐助，为书院公用。可于每月初二日，由监院备具领纸，到县署账房支领。正月则在二月补领，十一月、十二月则在十月预领，毋得延误。其领款时，县署账房不得丝毫克扣，门丁胥吏亦毋得捺搁索费。如有此等情弊，准监院随时指禀。历任自各惩办，并由本县立案存卷，决不令监院为难。此外，不敷之款，现经书院董事拟定捐集巨款，置产生息。一俟办妥，应将捐数产业，通详立案，勒石遵行。并设立总簿，由县用印，一存县备查，一存书院交董事收执。每年出入经费，由董事另立账簿，逐一登记，岁终报县稽查。毋庸转造报销，以归简易。

尊经书院学规

一、书院之设，原为培植人才，而人才之出，尤宜兼修文行。此邦人士，风俗近古，布衣徒步，不尚浮华。而醇朴之中，近于鄙陋，见闻所及，域此方隅。愿诸生涵濡经史之华，奋发显扬之计，廉隅砥砺，焠（"恶卧焠掌"见《荀子》）刺（"引锥刺股"见《战国策》）辛勤。修身不忽于细微，立志务求其远大；勤学勿存玩愒，斋居勿事游谈。多读一卷书，即受一卷之益；欲尽一分力，当惜一分之阴。努力前程，是在诸生之自为耳。

一、诸生案头，宜各置《圣谕广训》一部，晨起盥洗毕，敬整衣书案，默诵一则。惟诸生此书，若用刻本，不足以昭诚敬。因令诸生到院一月内，各用恭楷默写一本，装订整齐，置之座右。本县不时来院，即与诸生在明伦堂上宣讲一则。诸生如能于各条之下，引用经史，逐句疏证，融会贯通，并阐发《朱子小学》及《近思录》数条，则诸生信好既专，身心有裨。出为国家之大器，处为名教之完人。异日，播之里乡，传之子弟，士习因之益纯，民风因之愈厚。则此书院之设，固不仅科第之荣云。

一、立身根本，不外六经。日日讽诵，非特文字华腴，抑亦身心矜束。书院置《十三经注疏》，固宜玩味探索，深求汉学源流。而寻常温理翻阅，一书似不足用，应令各带家塾读本来院，庶可朝夕披览。

一、书院置《御批通鉴辑览》及《资治通鉴》，诸生读史，当以此二者为提纲挈领之要，次第阅毕，再观《廿四史》及诸史，方有涯涘。

诸生毋以书籍浩繁，束之不读。盖古今得失治乱，与夫古人之嘉言懿行、经济文章，皆在于此。刚日（即单日：甲、丙、戊、庚、壬）读经，柔日（即双日：乙、丁、己、辛、癸）读史。功不可间，尚其勉旃。

一、经史之外，自在词章。然经史非求训诂，则义理不明；词章非通考证，则气息不厚。为置《说文》《经解》诸书，以待诸生之深造。

一、汉儒训诂，宋儒理学，皆不可偏废。诸生案头，宜各置《朱子小学》《近思录》，因在苏局（即江南官书局）购买十部，各令随时披览。日久玩索，必得其精。盖二书于存心养性之微、冠婚丧祭之大，统贤愚才智而皆不能出其范围。诸生此来，不仅为制艺求敲门砖，必先平其心气，励其志节，内外交修，自成远到之器。况古人云："开卷有益。"诸生诚于经史子集，日夕研究，其所作制艺，自必祛除陈腐，融液精华。看似迂远，实为便捷。愿诸生勉之。

一、院课一年以十月为度，二月初上学，十一月解馆。内课逢三作《四书》文一篇，五言八韵试帖一首。外课于十三日分课，一文一诗。内课诸生，如能作赋，或按月一课，场年则改经艺，均呈山长批改。如每课作文，蒸蒸日上，斐然可观，由县给奖并致送书籍笔墨，以示鼓励。如一年之中，全不长进，则坐废资禀，振作难期。应于次年除名另补，免占定额，以阻后进。

一、近时坊选制艺，专尚腔调，未免失之浮靡。故讲揣摩者，率皆按谱填词，未有题目，先有文章，实为陋习。不知制艺代圣贤立言，当求清真雅正，何取此优孟衣冠。今为讲《国初文选》及诸名大家文数册，诸生专心求之，道在是矣。即根柢既深，或须稍加色泽，亦必取才藻纵横，词华博丽者读之。至坊间所售石印《大小题》《文府》诸书，最是误人才智，蔽塞性灵。诸生来院，慎勿携带此书，误人自误。

一、诸生须立课程簿。如晨起恭诵《圣谕广训》某则，敬载后，将每日所读经书某卷至某卷，即记在簿内。或看注疏史鉴等书，则注明阅某卷至某卷，详悉无遗，亦不得随手虚写。诸生遵行既久，必有油然沛然之时，于是，札记校勘之门径，渐渐自开。然此功不可骤几，此时但细细疏写，以待山长之查课。

一、诸生谒见山长，朝晚必揖。如有质疑，必肃立听教。即在盛暑，见师长亦必长衣。山长偶至斋房，均当只肃恭候。诸生斋居，勿得高声嬉笑，来往游谈。即旧学商量，新知讨论，而言毕即当各归案头，勿得镇日剧谈。盖群居终日，言不及义；饱食终日，无所用心，皆为圣门之深戒。愿诸生惜此分阴，副余厚望。

一、地方官职兼教养，自应栽培地方。书院于一邑中只取十人，原为短于经费，不能不立此限制。而区区之心，愿诸生之来肄业者，一日千里，各有造就，将来出以教人，庶几学有渊源。文风丕变，有裨此邦，而尤愿诸生自命于百十中所特选之才，各宜自爱。即地方官公余来院，课诸生之学业，朝夕见面，勿谈公事，勿托词讼，勿面递呈词节略。如犯此者，除面斥外，即将该生销除出院。

一、建设书院，原为文风，而其要尤在端士习。诸生身列庠序，有异齐民，则视听言动，当为齐民之表率。本县之于诸生，不惮谆谆告诫，冀其文行交修。诸生肄业既久，有事回家，则邻里乡党，皆属耳目，诸生当尽其孝弟，慎其言行，敬宗睦族，任姻恤邻，即丧祭宾婚，当事事循礼。一言一动，勿涉苟且，以为邻里乡党之望。则群资观感，收效不仅在书院。是尤有厚望焉。

陶在铭制定的《章程》《学规》，不仅是尊经书院的办学宗旨、培养目标、书院管理等方面的总体制度，同时也是尊经书院在教学方法、教材选用、学习内容等方面的教学大纲。全部三千余字，平白如话，今人读之，毫无障碍，能够清楚地读懂其中内容，确实是十分难得的清代南京地区书院教育的珍贵历史资料。

尊经书院存款两笔：

一存本城合太和盐旗，通足制钱一千千文，长年一分生息。

一存本城源仁典铺，九八制钱一千千文，长年八厘生息。

尊经书院房产两处：

一为城内房屋一座两间三进两轩一园。位于笆斗巷中街，坐北朝南。出租。

一为城内房屋一座三间九进，又平房八间二园，位于正仪街，坐北朝南，出租。

尊经阁上所藏千余部经史子集书籍，学山、尊经两书院生徒共同享有阅读权利。

这些资产既是尊经书院得以正常运转的经济基础，也是知县陶公在铭希冀书院能够长期存续的良苦用心。

光绪十九年（1893），知县李前泮莅任高淳之八月，亲民课士之暇，将"邑绅诸君适汇辑学山、尊经两书院规条及置产各件编为一册，以付梓"，曰《学山尊经两书院志》。全书不分卷，首列李前泮《学山尊经两书院志》序，次列《学山全图》，三列许心源所题书院之明伦堂、尊经阁、敬一亭等三处楹联，四列历届共六十八位乡绅董事名录。其后目录依次为学山书院原序、原记、原启，重建学山书院记，公事，学山书院规条、尊经书院原序、尊经书院章程、尊经书院学规，学山尊经两书院藏书目录，学山尊经两书院存款，学山书院房业基址号数，尊经书院市房基址号数，学山书院田地号数，附：育婴堂田地号数，幼孩局田地号数，惜字局田地号数等。全书详细明确，是研究南京地区清代县级书院概况的珍贵资料。

光绪二十七年（1901），清廷诏废书院，学山、尊经同时停办；三十年，改为高淳县学堂。民国元年（1912），更名高淳县立第一高等小学校，原学山、尊经两书院的各项存款、田地、房产，全部划归高等小学校经管。1935年，改名高淳县立城中小学校。1945年抗战胜利后，更名高淳县城区示范中心国民学校。1949年新中国成立后，定名高淳县城区小学。1969年，改名高淳电厂东方红学校。1979年，恢复城区小学原名。1981年3月，被批准为省实验小学，定名高淳县实验小学。2013年，县改区，现为南京市高淳区实验小学。

南京书院的历史渊源及其作用与影响

悠久丰厚的历史渊源

古都南京，千年文脉；教化馥郁，隽永绵长。

南京，古名金陵，地处南北要冲，吴楚之交。钟山龙蟠，石城虎踞；山清水秀，人杰地灵。兼具"苏苑之美，钱塘之秀，淮土之淳"，其地物产丰盛充裕，其民感情丰富喜读。民风淳朴，包容而不排外，故历代名人高士纷至沓来，各种文化流派在此相互交融碰撞，留下了无数脍炙人口的传世佳作。千百年来的兼容并蓄、百家争鸣，逐渐形成了具有独特风格和气韵的南京文化。其中，以"尊师重教，崇文造士"为目的，并因之产生的书院教育形式，就是这种指导思想衍生的物化载体。从宋代至清末，南京书院所经历的发生、发展、消亡全过程，长达一千多年。其间，在教育宗旨、教学方法、师生关系、规章制度、培养方向等方面，积累了非常丰富的经验，这些经验直接影响了宋元明清时期南京的文化传播、学术繁荣，以及移风易俗、敦厚民风等方面的与时俱进和不断革新。因此，南京书院的历史渊源及其作用与影响不言而喻，在整个南京文化丰富的人文内涵中所占有的极其重要的显著地位，不仅清楚明朗，同时也毋庸置疑。

南京书院的历史渊源，可以上溯到六朝时期的私学。当时，两汉形成的"罢黜百家，独尊儒术"指导思想，被频仍不断的战争所打破，大批中原士族逃奔江南。他们在政治上、经济上，享有特殊的权利，生活优裕，地位稳固。同时，他们也将魏晋形成的中原文化移植到江南，与南方文化相互交融，相互渗透，百花齐放，百家争鸣，形成了儒学、经学、玄学、道学、佛学等多种学术思想并存的局面。在六朝时期的三百余年间，出现了大批出类拔萃的学术高人和著作。如王蕃《浑天说》、陆机《文赋》、葛洪《抱朴子》、郭璞《郭弘农集》、干宝《搜神记》《晋纪》、常璩《华阳国志》、道士杨羲《上清经》、孙盛《晋阳秋》、范晔《后汉书》、陆修静《道藏》、陶弘景《神农本草经集注》、刘勰《文心雕龙》、钟嵘《诗品》、萧子显《南齐书》、阮孝绪《七录》、萧统《昭明文选》、沈约《宋书》、徐陵《玉台新咏》、谢赫《画品》、顾野王《舆地志》、庾肩吾《书品》等等，不一而足，这些作者有士族，也有庶族，他们的作品继汉开唐，推陈出新，群星璀璨，共同组成了南京文化发展的第一个极盛时期。

六朝时期的私学，系针对当时正统官学而言的一种民办教育形式，主要是由部分在官场失意的士族文人和一些身处江湖淡泊名利的庶族文人，利用各自掌握的学识，施之于教化而创办的聚徒讲学之所。其授业的对象相对宽泛，不设门槛，不分门户，既有高门士族子弟，也有寒门士族子弟，少则数十人，多则数百人。其教学的内容相对丰富，不限文体，不拒古今，既包含儒、释、道经典，还涉及医算、音画、天文、风水等专业知识，是民办的全方位学术传授机构。当时著名的私学达人有：屡征不应的隐士周续之、精通儒释的高士雷次宗、中散大夫伏曼容、辞官不就的隐士刘瓛、骠骑司马何佟之、五经博士卞华、中军参军伏挺、国子博士崔灵恩、太学博士沈德威等。如果了解了他们的生平与思想，无疑就了解了六朝时期南京地区私学发展的概况。兹次第介绍于下：

周续之（377—423），字道祖，雁门广武（今山西代县）人。其先移居豫章（今江西南昌），诣宁受业。寻通五经，名冠同门。既而闲居，读《老》《易》，事沙门释慧远（庐山东林寺僧，334—416）。与刘程之（字仲思、逸民，343—401）、陶潜（字元亮、渊明，365—427），俱屡征不起，时谓"寻阳三隐"。刘裕北伐，还镇彭城（今江苏徐州），遣使迎之，礼赐甚厚，赞曰："心无偏吝，真高士也。"后复返庐山。永初元年（420），刘裕称帝，立国曰宋。复召续之至京师建康，为之设馆京城东郊，招集生徒，开讲《礼记》，辨析精奥，人称该通。刘裕数次幸馆，并见诸生。后患风痹，移病钟山。思学构谋，勤于笔耕，著有《公羊传注》《礼论》《毛诗六义》等。

雷次宗（386—448），字仲伦，豫章（今江西南昌）人。少入庐山，师事沙门释慧远。笃志好学，尤精《三礼》《毛诗》。本州辟从事、员外散骑侍郎，并不就。立馆东林寺之东，授徒讲学，儒佛兼通。元嘉十五年（438），宋文帝召至京师建康，开馆于鸡笼山，聚徒教授，置生百人。文帝车驾数幸次宗学馆，资给甚丰。又授给事中官职，次宗不受，还归庐山。复从庐山回南昌，开馆授徒，讲学不倦。元嘉二十五年，文帝再次召他返京，并在钟山西岩建"招隐馆"以居之。曾为太子及诸王讲《丧服经》。未几，卒于钟山，时年六十三岁。江夏王刘义恭赞曰：其幽栖穷薮，自宾圣朝；克己复礼，始终若一。

伏曼容（421—502），字公仪，平昌安丘（今山东安丘）人。早孤，与舅父客居南海（今广东广州）。少笃学，尤善《老子》《周易》，倜傥好大言，聚徒教授以为业。仕宋，历任骠骑行参军、司徒参军、江宁令、尚书外兵郎、辅国长史、南海太守。仕齐，历任通直散骑侍郎、太子率更令、中书侍郎、大司马咨议参军、武昌太守、中散大夫。建武元年（494），齐明帝不重儒术，曼容即请卸职居家，宅在建康城西南瓦官寺东（今南京秦淮区双塘花露岗东麓），施高座于大厅，有宾客辄升高座为讲说，生徒常数十百人。入梁朝，以曼容为旧儒，召拜司马，出为临海太守。天监元年（502），卒于任，时年八十二岁。著有《周易集解》《老子集解》《丧服集解》《老子义》《庄子义》《论语义》等。

刘瓛（434—489），字子珪，沛国相县（今安徽宿州）人。年少笃学，博通《五经》。屡征不应，聚徒教授，常有数十人。姿状纤小，儒学冠于当时。家住建康青溪檀桥，瓦屋数间，京师士子贵游莫不下席受业。永明七年（489），竟陵王萧子良表奏为刘瓛立馆，以扬烈桥故主第给之。未及徙居，遇病，卒，时年五十六岁。天监元年（502），追谥贞简先生。性谦率通美，不以高名自居。著有《周易乾坤义》《周易四德例》《周易系辞义疏》《毛诗序义疏》等。

何佟之（449—503），字士威，庐江灊（今安徽霍山）人。少好《三礼》，师心独学，强力专精，手不辍卷，读《礼论》三百篇，略皆上口。起家扬州从事、总明馆学士，历任司徒车骑参军、尚书祠部郎。建武（494—498）中，为镇北记室参军、丹阳邑中正、步兵校尉、国子博士、骠骑司马等，时硕儒刘瓛、吴苞皆已卒，京师儒宗唯佟之而已。永元末年，京师兵乱。佟之居家，常集诸生讲论《三礼》，孜孜不怠，名重于世。天监元年，萧衍尊重儒术，以佟之为尚书左丞。二年，卒于官，时年五十五岁。诏赠黄门侍郎，儒者荣之。所著有《礼义》百余篇。

卞华（生卒不详），字昭岳，一字昭丘，济阴冤句（今山东东明）人。

晋骠骑将军卞壶（字望之，281—328）六世孙。孤贫好学，十四岁补国子生，通《周易》。及长，遍习五经，起家齐豫章王国侍郎，累迁奉朝请、征西行参军。天监初年，迁临川王参军，兼国子助教；转安成王功曹参军，兼五经博士。后聚徒传经授道，受众达百十人。博涉经史，尤善机辨，说经析理，为当时之冠。又精通音律，晋室南迁，音乐已成绝学，至卞华方得以恢复。仕至尚书仪曹郎，出为吴郡令。卒于任。

伏挺（484—548），字士标，平昌安丘（今山东安丘）人。伏曼容之孙，幼颖悟，七岁通《孝经》《论语》。及长，博学有才思，齐末，州举秀才，对策为当时第一。梁武帝师至，挺迎谒于新林，引为征东行参军，时年十八岁。天监初年，除中军参军事。居宅在建康城北潮沟（今南京市玄武区珍珠河），于宅中开堂讲《论语》，听者倾朝。伏氏三世聚徒教授，罕有其比。后为晋陵、武康令，罢县还建康，筑室东郊，不复仕。久之，复出仕，除南台侍御史。因纳贿被劾，惧罪出家。后遇赦还俗。太清二年（548），卒。著有《迩说》十卷，《文集》二十卷。

崔灵恩（生卒不详），清河东武城（今河北故城）人。少笃学，从事遍通《五经》，尤精《三礼》《三传》。先在北魏任太常博士。天监十三年（514），南下归梁，萧衍以其儒术，拜员外散骑侍郎。累迁步兵校尉兼国子博士。性拙朴无风采，解经析理，甚有精致，常聚徒讲授，听者达数百人，京师旧儒咸称重之。出为长沙内史，还除国子博士，讲众尤盛。后复出为明威将军、桂州刺史，卒于官。著有《毛诗集注》《周礼集注》《三礼义宗》《左氏经传义》《左氏条例》《公羊谷梁文句义》等。

沈德威（生卒不详），字怀远，吴兴（今浙江湖州）人。少有操行，梁太清末年，遁隐天目山，筑室以居。虽处乱离，而笃学无倦，专习《五经》。天嘉元年（560），应征赴都，侍太子讲《礼传》，授太学博士，转国子助教。每自学还私室以讲授，道俗受业者数十百人，率常如此。历任太常丞、五礼学士、尚书仪曹郎、祠部郎等。后丁母忧去职。祯明三年（589），入隋，官秦王府主簿。年五十五岁，卒。

这些儒学高士，无论为官为民，在传道授业，教化风俗等方面，均高度一致。应该是南京书院可以追溯的最早孕育阶段的一批先驱。及至唐代开元二十八年（740）至天宝七年（748），王昌龄任职江宁丞时，一大群追随者自发组成读书群体，伴其左右，听其开讲诗赋，共同读书，研讨诗歌，并将王昌龄讲授的有关诗歌创作言论汇编成册，名之《诗格》，类似孔子的《论语》，故时人谓王昌龄为"诗家夫子王江宁"。

南唐时期，私学发展已经比较普遍，其中，有两位私学达人，特别值得一提。一位爱财，一位嗜酒。爱财者，名夏宝松，江西吉安人，以诗延誉当时，上门求学者，只要多交钱即另开小灶。马令《南唐书》卷十四记载："夏宝松，庐陵吉阳人也……晚进儒生，求为师事者，多赍金帛，不远数百里，辐辏其门。宝松黩货，每授弟子，未尝会讲，唯赍帛稍厚者，背众与议……由是多私赂焉。"嗜酒者，名毛炳，江西丰城人，以好酒名著于世。马令《南唐书》卷十五记载："毛炳，丰城人也……每与诸生曲讲，苟获赍镪，即市酒尽醉……后聚生徒数十，讲诵于南台山，迨数年。自署于斋壁云：先生不在此，千载只空山。因大醉一夕，卒。"私学之兴，斯时为盛。

南唐时期私学的遍地开花，促进了南唐书院的萌芽与产生。其中，著名的书院为宋代白鹿洞书院的前身庐山国学。马令《南唐书》卷二十三记载："朱弼，字君佐，建安人也。精究五传，旁贯数经。开宝中，诣金陵，一举以关头中第，授国子助教，知庐山国学……及弼至，性本严重，动持礼法。每升堂讲释，生徒环立，各执疑难，问辩锋起，弼应声解说，莫不造理。"从这篇记载中，可以清楚地了解南唐庐山国学的办学宗旨、教学内容与方法等，已然步入书院教育的早期成形状态，即为聚书延师、授徒讲学、士子肄业之所。正因为南唐庐山国学创办的成功经验，为之后宋代南京地区民办官助书院的兴起，奠定了坚实的社会基础，提供了有力的办学例证。所以，入宋以后，南京地区的茅山书院、明道书院、南轩书院等，能够顺利地创建并正常运作，自然也就是顺理成章、水到渠成的事情了。

赓续文脉的重要作用

南京历代书院，在传承中华文化、赓续华夏文脉方面，具有并发挥着极其重要的功能与作用，其主要表现在以下三方面：

第一，是对社会齐民的道德教化。书院是传授儒家文化的一种载体，它的创办者大多是隐居山林的儒士、乡间宗族中耆旧长者，或是曾经主政一方的退休官吏，均为奉行封建道德标准的模范人物。他们设立书院的用意与目的，主要在于厚风俗、明人伦，培养家族道德意识，维护地方安定。元朝集庆的江东书院，最初是郡绅王进德为教育家族子弟创办的私塾，主要是传授知识，培养人才。随着大儒吴澄、程端礼的加入，道德教育摆在了办学宗旨的首位。二人先后提出"读书穷理，达于日用"的治学精神与方法，尤其是程端礼所著的《程氏家塾读书分年日程》被元朝政府敕定为各级官学、书院的通用教学指导纲要，使得江东书院成为元代全国书院道德教育的典范，德化教育，传播全国。为确保德化教育能够实施到位，南京历代书院均用正统的三纲五常伦理，通过祭祀先圣先贤，引导士子见贤思齐，保证了德化教育的扩展深入。正人心，存天理，造作齐民之表率，已然成为书院教育的首要任务。

第二，是对书院教育的制度规范。书院是儒家的道场，是宣传发扬儒学精神的主阵地与桥头堡。"没有规矩，不成方圆"，规范在院师生的言行，是任何书院创办者必须认真考虑的问题。南京历代各书院在创建之初，都制定了相应的章程与学规。这种学规一般是针对肄业生徒定制的学习要求、行为举止，以及在院生活等方面必须遵守的基本守则。以引导、激励为主，也加入一些禁止与惩罚的内容，目的是敦促肄业诸生专心学习，报效国家。有些学规比较概括抽象，如钟山书院山长杨绳武制定的《钟山书院规约十一则》："一、先励志，一、务立品，一、慎交游，一、勤学业，一、穷经学，一、通史学，一、论古文源流，一、论诗赋派别，一、论制艺得失，一、戒抄袭倩代，一、戒矜夸忌毁。"虽然考虑得比较周全，几乎面面俱到，但是毕竟失于空泛，难于执行。

而有些书院的学规就非常明细全面，如高淳知县陶在铭制定的《尊经书院章程》《尊经书院学规》，洋洋洒洒三千余言，对书院的办学宗旨、培养目标、监督管理、教学方法、教材选用、学习内容、生活起居、行为举止、奖惩办法等方面，均作了详尽细致的规定，是南京历代书院在制定学规方面的代表，开创了近现代学校校规之先河。

第三，是对学术研究的深入探讨。《孟子·滕文公下》："士之仕也，犹农夫之耕也。"读书做官，天经地义，是千百年来官学垄断教育的主导思想。书院与官学的根本区别是不单纯为科举提供人才，而是将教育活动与学术研究结合起来，求道论学，解惑释疑，深入探讨。尤其是书院特有的讲会制度，即延请名儒高士莅临书院演讲，阐发其学术观点；或允本院生徒登台发言，畅谈读书心得。这种类似于论坛的讲会制度，不仅是孕育新的学术思想的孵化器，也是各个时期学术研究不断发展的助推器。明朝嘉靖时期，理学大儒湛若水创办的新泉书院，就是充分利用讲会制度将"心学"理论研究发挥到极致的典型。嘉靖七年（1528），湛若水特邀当时理学界的风云人物王艮、吕柟、邹守益、欧阳德等，群聚新泉书院讲坛，以"随处体认天理"为题，开展了激烈的辩论与认真的研讨，场面十分热烈，是南京书院史上一段有名的佳话。这种以讲会促进书院生徒学识进步与学术提高的方式，一直是南京书院教育活动中的重要一环，也是其后各书院始终坚持不废的好传统。

规范教体的实际影响

南京历代书院，在存续的一千多年里，从私人创办到民办官助，再到官办绅捐至直接由官府主办，经过不断探索、扬弃沉淀，逐渐形成了一整套规范有序并且行之有效的教育制度体系。这个体系发展到清末，已经相当的完善适用。胡适《书院制史略》评价道："一千年以来，书院实在占教育上一个重要位置，国内的最高学府和思想的渊源，唯书院是赖。盖书院为我国古时最高的教育机关，所可惜的就是光绪变政，把一千年来书院制完全推翻，而以形式一律的学堂代替教育。要知我国书院的程度，足可以比外国的大学研究院。"虽然在光绪二十七年（1901），南京书院的历史全部终结，但是，南京书院千百年来在德育为先、尊崇先贤、学术自由等方面长期形成的书院精神，已经悄然无声地融入现代教育生活之中。

德育为先。几乎所有书院都将肄业生徒的道德人品放在入学资格的首位，对那些不孝顺父母、不友爱兄弟、不和睦宗族、不诚信朋友的恣肆之徒，一律拒之门外，严把了入学关口。在制度执行、教材选择、教师选聘等方面，书院坚持选择并制定有利于德化教育的政策。一、入院肄业生徒必须严格遵守学规章程，不分年龄大小、不问家宅远近，一律住校，统一食宿，共同学习。确保了学习环境的纯净。二、书院的教材选定严格按照儒家思想的伦理道德标准，除四书五经外，大多节选各个时期名家大儒的经典著作。这种针对性极强的选材要求，是对肄业生徒进行道德教育的重要方式。四书五经中蕴含的"忠、孝、仁、爱、信、义、和、平"，是中华民族特有的精神所在。肄业生徒在学习中，潜移默化地接受了儒家道德思想的教育与熏陶，进而自觉养成诚实守信的人格。三、书院延聘山长主讲，也以品德高尚为主要标准，因为山长主讲不仅在学业上是肄业生徒的导师，同时，在品格行为、自身修养上也必须是道德表率。如此方能为肄业生徒良好思想品德的养成提供榜样。上述几方面对强化德育所采取的措施，目的是培养并促使肄业生徒在学习过程中，其个人的道德修养、思想品质也随学业同步提高。这种以德育为先的教育理念，影响深远，业已不同程度地在现代教育中获得肯定与施行。

尊崇先贤。自古以来不信鬼神，崇奉圣贤，一直是中国儒教的核心精神与优良传统。作为儒教道场的书院，祠祀先贤是其教育活动中的重要内容。这种尊崇先贤的祠祀就是书院精神所在。随着时间的推移，不同时期各个书院祠祀的对象也不尽相同，茅山书院祀周敦颐、明道书院祀程颢、南轩书院祀张栻、昭文书院祀萧统、江东书院祀朱熹、新泉书院祀陈白沙、崇正书院祀王阳明，及至清代各书院祠祀的对象则大多变为该书院的实际创建人。慎终追远，一则缅怀祀主的学问功德人品，一则树立生徒效仿之典范。书院作为封建社会的教育实体，其所崇奉的精神偶像，必然是各个历史时期所崇奉的精神领袖，因此，所谓书院精神也必然是那个历史阶段的时代精神。《书院制史略》评曰："书院精神代表时代精神，一时代的精神，只有一时代的祠祀可以代表。古时书院常设神祠祀，带有宗教的色彩，其为一千年来民意之所寄托，所以能代表各时代的精神。由此以观，一时代精神，即于一时代书院所崇祀者足以代表了。"这种尊崇先贤的道德教育传统，至今仍然渗透在人们的社会活动与日常生活之中。

学术自由。相较于官学呆板的应试课考教育，书院在传授知识、研究学问方面，十分宽泛，优势明显。除正统儒学课艺外，还设有经学、史学、理学、诗词、格致等专题课程，具有其独特的自由性。山长主讲以所专之学问授业，释疑解惑；肄业生徒以所嗜之专业自学，质疑问难。教学相长，关系宽松。胡适《书院制史略》认为："书院之真正的精神，惟自修与研究。书院里的学生，无一不有自由研究的态度。虽旧有山长，不过为学问上之顾问；至研究发明，仍视平日自修的程度如何。"在钟山、尊经、惜阴、凤池、文正等书院的《课艺》中，就录有大量肄业生徒根据各自喜好与专长，撰写的有关经、史、子、集，以及诗词歌赋诸方面阐发议论的好文章。此外，邀请院外不同学派的名师耆儒莅临演讲，也是书院独特的开放性与包容性举措。明代崇正书院创始人耿定向，就曾力邀与其学术见解相左的李贽，登坛讲演，师生共同听讲，开展辩论，探究异同。新泉书院创建者湛若水，则邀请王阳明门人王艮等，来院演讲，开展"心学"理论的研讨，质疑问难，求同存异，共同提高。这种学术自由所营造的宽松环境，最适合培养各类素质不同的优秀人才。经过千年淬炼，南京书院所具有的自由、开放、包容等特质，已经在不知不觉中对近现代南京的文化教育、学术思想，甚至于世俗民风，产生并发挥着积极的引领作用和良好的实际影响。

主要参考资料

1.（宋）周应合纂：《景定建康志》，南京出版社 2009 年版

2.（宋）马令撰，濮小南点校：《南唐书》，南京出版社 2010 年版

3.（宋）文莹撰：《湘山野录·续录·玉壶清话》，中华书局 1984 年版

4.（元）张铉撰：《至正金陵新志》，南京出版社 1991 年版

5.（元）俞希鲁编纂：《至顺镇江志》，江苏古籍出版社 1999 年版

6.（元）吴澄著：《吴澄集》，中国社会科学出版社 2021 年版

7.（元）佚名，王颋点校：《庙学典礼》，浙江古籍出版社 1992 年版

8.（元）程端礼撰：《畏斋集》，四库全书·集部·别集类（影印本）

9.（元）程端学撰：《积斋集》，四库全书·集部·别集类（影印本）

10.（明）陶安撰：《陶学士集》，四库全书·集部·别集类（影印本）

11.（明）王俊华等：《洪武京城图志》，南京通志馆 1947 年版

12.（明）湛若水撰：《湛若水全集》，上海古籍出版社 2020 年版

13.（明）湛若水著：《甘泉先生两都风咏》，广西师范大学出版社 2014 年版

14.（明）焦竑撰，李健雄点校：《澹园集》，中华书局 1999 年版

15.（明）焦竑撰，李健雄点校：《焦氏笔乘》，中华书局 2008 年版

16.（明）陈沂撰：《金陵世纪》，南京出版社 2009 年版

17.（明）周晖撰：《金陵琐事》，南京出版社 2007 年版

18.（明）葛寅亮撰：《金陵梵刹志》，南京出版社 2011 年版

19.（明）沈德符撰：《万历野获编》，中华书局 2015 年版

20.（明）宋濂、王祎撰：《元史》，中华书局 1976 年版

21.（明）王守仁撰：《王阳明全集》，上海古籍出版社 2011 年版

22.（明）庞嵩著：《庞弼唐先生遗言》，广西师范大学出版社 2016 年版

23.（清）汤椿年撰，濮小南点校：《钟山书院志》，南京出版社 2013 年版

24.（清）袁枚撰：《随园随笔》，江苏广陵古籍刻印社 1991 年版

25.（清）袁枚著：《随园诗话》，南京出版社 2020 年版

26.（清）甘熙撰：《白下琐言》，南京出版社 2007 年版

27.（清）金鳌撰：《金陵待征录》，南京出版社 2009 年版

28.（清）李前泮修：《学山尊经两书院志》（《金陵全书》甲编·方志类·专志 15），南京出版社 2015 年版

29.（清）顾云撰，张增泰点校：《盋山志》，南京出版社 2009 年版

30.（清）张裕钊著，王达敏点校：《张裕钊诗文集》，上海古籍出版社 2007 年版

31.（清）夏锡宝、侯宗海纂：《江浦埤乘》，光绪十七年（1891）刻本

32.（清）姚鼐著：《惜抱轩全集》，中国书店 1991 年版

33.（清）孙星衍著：《孙渊如先生全集》，商务印书馆 1935 年版

34.（清）石韫玉撰：《独学庐文稿》，上海古籍出版社 2020 年版

35.（清）薛时雨撰：《薛时雨集》，国家图书馆出版社 2018 年版

36.（清）张廷玉等撰：《明史》，中华书局 1974 年版

37.（民国）赵尔巽等撰：《清史稿》，中华书局 1998 年版

38.（民国）徐世昌编：《晚晴簃诗汇》，中华书局 1990 年版

39.（民国）张謇：《张謇日记》，上海辞书出版社 2017 年版

40.（民国）陈作霖自述：《可园备忘录》，南京出版社 2020 年版

41.（民国）王孝煃著：《里乘备识》，南京通志馆 1948 年版

42.（民国）叶楚伧、柳诒徵主编，王焕镳编纂：《首都志》，南京古旧书店·南京史志编辑部 1985 年翻印版

43.柳诒徵撰：《江苏书院志初稿》（影印本），1931 年版

44.胡适：《书院制史略》，《东方杂志》第二十一卷第三期 1924 年版

45.卢前著：《卢前笔记杂钞》，中华书局 2006 年版

46.《中国地方志集成·江苏府县志辑》，江苏古籍出版社 1991 年版

47.《中国地方志集成·安徽府县志辑》，江苏古籍出版社 1998 年版

48.《中国地方志集成·浙江府县志辑》，上海书店出版社 2011 年版

49. 范文澜著：《中国通史简编》，人民出版社 1965 年版

50. 王炳照著：《中国古代书院》，中国国际广播出版社 2009 年版

51. 黎业明撰：《湛若水年谱》，上海古籍出版社 2016 年版

52. 鲁小俊著：《清代书院课艺总集叙录》，武汉大学出版社 2015 年版

53. 镇江市政协文史资料研究委员会编:《镇江文史资料第二十九辑》，1996 年版

54. 卢海鸣著：《南京文化概览》，南京出版社 2022 年版

55. 李才栋：《我国古代书院的历史地位与特点》，江西教育学院学报，第 13 卷第 42 期，1992

56. 蒋建国：《20 世纪中国书院学研究》，湖南大学学报（社会科学版），第 17 卷第 4 期，2003

57. 王炳照：《书院精神的传承与创新》，华东师范大学学报（教育科学版），第 26 卷第 1 期，2008

后 记

近年来，本人对南京书院文化，略有涉及。2013 年，点校清代《钟山书院志》出版发行；2015 年，为《金陵全书》甲编方志类专志第十五册之《钟山书院志》《学山尊经两书院志》撰写提要；2017 年，所撰《敦崇实学，书院楷模（钟山书院志）》长文编入《南京历代名志》；2019 年，所著《钟山书院历任山长辑览》刊登该年《南京史志》。

2021 年夏，拙著《升州注》付梓之初，与挚友平涛先生晤谈，言及书院文化在南京文化中之地位。平涛先生首推宋代之明道书院，并建议余撰写南京历代各书院之概况，以飨同好。余闻言细思之，此发掘南京文化深层内涵之大善事也。无奈学识浅薄，才力有限，如此冗繁之系统工程，深恐难当其任。平涛先生则举余历年所撰有关书院之文章，以为依前例深挖细搜，自然可成。余思索良久，慨然应允。此《南京历代书院》之缘起也。

《南京历代书院》的框架纲目，初定为四章，即宋、元、明、清四朝各为一章，平涛先生以为介绍历代书院的概况固然重要，但更重要的是指出南京书院的历史作用与影响。商榷后，增加第五章，着重阐述南京书院的历史渊源及其作用与影响。

纲目确定后，即开始搜集与南京历代书院相关的地志类史籍，以及各书院相应人物的诗文集、年谱等，不下一两百部。翻阅摘抄，书山寻宝；蛛丝马迹，吹沙觅金。偶有所得，喜不自持；个中甘苦，如鱼饮水。所幸山妻王安琪不仅承担了大部分家庭事务，且抽时协助查阅古籍资料，其所检之《庙学典礼》对本书元代书院的撰写提供了极为重要的历史文字依据。本人作文，一直手写。每成一章，犬子濮仕坤即将手稿输录编排、调整字体字号、布置版式页面，庶使《南京历代书院》得以按时竣稿无虞。

在此，由衷致谢南京出版社社长卢海鸣博士的不吝赐教与倾心点拨，如水之交，尽在不言。同时，诚挚感谢山妻王安琪、犬子濮仕坤的全力支持与真心帮助，同怀无私，亲情无限。还要专门感谢汪枫编辑精心细致的编校。特此一并致谢。

作为"世界文学之都"的南京，其悠久的历史资源与丰厚的文化底蕴，已然成为一座名副其实的文化高地。因南京文化而形成的一门学科"南京学"，也受到广大专家学者的普遍认可与深入研究。虽然，书院文化只是南京文化博大精深中的一个小分支，但是，其发生发展的轨迹与南京文化整体传承赓续有着千丝万缕的联系和交集。《南京历代书院》就是将宋元明清一千年间，书院文化与主流官学之间的异同，展示给读者，以彰显南京文化的俊彦毕至与丰富多彩。

笔者才疏学浅，舛漏之处，尚祈方家指正。

濮小南
记于南京龙蟠中路寓邸之临濠轩